Gisela Friedrichsen

„Wir müssen Sie leider freisprechen“

Gisela Friedrichsen

„Wir müssen Sie leider freisprechen“

Gerichtsreportagen 2005–2016

Gisela Friedrichsen studierte Germanistik und Geschichte in München. Von 1974 bis 1989 war sie Redakteurin der „Frankfurter Allgemeinen Zeitung", von 1989 bis 2016 Gerichtsreporterin des „Spiegel". Bis 2020 arbeitete sie als Gerichtsreporterin für die „Welt".

SPIEGEL-Verlag Rudolf Augstein GmbH & Co. KG
2020 zu Klampen Verlag · Röse 21 · 31832 Springe · info@zuklampen.de

Umschlaggestaltung: Hildendesign unter Verwendung mehrerer Bilder von www.shutterstock.com · München · www.hildendesign.de
Satz: Germano Wallmann · Gronau · www.geisterwort.de
Druck: BoD | In de Tarpen 42 | 22484 Norderstedt

ISBN 978-3-86674-615-2

Bibliografische Information der Deutschen Nationalbibliothek
Die Deutsche Nationalbibliothek verzeichnet diese Publikation in der Deutschen Nationalbibliografie; detaillierte bibliografische Daten sind im Internet über ‹http://dnb.dnb.de› abrufbar.

Inhalt

9 Vorwort von Ralf Eschelbach

I Kann sein, kann nicht sein
Freisprüche, die keine waren

16 Wahrheit ist, was Richter glauben. Rehabilitation für Jörg Kachelmann?
22 Kann sein, kann nicht sein. Pascal-Prozess in Saarbrücken: Alle Angeklagten freigesprochen, aber „höchstwahrscheinlich" schuldig
28 Der völlig unnötige Prozess. TV-Moderator Andreas Türck freigesprochen, aber trotzdem ruiniert

II Verlorene Jahre
Justizirrtümer

34 Triumph des Richters. Harry Wörz nach zwölf Jahren rechtskräftig freigesprochen
38 Tot ist tot. Der Fall des angeblich aufgefressenen Bauern Rudolf R.
42 „Schämt sich keiner?"
46 „Von vorn bis hinten erfunden". Freispruch für Horst Arnold: Das Stigma des Vergewaltigers
52 „Ohne moralische Skrupel"
56 Verlorene Jahre
58 Spektakuläre Irrtümer. Der Fall „Peggy" und das falsche Geständnis von Ulvi K.
63 Mit der Stimmgabel. Der Berliner Rechtspsychologe Max Steller hat schon so manches Fehlurteil verhindert
66 Ein verdammtes Leben lang. 43 Jahre hinter Gittern, weil Gutachter immer wieder voneinander abschrieben

III „Wille oder Wahn?"
Grenzfälle

74 „Da hört das Denken auf". Der Fall des Armin M. führt die Justiz in den Grenzbereich des Strafrechts
80 Abnorm, aber nicht krank. 24 Jahre lang im Keller eingesperrt und vergewaltigt: Der Inzestfall Josef F. in Österreich
86 Wille oder Wahn? Prozess in Oslo gegen den Attentäter Anders Breivik, der 77 Menschen tötete

IV „Ich sollte mich schämen".
Kindstötungen

94 „Diese hohe, dünne Stimme". Karolina und Jonny-Lee: Getötet, weil sie angeblich nicht brav waren
101 „Ich sollte mich schämen". Prozesse um verhungerte und verwahrloste Kinder erschüttern die Öffentlichkeit
107 Vieles schöngeredet. Der grausame Fall Kevin in Bremen
112 „Der Mann war der Grund". Sabine H., die neun Säuglinge getötet hat, wurde wieder zu einer Freiheitsstrafe von 15 Jahren verurteilt

V „Ich habe es nicht ertragen"
Patientenmorde

120 „Ich habe es nicht ertragen". Der Prozess gegen den Krankenpfleger Stephan L. in Kempten
125 Nur ein „absurder Irrtum"? Charité-Schwester zu lebenslanger Freiheitsstrafe verurteilt
129 Tödliches Lob. Der Fall Niels H. in Oldenburg

VI In der Falle
Prominenz

136 Ergebnis null. Der Strafprozess gegen den ehemaligen Bundespräsidenten Christian Wulff
141 In der Falle. Uli Hoeneß' Spiel mit den Gesetzen des Rechtsstaats
146 Eulenspiegel oder Künstler. Wolfgang Beltracchi: Der größte Kunstfälscher-Skandal der Nachkriegszeit
152 Eine Leiche erschossen? Kirch-Erben gegen die Deutsche Bank

156 „Ein Freispruch, wie er sich gehört“ im Strafprozess gegen die Deutsche Bank

VII Auf der Suche nach der eigenen Wahrheit
Spätfolgen

162 „Ausgestanden ist die Sache nicht“. Nachlese zu den legendären Wormser Missbrauchsprozessen
171 Keine Wurzeln, keine Identität
176 Daschners Sündenfall. Muss der ehemalige Polizeivizepräsident wegen Folterandrohung bestraft werden?
181 „Habe ich etwa gelogen?“ Michael Buback im Prozess gegen die ehemalige RAF-Terroristin Verena Becker
187 Lebenslang freigesprochen. Die Justiz bleibt einem Vater die Antwort auf den Mord an seiner Tochter schuldig

VIII Am Ende des Weges
Greise Angeklagte

196 Totschlag aus Geradlinigkeit? Ein alter Bauer erschießt nach jahrelangem Streit seinen Sohn
201 Am Ende des Weges. Brauchen wir ein Altersstrafrecht?
206 Von kleinem Verstand. 98-Jährige als Ladendiebin verurteilt

IX Allen war klar, was geschah
Späte NS-Prozesse

210 Ein Gebot der Menschlichkeit. Der Prozess gegen John Demjanjuk in München
216 „Allen war klar, was geschah“
219 Justitia zittert. Das Scheitern der Frankfurter Justiz, die für Auschwitz zuständig war
223 Schlimmer als Dantes Höllenkreis. Der Prozess gegen Reinhold Hanning in Detmold

Vorwort

Die Sammlung von Prozessberichten ist wichtig, zumal das Ganze mehr ist als die Summe seiner Teile. Sensationsprozesse sind zunächst Einzelfälle, die vielfach nicht erkennen lassen, ob das Rechtssystem Lücken aufweist oder nur Bedenken gegen das Prozessverhalten Einzelner anzumelden sind. Dass ein Einzelfall ausnahmsweise Rückschlüsse auf Fehler im System zulässt, ist selten, kommt aber vor. Dafür ist der Fall des Bauern R. besonders wichtig, weil bei ihm – ausnahmsweise – sicher nachweisbar ist, dass es durch falsche Geständnisse zu einem sachlich falschen Urteil zum Nachteil von Verurteilten gekommen ist. In fast allen anderen Fällen lassen selbst nachträgliche Korrekturentscheidungen aufgrund von Rechtsmitteln oder Wiederaufnahmeanträgen immer noch die Möglichkeit offen, dass das letzte Urteil, wenn es nur im Zweifel zugunsten des Angeklagten ergangen ist, seinerseits nicht die ganze Wahrheit erfasst hat.

Die zentrale Lehre aus dem Fall des Bauern R. besteht in der Erkenntnis, dass intensive Befragungen von Beschuldigten unter Umständen sogar dazu führen können, dass Menschen eine eigene Beteiligung an einem Kapitalverbrechen gestehen, welches tatsächlich nie begangen wurde. Die in einem veröffentlichten Videofilm festgehaltene Tatrekonstruktion in jenem Fall ergibt, dass die Beschuldigten zeitweise selbst an die Richtigkeit ihrer Tatschilderungen geglaubt haben und „falschen Erinnerungen" erlegen sind. Das den Psychologen lange bekannte „false memory syndrome" ist aber Juristen kaum geläufig. Bedenken gegen das Rechtsschutzsystem im deutschen Strafprozess, die sich aus dem Fall des Bauern R. herleiten lassen, bestehen in Folgendem:

Die Revision ist kein geeignetes Rechtsmittel zur Aufdeckung von Erinnerungsfehlern bei Auskunftspersonen. Sie schützt wegen der weitgehenden Bindung der Revisionsrichter an die tatrichterlichen Urteilsfeststellungen auch nicht vor Dissonanzreduktionen im Strafurteil gegenüber jeder kognitiven Dissonanz nach der Verurteilungsprognose der Richter aus dem Eröffnungsbeschluss. Staatsanwaltschaften legen so gut wie nie Rechtsmittel oder Wiederaufnahmeanträge zugunsten von Angeklagten oder Verurteilten ein. Sie treten umgekehrt deren Rechtsmitteln und Rechtsbehelfen nahezu reflexartig entgegen. Selbst nach dem Erkennen eines Fehlurteils aufgrund von nachträglich aufgetauchten objektiven Befunden wird den zu Unrecht Verurteilten eine Haftentschädigung versagt, weil die suggestive Herbeiführung von falschen Erinnerungen nicht als ein dem Staat zuzurechnender Verursachungsbeitrag erkannt wird.

Die Bilanz lautet darüber hinaus: Aus dem Fall des höchst ausnahmsweise einmal nachweisbaren Fehlurteils sind bei der Justiz keine Folgerungen gezogen worden. Die weiteren Beispiele für Fehlgriffe in der vorliegenden Fallsammlung unterstreichen diesen Befund. Auch angesichts der Tatsache, dass Fehlurteile, aufs Ganze gesehen, nie absolut vermeidbar sein werden, ist der Totalausfall einer aktuellen Fehlerquellenforschung mit dem Ziel einer strukturellen Verbesserung des Rechtsschutzsystems die wichtigste Lehre daraus. Auch Falschaussagen durch vermeintliche Opferzeugen kommen vor und die vorschnelle Annahme von deren Glaubhaftigkeit, weil ein Falschaussagemotiv nicht erkennbar sei oder der persönliche Eindruck des Zeugen auf die Richter positiv sei, kann auf trügerische Kriterien gestützt sein. Psychisch kranke Personen, etwa solche mit einer histrionischen Persönlichkeitsstörung, benötigen kein für Juristen plausibel erscheinendes Falschaussagemotiv (S. 56) und der persönliche Eindruck von einem Menschen, dem Richter in der Hauptverhandlung erstmals unter besonderen Umständen begegnen, wird in seiner Aussagekraft zumindest grob überschätzt, soweit eine solche überhaupt anzuerkennen ist.

Die vorliegende Fallsammlung ist für Justizjuristen auch deshalb informativ, weil sie zeigt, dass die öffentliche Wahrnehmung ihrer Außendarstellung große Unterschiede zur Selbstwahrnehmung aufweist. In den Prozessberichten wird über Meinungsäußerungen von Verfahrensbeteiligten und Unbeteiligten, von Plädoyers in der Hauptverhandlung und von der mündlichen Urteilsbegründung des Strafkammervorsitzenden berichtet. Das alles sind gesprochene Worte, die typischerweise nicht aufgezeichnet werden und in die rechtlich allein maßgebende schriftliche Urteilsbegründung nicht einfließen. Meinungsäußerungen außerhalb der Hauptverhandlung sind für das Urteil irrelevant, weil dieses nur aus dem Inbegriff der

Hauptverhandlung zu schöpfen ist (§ 261 StPO). Meinungsäußerungen in Plädoyers sind Vorschläge der Prozessbeteiligten zur Beurteilung der Sach- und Rechtslage, aber für die Richter nicht verbindlich. „Wahrheit ist, was Richter glauben." So ist einer der Beiträge betitelt und zwar zu Recht; denn die Rechtsprechung, einschließlich der Sachaufklärung als Urteilsgrundlage, ist exklusiv den Gerichten anvertraut (Art. 92 GG). Die zuständigen Richter haben im Strafprozess nach ihrer individuellen Überzeugung zu urteilen. Sie sind auch nicht an Beweisregeln oder fremde Überzeugungen gebunden (§ 261 StPO). Selbst die Methodenvorgaben für aussagepsychologische Gutachten zur Aussageninhaltsanalyse sind für Richter bei ihrer Würdigung der Beweise nicht verbindlich, zumal ihr Urteil nicht nur daraus besteht, sondern auch, soweit vorhanden, weitere Beweismittel anderer Art und Güte in eine Gesamtschau einbeziehen muss. Der Satz „in dubio pro reo" ist eine Entscheidungsregel für das Resultat der Gesamtwürdigung, nicht für die einzelnen Elemente. Insoweit ist sie mit der „Nullhypothese" für aussagepsychologische Gutachten durchaus nicht identisch. Die abweichende Bemerkung eines Tatrichters in einem der Prozessberichte zeigt, dass alles andere als Klarheit herrscht.

Das Resultat der tatrichterlichen Beweiswürdigung ist eine „forensische Wahrheit", die den Versuch der größtmöglichen Annäherung an eine historische Realität darstellt. Mehr ist mit Mitteln menschlicher Erkenntnis nicht zu leisten. Die Fallsammlung lässt bei einer Längsschnittbetrachtung unschwer erkennen, dass auch Sachverständige der verschiedenen Disziplinen nur partiell mehr bewirken können (auch „Aussagepsychologen sind keine Hellseher"; S. 18) und ihrerseits bisweilen Fehler machen. Zudem sind unterschiedlichen Disziplinen, wie forensischer Psychologie, Psychiatrie, Kriminologie, Rechtsmedizin u. a. durchaus verschiedene Einzelaufgaben zugewiesen, deren Resultate in die richterliche Gesamtwürdigung einfließen sollen. Das Endprodukt im Urteil kann durchaus anders aussehen als eines der Einzelelemente der Beweisaufnahme. Die Fallsammlung belegt, dass Unterschiede in den Entscheidungsergebnissen von Zivil- und Strafprozessen ohne Weiteres vorkommen können und strukturbedingt hinzunehmen sind, was aber der Öffentlichkeit von Fall zu Fall schwer zu vermitteln ist. Wenn die Fallberichte dazu führen sollten, dass besondere Härten bei einer Dissonanz zwischen den unterschiedlichen Verfahrensordnungen und den verschiedenen Instanzen im Einzelfall zum Nachdenken, zur Fehlerquellenforschung und danach zur Systemverbesserung führen, werden sie ein wichtiges Ziel erreicht haben.

Wichtig ist auch die Erkenntnis aus den Berichten über den tragischen Fall des Lehrers Arnold., dass die Prozessführung in Konstellationen, in denen „Aussage gegen Aussage" steht, strukturell einseitig ist. Gegenüber Angeklagten ist die Erforschung ihrer Persönlichkeit und Lebensverhältnisse seit jeher selbstverständlich. Bei sogenannten Opferzeugen wird der Schutz des allgemeinen Persönlichkeitsrechts als Argument für eine Nichterforschung ihrer Verhältnisse und Persönlichkeitshintergründe aktiviert. Dadurch können, wie der Beispielsfall drastisch zeigt, Falschaussagemotive und Neigungen zur Falschbezichtigung verborgen bleiben. Die Konzentration der Sachaufklärung durch die Strafjustiz auf das vermeintliche Kerngeschehen der angeklagten Tat führt zum Fehlurteil, wenn es die Tat nicht gegeben hat und das allein der Realität entsprechende Hintergrundgeschehen, aus dem sich eine Tendenz der einzigen Belastungszeugin zur Falschbezichtigung ergibt, nicht aufgeklärt wird. Die Fallsammlung erinnert damit an die Tatsache, dass die Beweisproblematik in den „Aussage gegen Aussage"-Konstellationen auch mit den Mitteln der hypothesengeleiteten Aussageinhaltsanalyse anhand sogenannter Realkennzeichen längst nicht abschließend bewältigt ist. Umgekehrt ist die Gegenreaktion auf die Erkenntnis im Einzelfall, dass eine falsche Zeugenaussage zu einer Fehlverurteilung geführt haben dürfte, strukturell defizitär. Falschaussagen vor Gericht werden statistisch selten nachdrücklich verfolgt und Klageerzwingungsverfahren begegnen – unbeschadet des umgekehrten Vorzeichens – ähnlich überzogenen Begründungsanforderungen wie Wiederaufnahmeanträge. Daher werden sie kaum praktiziert und sind noch viel seltener erfolgreich. Auch das erscheint bedenklich.

Für die Prozessführung liefern die Fallberichte in der vorliegenden Sammlung wichtige Hinweise an Vorsitzende der Strafgerichte. Ihre mündliche Urteilsbegründung ist nicht identisch mit dem später vom Berichterstatter formulierten Urteil und sie ist keine exakte Wiedergabe des Ergebnisses der Urteilsberatung, zumal dort nur eine Totalabstimmung über den Tenor, nicht über die Gründe des Urteils stattfindet. Vorsitzende, die sich nach Fallschilderungen im vorliegenden Sammelwerk bemüßigt fühlen, in der mündlichen Urteilsbegründung zu betonen, was ihnen auf der Seele liegt, verfehlen den Zweck dieser Begründung. Eine Urteilsbegründung, in der sich der Vorsitzende „grollend" äußert, ist fehlerhaft; ein Vorsitzender, der „uneitel und entspannt" verhandelt, ist dagegen ein „Glücksfall" (S. 148). Die mündliche Urteilsbegründung ist nicht als Gelegenheit für den Vorsitzenden gedacht, Vorwürfe gegenüber anderen zu machen, die nicht zur Sache gehören, oder Fehler bei der Sachverhaltsaufklärung durch die Justiz zu verharmlosen. Zurückhaltung und neutrale Formulierungen dienen der Sache und dem Ansehen der Justiz mehr als unnötig starke Worte. Das gilt auch deshalb, weil die Verursachung eines Rufschadens für Betroffene über das sachlich Unvermeidbare hinaus unangebracht ist.

Überhaupt sind Appelle an Strafjustizjuristen zu mehr Neutralität und Objektivität, wie sie in den Fallschilderungen aufscheinen, sachdienlich. Vorschnelle Festlegungen auf eine Verdachtshypothese und unkritische Bewertungen von Geständnissen und Aussagen angeblicher Opferzeugen sind eine besondere Fehlerquelle im Strafverfahren. Freilich läuft das Massengeschäft jenseits der spektakulären Prozesse, die in der Fallsammlung beschrieben werden, meist reibungslos ab. Die Zahlen des statistischen Bundesamts belegen, dass die Mehrzahl aller Strafverfahren nicht zu Gericht kommt, sondern im Ermittlungsverfahren eingestellt wird. Von den verbleibenden Verfahren, die zu Gericht gelangen, werden die allermeisten bei den Amtsgerichten durch Strafbefehl oder Urteil erledigt. Urteile der Strafkammern, über die hier berichtet wird, machen nur einen niedrigen einziffrigen Prozentsatz aller gerichtlichen Verfahrenserledigungen aus. Die beschriebenen Fälle sind also schon Ausnahmen, die aber für die öffentliche Wahrnehmung von besonderer Bedeutung sind und Aufmerksamkeit verdienen. Sie zeigen auch die besonderen Probleme beim Umgang mit pathologischen Fällen, namentlich bei extremen Taten durch psychisch auffällige Beschuldigte, und den Umgang mit pathologischen Rechtslagen, wie auch der defizitären Vergangenheitsbewältigung nach dem Dritten Reich. Insgesamt ist die Sammlung der Prozessberichte zur Mahnung und Erinnerung ausgesprochen wertvoll.

Prof. Dr. Ralf Eschelbach
Richter am Bundesgerichtshof

I

Kann sein, kann nicht sein

Freisprüche, die keine waren

Wahrheit ist, was Richter glauben

Rehabilitation für Jörg Kachelmann?

SPIEGEL 26/2014, 23. JUNI 2014

Sprichwörter sagen oft nur die halbe Wahrheit. Eines der bekanntesten lautet: Wer einmal lügt, dem glaubt man nicht, und wenn er auch die Wahrheit spricht. Die Frage, ob nicht selbst notorische Lügner – oder Lügnerinnen – auch mal die Wahrheit sagen können, ist damit beantwortet. Ende der Diskussion. Überlegungen wie: Kann auch eine Prostituierte vergewaltigt werden?, erübrigen sich.

An Jörg Kachelmann scheint das ehrabschneidende Prädikat des Lügners zu haften wie Pech, zumindest in den Augen der Justiz. Zwar wurde er vom Landgericht Mannheim 2011 vom Vorwurf der besonders schweren Vergewaltigung einer seiner Ex-Geliebten, der Radiomoderatorin Simone D., rechtskräftig freigesprochen. „Allein auf die Aussage der Nebenklägerin" habe sich ein Schuldspruch nicht stützen lassen, stellten die Richter fest. Doch der „Freispruch beruht nicht darauf, dass die Kammer von der Unschuld von Herrn Kachelmann überzeugt ist", konnte sich der Vorsitzende Michael Seidling zum Abschied nicht verkneifen hinzuzufügen.

Zum Aussageverhalten Simone D.s sagten die Richter nur, es habe gezeigt, „dass sie willens und fähig war, die Ermittlungsbehörden zeitweilig zu täuschen, um den Eindruck uneingeschränkter Glaubwürdigkeit zu erwecken und aufrechtzuerhalten". Um ein klares Wort aber, dass die Frau Kachelmann zu Unrecht beschuldigt hatte, drückten sich die Strafrichter.

Sie wollten augenscheinlich das vermeintliche Opfer nicht auch noch als Lügnerin brandmarken. Die Frau hatte zwar zunächst Polizei und Staatsanwaltschaft belogen, auch ihren Anwalt, ihren Therapeuten und die Eltern. Auf Seite 187 des Mannheimer Urteils hielt das Gericht fest: „Vieles spricht zudem dafür, dass sie auch noch in der Hauptverhandlung an falschen Bekundungen zur verfahrensgegenständlichen Vorgeschichte festhielt." Das war ein starkes Stück, aber es passierte nichts. Der halbherzige Freispruch Kachelmanns verschonte Simone D. vor Ermittlungen. Und Kachelmann gilt, so folgt aus alldem, weiter als potenzieller Vergewaltiger.

Inzwischen hat er einen kleinen Sohn von seiner jungen Frau und versucht, beruflich wieder Fuß zu fassen. Er hoffte, sich vor der

18. Zivilkammer des Landgerichts Frankfurt am Main gegen den fortbestehenden Verdacht, den ihm die Mannheimer Richter angehängt hatten, dadurch wehren zu können, dass er gegen Simone D. auf Schadensersatz wegen „Freiheitsberaubung in mittelbarer Täterschaft“ klagte. Damit wollte er zunächst die Kosten für Gutachten erstattet haben, die sein damaliger Verteidiger Reinhard Birkenstock im Haftbeschwerdeverfahren dem Oberlandesgericht Karlsruhe vorgelegt hatte – wie sich erweisen sollte, aus gutem Grund. Denn diese Expertisen zu den vorgewiesenen angeblichen Verletzungen der Frau und zu ihrer zum Teil falschen, mit erfundenen Geschichten angereicherten Aussage waren der erste und entscheidende Schritt zum späteren Freispruch.

Die Causa ist der Musterfall, wie die Justiz mit vielleicht teilweise oder vollständig erfundenen Vergewaltigungsvorwürfen umzugehen gedenkt. An ihm wird sich ablesen lassen, ob ein vom Vorwurf der Vergewaltigung rechtskräftig freigesprochener Mann rehabilitiert werden kann. Eine Falschbeschuldigung scheint nämlich meist folgenlos zu bleiben, solange sich Richter in ihren rabulistischen Fehlleistungen einmauern. Wie lange noch?

Der Wettermann war nach einer Anzeige Simone D.s am 20. März 2010 bei seiner Rückkehr von den Olympischen Winterspielen in Vancouver am Frankfurter Flughafen festgenommen worden. Mehr als vier Monate verbrachte er anschließend als Untersuchungshäftling in der Justizvollzugsanstalt Mannheim. Denn Haftverschonung erhielt er nicht, selbst als längst klar war, dass Simone D. in wesentlichen Punkten die Unwahrheit gesagt hatte. Erst das Oberlandesgericht Karlsruhe setzte Kachelmann auf freien Fuß. Es folgte ein Strafprozess von neun Monaten Dauer.

Allein dieser Rechtsstreit brachte ihn um Vermögen und Existenz. Sein Ruf als Fernsehmoderator war dahin mit Auswirkungen auf die künftigen beruflichen Möglichkeiten. Von den in die Öffentlichkeit gezerrten Indiskretionen aus seinem Privatleben gar nicht zu reden.

Kachelmanns Hoffnung, außerhalb Mannheims mit dem Wunsch nach Rehabilitation Gehör zu finden, erfüllte sich nicht. Die Schadensersatzklage in Frankfurt, wo er festgenommen worden war, wurde im Dezember 2013 abgewiesen. Er hätte beweisen müssen, dass Simone D. „eine *wissentlich* unwahre oder leichtfertige Anzeige erstattet hat“, urteilten die Richter. Dass sie sich den Vergewaltigungsvorwurf *vollständig* ausgedacht habe. Dieser Nachweis sei nicht erbracht worden, hieß es.

Doch Kachelmann lässt nicht locker. Er kämpft um seine verlorene Ehre. Nächste Station ist das Oberlandesgericht Frankfurt am Main.

Nun lässt sich darüber streiten, wie der nach Aussage Kachelmanns einvernehmliche Geschlechtsverkehr in jener Nacht vom 8. auf den 9. Februar 2010 Frau D. im Nachhinein vorgekommen sein mag, nachdem ihr der Angebetete gestanden hatte, noch eine weitere Liebschaft zu unterhalten, und die Beziehung abrupt endete. Das war womöglich ein Schock für sie, ein Zusammenbruch ihres gesamten Selbstbilds. Dass sie sich betrogen, benutzt, ja missbraucht gefühlt haben mag, ist nachvollziehbar. Aber passierte wirklich mehr?

Luise Greuel, die die Angaben von Frau D. unter aussagepsychologischen Gesichtspunkten analysiert hatte, konnte eine absichtliche Falschaussage ebenso wenig ausschließen wie eine „autosuggestiv generierte oder kontaminierte" Aussage – unrichtige Angaben also, an deren Richtigkeit Frau D. zumindest zum Teil selbst glaubte.

Aussagepsychologen sind keine Hellseher. Und von einer mit der Analyse einer Aussage beauftragten Sachverständigen zu erwarten, dass sie einem Gericht im Brustton der Überzeugung mitteilt, die Angaben des vermeintlichen Opfers seien eindeutig erstunken und erlogen, wäre naiv. Die aussagepsychologisch-diagnostischen Methoden zur Feststellung der Wahrheit sind begrenzt. Frau Greuel konnte abschließend nicht feststellen, ob Simone D.s Aussage zum angeblichen Kerngeschehen „erlebnisbasiert" war. Damit war Kachelmanns Schuld nicht zu beweisen.

Was blieb? Die Frankfurter Zivilrichter hätten sich schon ein der Bedeutung des Falls angemessenes eigenes Bild von der Sache machen müssen und können. Doch der Einfachheit halber, so der Eindruck, wiesen sie die Klage zurück und schrieben: „In der Regel wird allerdings den strafgerichtlichen Feststellungen zu folgen sein, sofern nicht gewichtige Gründe für deren Unrichtigkeit von den Parteien vorgebracht werden." Und dann, nonchalant: „Einer erneuten Beweisaufnahme, die etwa der Kläger zu einigen Punkten beantragt hat, bedurfte es nicht." Diese dürren Feststellungen ließen die ganze Unlust erkennen, mit der die Frankfurter an die Sache herangegangen waren. Sie versteckten sich hinter ihren Mannheimer Kollegen – und waren den Fall damit los.

Dabei hatte Kachelmann im Zivilverfahren, vertreten durch die Frankfurter Anwältin Ann Marie Welker, etwa mit einem Gutachten des Berliner Rechtsmediziners Michael Tsokos nachgelegt. Dieser verglich die Verletzungen Simone D.s mit den in der wissenschaftlichen Literatur aufgeführten charakteristischen Befundmustern für selbst beigebrachte Verletzungen und zog das Fazit: Aus rechtsmedizinischer Sicht gebe es „keinen vernünftigen Zweifel“ daran, dass sich die Frau sämtliche Verletzungen „selbst beigebracht“ habe. Nicht viel anders hatte sich schon in Mannheim die übrige Creme der deutschen Rechtsmedizin geäußert: Bernd Brinkmann aus Münster etwa oder der Kölner Markus Rothschild und der Hamburger Klaus Püschel. Kein Experte, der ausschließlich Kachelmann als Verursacher ernsthaft in Erwägung zog.

Wahrheit ist, sagen Juristen, was Richter glauben. Die Frankfurter Richter schrieben Kachelmann ins Stammbuch, was schon die Mannheimer zu seiner Glaubwürdigkeit sagen zu müssen gemeint hatten: Durch seine Lebensgestaltung in der Vergangenheit habe er bewiesen, dass auch er „ein nicht immer ungetrübtes Verhältnis zur Wahrheit gegenüber seinen jeweiligen Partnerinnen pflegte“. Der Eindruck „einer besonderen und lange eingeübten Geschicklichkeit bei der Errichtung von Scheinwirklichkeiten“ lasse sich kaum unterdrücken.

Aber ist ein Mann, der Frauen mit falschen Liebesschwüren umgarnt, automatisch auch ein Vergewaltiger?

Das Oberlandesgericht Frankfurt, das jetzt am Zug ist, weil Kachelmann Berufung eingelegt hat, traf nun erste Entscheidungen. Es wird den Leiter der Frankfurter Rechtsmedizin Marcel Verhoff beauftragen, Sachverständige aus seinem Institut zur neuerlichen Begutachtung der mutmaßlichen Selbstverletzungen Simone D.s zu benennen. Auch sollen Spuren am angeblichen Tatmesser, von dem sich Kachelmanns „Opfer“ bedroht gefühlt haben will, noch einmal ausgewertet werden. Denn, so die bisherige Lesart, der Befund, der eher ein Nicht-Befund ist, passt nicht zu den Aussagen der Frau. „Damit sind wir ein gutes Stück vorangekommen“, sagt Rechtsanwältin Welker.

Der Rechtsbeistand Simone D.s hingegen, Rechtsanwalt Manfred Zipper, ist da ganz anderer Ansicht. Er bestreitet schon die Legitimation Kachelmanns zu klagen, weil nicht dieser, sondern dessen Verteidiger Rechtsanwalt Birkenstock seinerzeit die Gutachten in Auftrag gegeben habe (Kachelmann saß zu der Zeit in U-Haft). Auch könne seiner Mandantin kein Vorsatz unterstellt werden, dass Kachelmann seiner Freiheit beraubt werden sollte. Sie habe schließlich „keine Tatherrschaft“ gehabt. Für die Anordnung der U-Haft sei nicht die Strafanzeige Simone D.s kausal gewesen, sondern der Erlass des Haftbefehls. Den aber habe die Staatsanwaltschaft beantragt. An diesem Rechtsanwalt werden die Damen und Herren vom Oberlandesgericht wohl noch viel Freude haben.

Simone D., ausgestattet mit einem eisernen Willen zum Durchhalten, erfuhr durch den Kachelmann-Prozess erstmals öffentliche Aufmerksamkeit. Wie im Zivilverfahren bekannt wurde, strich sie durch die Vermarktung ihrer Geschichte 115 000 Euro ein. Außerdem nennt sie drei Immobilien ihr Eigen. Trotzdem verlangte sie Prozesskostenhilfe und bekam sie auch – weil sie behauptete, die Honorare habe sie an namentlich nicht genannte Personen verschenkt. Ein Beleg dafür, dass sie es mit der Wahrheit vor Gericht generell nicht genau nimmt? Nun wollte sie auch für den Gang zum Oberlandesgericht Geld vom Staat. Dieser Antrag aber wurde schon zurückgewiesen. Ein Schritt zur Wahrheit?

Den letzten Prozess vor dem Oberlandesgericht Frankfurt, in dem unter Ausschluss der Öffentlichkeit noch einmal eine gründliche Beweisaufnahme stattfand, gewann Kachelmann nicht nur. Das Gericht sprach ihn im September 2016 überdies, im Gegensatz zu den Mannheimer Strafrichtern und den Kollegen der Zivilkammer, vollumfänglich frei. Der Senat sei überzeugt, so hieß es in der Urteilsbegründung, dass die Frau den Wettermoderator „wahrheitswidrig der Vergewaltigung bezichtigte“. Es stehe nun zweifelsfrei fest, dass er „Opfer eines Verbrechens“, nämlich falscher Beschuldigungen, geworden sei. Die Richter sahen es als erwiesen an, dass sich Simone D. aus extrem starkem Hass, weil er sich von ihr getrennt hatte, selbst Verletzungen zufügte, in der Absicht, ihn hinter Gitter zu bringen. Sie habe damit eine vorsätzliche Freiheitsberaubung begangen, da sie nachweislich eine ganze Reihe von Falschbehauptungen aufgestellt habe. Ihre enorme Fantasie habe Simone D. dazu benutzt, ihren Ex-Geliebten persönlich und finanziell nahezu komplett zu ruinieren.

Die Staatsanwaltschaft Mannheim leitete daraufhin ein Ermittlungsverfahren gegen Simone D. wegen des Verdachts der schweren Freiheitsberaubung ein, da sich Kachelmann aufgrund ihrer Anzeige mehrere

Monate lang in Untersuchungshaft befunden hatte. Mit dem Argument, „die Vielzahl der Gutachtenergebnisse aus den verschiedenen Prozessen" habe kein einheitliches Bild ergeben, sodass „unterschiedliche Geschehensabläufe als möglich" erschienen, wurden die Ermittlungen im September 2017 eingestellt.

Kann sein, kann nicht sein

Pascal-Prozess in Saarbrücken: Alle Angeklagten freigesprochen, aber „höchstwahrscheinlich" schuldig

Spiegel 37/2007, 10. September 2007

Nein, nichts gegen das Urteil. Wenn eine Straftat nicht nachzuweisen ist, kann in einem Rechtsstaat auch nicht verurteilt werden. Aber die Begründung des Freispruchs, die der Vorsitzende Richter Ulrich Chudoba am Ende des Pascal-Prozesses vortrug, war kein Ruhmesblatt für die saarländische Justiz.

Ein freisprechendes Urteil hätte zum Beispiel mit den Worten beginnen können: Die Hauptverhandlung hat nicht den Beweis erbracht, dass der am 30. September 2001 in Saarbrücken verschwundene fünfjährige Pascal, wie von der Anklage behauptet, in der Burbacher „Tosa"-Klause brutal missbraucht und dann getötet wurde. Daher sind die Angeklagten vom Vorwurf der Vergewaltigung und des Mordes freizusprechen.

Doch was tat Chudoba? Er fing so an: „Dem Gericht erscheint es durchaus als möglich, dass sich die Tat (Mord an Pascal) abgespielt hat wie von der Anklage behauptet. Es gibt sogar deutlich überwiegende Gründe, dass sich die Angeklagten, zumindest was das Kerngeschehen betrifft, strafbar gemacht haben. Es spricht auch viel dafür, dass es im Umfeld der Angeklagten zu sexuellem Kindesmissbrauch gekommen ist. Nimmt man eine Gesamtwürdigung vor, ist es höchstwahrscheinlich, dass die Angeklagten die Taten begangen haben."

Dann wiederholte Chudoba die Anklage mit allen scheußlichen Details. Alsdann zitierte er die „belastenden Angaben", die fünf der ursprünglich 13 Angeklagten gemacht haben, wieder mit allen scheußlichen Details, und attestierte der Staatsanwaltschaft, sie habe „ein Bild von den Vorwürfen gezeichnet, das in sich stimmig ist und möglicherweise den Tatsachen entspricht". Das Gericht teile manches durchaus. Da schnurrt die Staatsanwaltschaft.

Aber da blieben doch ein paar Zweifel. Es sei noch nicht mal sicher, ob Pascal an jenem 30. September überhaupt in der „Tosa" gewesen sei. Wie das? Hieß es nicht eben, die Angeklagten hätten die Taten höchstwahrscheinlich begangen?

„Wir haben hier einen Grenzfall", fuhr Chudoba fort. „Die Annahme von Schuld und von Unschuld ist gleichermaßen möglich."

Ist von einem Gericht nach drei Jahren Hauptverhandlung nicht zu verlangen, dass es sich wenigstens zu einer eindeutigen Haltung anlässlich der Urteilsverkündung durchringt? Ein Strafprozess ist doch keine Fernsehshow à la „Pro und Contra“ oder „Wie würden Sie entscheiden?“. Und ein Richter ist kein Moderator, der den Ball einfach ins Publikum spielt. Solche Freisprüche geben die öffentliche Treibjagd frei.

Nach dem Desaster des Montessori-Prozesses (1992 bis 1995), als in Münster allein auf Grundlage von Kinderaussagen über 750fachen Missbrauch verhandelt wurde, und den Freisprüchen nach den Wormser Prozessen (1994 bis 1997), als es drei Gerichten nicht gelang, einen imaginierten Kinderpornoring aufzudecken, war zu hoffen, dass sich die Justiz beim Verdacht des Kindesmissbrauchs künftig weniger von blindem Übereifer und emotionaler Verwirrung hinreißen ließe. Justizkatastrophen im Namen des Kinderschutzes sollten sich nicht mehr ereignen.

Doch nun Saarbrücken, und wieder ein GAU der Justiz, der schlimmste vielleicht. Denn diese Urteilsbegründung zeigt, dass die Richter offenbar ihre Unabhängigkeit aus politischem Kalkül aufgeben und die rechtsprechende Gewalt dem Volk überlassen. Man spricht frei und tut so, als sei man von der Schuld der Angeklagten überzeugt. Volkes Stimme aus dem Mund des saarländischen SPD-Mannes Heiko Maas: „Ich finde die Freisprüche zum Kotzen!“

Das Saarland ist ein kleines Land. Da hat man es nicht gern, wenn Fehler von Polizei und Staatsanwaltschaft die Bürger verwirren. Da tut keiner dem anderen weh, auch nicht ein Richter dem Staatsanwalt.

Im „Kernbereich“, um auch mal das Lieblingswort der Ankläger zu zitieren, gleichen sich die Fälle „Worms“ und „Pascal“ auffallend: keine Spuren, kein Film, kein Foto, kein Euro ungeklärter Herkunft. Bei keinem der Angeklagten sexuelle Auffälligkeiten. Im Fall „Pascal“ gibt es weder eine Leiche noch einen Fingerabdruck, kein Haar, keinen Blutstropfen oder das Bruchstück einer Faser. Wieder wurde stümperhaft „aufgedeckt“ statt aufgeklärt. Und was macht die Justiz dieses Mal?

Niemandem wird ein Haar gekrümmt. Hatte die Saarbrücker Kripo anfangs noch um Unterstützung durch den Berliner Psychologieprofessor Max Steller gebeten, auf dass es nicht zu einem zweiten „Worms“ komme, verzichtete die Staatsanwaltschaft brüsk auf Stellers

Rat in dem Moment, als der Wissenschaftler dringend davor warnte, Anklagen allein auf dubios erzielte Kinderaussagen zu gründen. „Ich brauche keinen Wahrsager oder irgend so einen Sachverständigen", sagte Oberstaatsanwalt Josef Pattar in seinem Plädoyer.

Für den Versuch, den Prozess mit Verurteilungen zu Ende zu bringen, war der Justiz kein Preis zu hoch. Ein geistesschwacher Mensch, der „kleine Peter", bestätigte in einem skandalösen Schnellverfahren Übergriffe auf Kinder, schlotternd vor Angst, andernfalls im Pascal-Prozess wegen Mordes vor Gericht zu kommen. War der Mann überhaupt aussagetüchtig?

Es gibt perfekte Protokolle von seinen Vernehmungen, obwohl er, wie ein Videomitschnitt zeigt, überhaupt keinen brauchbaren Ton herausbrachte. Wen schert es? Bitte, keine Kritik an der Polizei, die interpretierte doch nur!

Das Urteil gegen den hilflosen Mann vom Oktober 2003, sieben Jahre plus Sicherungsverwahrung, ist rechtskräftig und damit eine Hauptstütze der Pascal-Anklage. „Ausgerechnet solch ein rechtswidriges, grob fahrlässig herbeigeführtes Urteil wird benützt, um weitere Anklagen herbeizuführen", konstatiert resigniert der Saarbrücker Strafverteidiger Walter Teusch.

Die Schäden, die der Prozess angerichtet hat, sind exorbitant. Einige Angeklagte saßen über dreieinhalb Jahre in U-Haft, das ist verlorene Lebenszeit. Welches Zeugnis stellt sich ein Oberstaatsanwalt aus, der am 145. Verhandlungstag auftrumpft, dass er „nach drei Tagen schon hätte plädieren können und es wäre das Gleiche herausgekommen"? Wer soll einer solchen Justiz denn noch trauen?

Die saarländischen Ermittlungsbehörden haben aus dem Montessori-Prozess und den Wormser Verfahren nichts gelernt. Gleiches gilt für die Aussagebegutachtung, leider nicht nur im Saarland. Die Qualitätsstandards, deren Einhaltung der Bundesgerichtshof seit 1999 von Sachverständigen verlangt – papperlapapp, da schreiben wir hin, dass wir alles recht gemacht haben, und verfahren wie gewohnt.

In Saarbrücken wurde der Bundesgerichtshof von der Gutachterin Petra Schwitzgebel sogar gerügt ob dieser Qualitätsstandards, weil sie gerade auf minderbegabte und traumatisierte Kinder angeblich nicht angewendet werden könnten. So bleibe gerade der Missbrauch der Schwächsten oft folgenlos. „Dies ist aus Sicht der Opfer besonders zu bedauern."

Aus Sicht der seriösen Wissenschaft ist eine solche Auffassung barer Unsinn. Der Stimmungsmache aber dient sie allemal. Und einer weiteren Beauftragung mit Gutachten steht es wohl auch nicht im Wege, im Gegenteil, wenn man behauptet, die Qualität des Aussagematerials lasse zwar keine Schlüsse zu, allerdings sei da doch ein „erlebnisfundierter Kern". Wer heute noch behauptet, ein Kind denke sich so etwas mangels Phantasie nicht aus, hat die Forschung der letzten 20 Jahre missverstanden oder nicht zur Kenntnis genommen.

Frau Schwitzgebel kommt aus dem Institut der Universität des Saarlandes, dem auch der umstrittene Psychologe Georges Hengesch angehört, der als Gutachter am Zustandekommen der verheerenden Wormser Anklagen beteiligt war, und nicht nur daran. Auch ihn hat seine Gutachterei nicht ruiniert; er ist nach wie vor tätig.

Der Pascal-Prozess geht wie der Montessori-Prozess und die Wormser Verfahren auf ein Kind zurück, dessen an sich harmloses Verhalten plötzlich auffällt. Kevin (Name geändert) ist sechs Jahre alt, als er 2001 seiner Mutter Andrea weggenommen wird. Sie stand damals unter Betreuung von „Tante Christa", der Wirtin der „Tosa"-Klause, die Menschen ein Zuhause bot, die sonst auf der Straße hätten leben müssen oder in ihrem Elend untergegangen wären.

Das Milieu war für ein Kind sicher nicht das beste. Trotzdem ist der Junge ein fröhlicher kleiner Kerl. Er kommt in eine erste Pflegefamilie, ein Jahr später in eine zweite. Er gilt als retardiert wie seine Mutter, zu der ein inniges Verhältnis besteht, denn er ist das einzige ihrer fünf Kinder, das nicht gleich nach der Geburt zur Adoption gegeben wurde.

In der zweiten Familie gilt er anfangs noch als „ein Sonnenschein", dann entwickeln sich Auffälligkeiten. Kevin erzählt Phantasiegeschichten: Bei seiner Mutter sei er vom zwölf Meter hohen Balkon geworfen worden; ein Mitbewohner habe ihm mit einer Säge die Finger fast abgeschnitten. Als eine der drei Töchter der Familie berichtet, wer aus ihrer Klasse rauche, ruft er: Ich auch! In der „Tosa" natürlich.

Vor den Mädchen lässt er mehrfach die Hose herunter. Er „zeigt" sich, sagte die Pflegemutter. Im Juli 2002, die Kinder spielen im Garten, erwischt sie Kevin, wie er auf der nackten Vierjährigen liegt: „Ich nahm meine Kleine auf den Arm. Und ihn hab ich geschüttelt und angebrüllt, dass er hier rausfliegt, wenn noch mal so etwas vorkommt", sagt sie als Zeugin vor Gericht. „Das hatte für mich ganz klar den Touch von sexuellem Akt. Auch wenn er sich selbst nicht so artikuliert hat."

Vieles an Kevin stört sie. Dass er sich „mit dem männlichen Geschlechtsteil malte". Dass er Körperkontakt suchte und Küsse gab auf den Hals („Ich fand das eklig"). Dass er alle Biersorten kannte und in der Stadt um „Säufer und alte Knacker" keinen Bogen machte. Dass er oft herumtanzte: „Sein Hüftschwung war nicht kindgerecht, sondern sexualisierte Bewegung!"

Sie sucht eine Beratungsstelle der „Lebenshilfe" auf, um ihre Töchter vor diesem siebenjährigen Unhold zu schützen. Man erörtert den Verdacht, dass Kevin sexuell missbraucht wurde (bei dieser promisken Mutter!). Dann passiert es noch einmal: Kevin „zeigt" sich am Sportplatz. Weil „die Männer es verlangten", sagt er in seiner Erklärungsnot. Welche Männer? „Die in der Tosa", so seine Rechtfertigung.

Nun beginnt ein Martyrium. Die Dame von der „Lebenshilfe" weiß, was im Kopf dieses Jungen drin sei, müsse ja irgendwie hineingekommen sein. Wenn man mit ihm über das Schreckliche spreche, dann komme alles heraus, und es werde ihm leichter.

Fortan muss Kevin abends, wenn die Töchter schon im Bett sind, das „Peinliche" aus sich „herauslassen", denn tagsüber war das ja wegen der Töchter verboten. Und die Pflegemutter dokumentiert für die Kripo. Irgendwann schreit das Kind nur noch und versteckt sich unter einem Tisch.

Aus dem gebetsmühlenartigen „Tante Christa hat mich gefickt" wird „Tante Christa hat eine Million Kinder gefickt. Ich hasse sie". Mittlerweile hasst Kevin auch seine Mutter. Das ist Gehirnwäsche, wie bei den Wormser Kindern.

Niemand gebietet Einhalt. Was hier (wieder einmal) mit einem wehrlosen Kind veranstaltet wurde (und wofür viel Geld bezahlt wird monatlich), es schreit zum Himmel. Doch der Vorsitzende Chudoba dankte der Pflegemutter am Freitag ausdrücklich für ihre „Bemühungen um Aufklärung". Ohne sie, mit Verlaub, wären dem Saarland Millionen Euro an Prozesskosten erspart geblieben.

Parallel zu Kevins Leidensweg nahm bei der Kripo die Überzeugung Gestalt an, wie man sich das Verschwinden Pascals vorstellen müsse. Von Januar 2001 an, so die Rechnung, als Kevin zu Pflegefamilien kam, stand er für Missbrauch nicht mehr zur Verfügung. Brauchte man da nicht Nachschub? Einem stadtbekannten Vielredner präsentierte die Kripo als Erstem die Version vom Nachschub. Alles frei erfunden, sagte der Vernehmungsbeamte später vor Gericht.

Weit gefehlt: Die Geschichte, inspiriert von Kevins Angaben, war schon so sehr Gewissheit, dass der Vielredner nur noch nicken konnte: „Ja, so war's." Ein wenig Suggestion, mein Gott, die gibt es doch immer. Das Gericht fand keine Hinweise, dass etwas hineingefragt wurde.

Wer ist nun schuld an diesen sonderbaren Freisprüchen, die im Volk als „Katastrophe" angesehen werden? Niemand natürlich. Wir haben alles prima gemacht. Und jetzt dürfen alle enttäuscht sein, bis die Staatsanwaltschaft Revision einlegt. Dann besteht ja wieder Hoffnung.

Im Januar 2009 bestätigte der 4. Strafsenat des Bundesgerichtshofs die Freisprüche der angeklagten acht Männer und vier Frauen. Der Revisionsantrag der Staatsanwaltschaft wurde zurückgewiesen. Die Richter bedauerten zwar, dass es nicht gelungen sei, das Verschwinden des Jungen zu klären. Das Urteil jedoch halte der rechtlichen Überprüfung stand. Ob Pascal tot ist oder noch am Leben, blieb weiterhin ungeklärt. Wahrscheinlich war er nie in der „Tosa"-Klause gewesen, wo keine einzige Spur von ihm gefunden wurde. Insgesamt, das ist bemerkenswert, wurden in dem Fall neun sich diametral widersprechende falsche Geständnisse abgelegt.

Der völlig unnötige Prozess

TV-Moderator Andreas Türck freigesprochen, aber trotzdem ruiniert

Spiegel-Online, 8. September 2005

Freispruch – und doch kein Grund zum Jubeln: Der ehemalige Fernsehmoderator Andreas Türck ist, wie sogar von der Staatsanwaltschaft beantragt, freigesprochen worden, weil die Beweise für eine Verurteilung nicht ausreichten. Er könnte damit zufrieden sein. Doch ist er es?

Wer weiß, dass er nichts Strafbares getan hat, dem genügt ein solcher Spruch nicht. Er hofft auf Rehabilitierung, auf die Wiederherstellung seines guten Rufes, auf Wiedergutmachung des Schadens, der ihm durch Verdacht, Ermittlungen, Anklage und nicht zuletzt die Hauptverhandlung zugefügt wurde. Er hofft auf die Tilgung des Makels, der ihm seit der Berührung mit der Strafjustiz anhaftet.

Eine unerfüllbare Hoffnung, vor allem, wenn eine Person angeklagt wurde, die in der Öffentlichkeit steht. Sie hofft, dass ihr vor dieser Öffentlichkeit, die sie auf der Anklagebank wahrgenommen hatte, wenigstens Genugtuung widerfährt durch eine entsprechende Urteilsbegründung. Dass der Freispruch auch wie ein Freispruch klingt.

Doch auch diese Hoffnung hat sich für Andreas Türck nicht erfüllt. Nicht nur, dass die mündliche Urteilsbegründung durch die Vorsitzende der 27. Strafkammer des Landgerichts Bärbel Stock nicht so eindeutig war, wie sie sich ein zu Unrecht Angeklagter wünscht. Es schwang immer wieder ein Ton des Bedauerns mit, dass man nicht hatte verurteilen können. Die Vorsitzende enthielt sich auch fast jeder Kritik an der Staatsanwaltschaft, die das Verfahren mit staunenswertem Eifer vorangetrieben hatte. „Man kann durchaus diskutieren, ob im Zwischenverfahren nicht schon mehr hätte geklärt werden können", sagte die Vorsitzende. Das war's an Kritik.

Von einem Schulterschluss mit der Staatsanwaltschaft zu sprechen, liegt nahe. Denn nicht grundlos lautet eine der Fragen, die nicht oder nur schwer zu beantworten sind: Warum hat die Staatsanwaltschaft überhaupt angeklagt, wenn doch die Beweise so dürftig waren?

Die Vorsitzende zählte zu den „gewichtigen Indizien", die zunächst „nach Aktenlage" für eine Anklageerhebung sprachen, die „zeitnahen Angaben von Katharina B. gegenüber Dritten", ihre Weigerung, Anzeige zu erstatten, und den Mangel an Motivation für eine

Falschaussage. Sie zählte aber auch das Gutachten dazu, das die psychologische Sachverständige Edda Gräfe zur Glaubhaftigkeit der Aussage des angeblichen Opfers Katharina B. angefertigt hatte.

Das aber nun verstehe, wer will. Denn Gräfe hatte sehr frühzeitig im Ermittlungsverfahren unmissverständlich darauf aufmerksam gemacht, dass „die Aussagezuverlässigkeit" von Katharina B. „massiv eingeschränkt" sei. Dass ihre Angaben zum angeblichen Tatgeschehen – gewaltsam erzwungener Oralverkehr mit Andreas Türck auf der Frankfurter Honsell-Brücke in der Nacht vom 24. auf den 25. August 2001 – „gravierende Mängel in Quantität und Qualität" aufwiesen. Dass „eine Erlebnisfundiertheit" nicht bestätigt werden könne und so fort. Gräfes Befund einer wohl „unbewussten Falschaussage" der jungen Frau war alles andere als ein Indiz für Türcks Täterschaft.

Die Frankfurter Staatsanwaltschaft webt inzwischen an der Legende, Gräfes schriftliches Gutachten sei „unbrauchbar" gewesen.

Unbrauchbar wozu? Für eine Verurteilung? Gräfe wehrt sich mittlerweile gegen solche Anwürfe. Sie legt offen, dass sie in vielen Telefonaten ihre Einschätzung von Katharina B.s Aussage der Staatsanwaltschaft mitgeteilt habe; dass sie daraufhin vom ermittelnden Staatsanwalt aufgefordert worden sei, sich mit der Frage einer möglichen Traumatisierung Katharina B.s und deren eventuellen Folgen auseinanderzusetzen – offenbar in der Hoffnung, die mangelnde „Qualität und Quantität" der Aussage damit zu erklären. Und die Anklage zu retten.

Die Psychologin wies in einem „Exkurs" auf den renommierten Berliner Psychologen Max Steller hin, der als Experte für derlei Fragen gilt. Warum hat die Staatsanwaltschaft nicht bei ihm nachgefragt? Gräfe hat auch auf die Notwendigkeit eines medizinischen Gutachtens bezüglich der Alkoholisierung und des vermuteten Drogenkonsums von Katharina B. hingewiesen. Warum wurde die Staatsanwaltschaft nicht tätig?

Die Vorsitzende Richterin wich all diesen Fragen aus und erklärte, dass sich gerade bei Sexualdelikten – „dieser Grauzone menschlicher Begegnungen" – vieles erst in der Hauptverhandlung kläre. Das ist sicher richtig. Doch manchmal liegt das Kind dann schon im Brunnen.

Richterin Stock schalt die Verteidigung, weil sie Protokolle von Telefongesprächen verlesen ließ, die ein eindrucksvolles Bild von Katharina B.s Umfeld und Umgang abgaben. Die Vorsitzende: „Die

Verlesung dieser Protokolle waren weder für den Freispruch noch für eine Verurteilung nötig. Sie diente nur dazu, die Nebenklägerin möglichst übel beleumundet dastehen zu lassen."

Aber ist es denn völlig egal zu wissen, in welchem Milieu sich eine angeklagte Tat ereignet hat? Ist es egal zu erfahren, dass sich die angeblich Geschädigte zur Tatzeit und unmittelbar davor schon in einem höchst desolaten körperlichen und seelischen Zustand befand, der den angeblichen Tatfolgen bis ins Detail ähnelte? Hätten die Zeugen ohne Vorhalte aus jenen Protokollen über Rauschgiftkonsum, Alkohol und Tabletten gesprochen? Das Gericht bezeichnete Zeuginnen aus dem Partymilieu als glaubwürdig, die bekundeten, mit Katharina B. sei „etwas Schlimmes passiert". Andere, die von „aufreizendem, sexualisiertem Verhalten" der angeblich Geschädigten sprachen, fanden keinen Glauben. Da war manches für den Beobachter, der die gesamte Hauptverhandlung verfolgt hat, nicht recht nachvollziehbar.

In einem Punkt ist der Kammer uneingeschränkt zuzustimmen. „Das Gericht versteht noch immer nicht, wer der Nebenklägerin zur ständigen Anwesenheit in der Hauptverhandlung geraten hat", sagte Richterin Stock. In der Tat: Katharina B. muss im Gerichtssaal die Hölle durchlitten haben. Alles ist nun über sie bekannt, und sie musste es sich anhören: ihre Essstörungen, ihre Selbstverletzungen, der schnelle Sex, ein Selbstmordversuch, ihre körperlichen und seelischen Zusammenbrüche, ihre Neigung, sich als Opfer darzustellen und entsprechende Geschichten zu erfinden, ihr Bestreben, Zuwendung und Aufmerksamkeit zu bekommen, ihr bewusstes oder manchmal vielleicht auch unbewusstes Lügen und was es da noch alles gibt.

Wer eine so labile und beschädigte junge Frau wie Katharina B. einer solchen Tortur ohne Not aussetzt, handelt in höchstem Maße verantwortungslos. Ihre Anwältin hätte sie davor schützen können und müssen. Die Vorsitzende appellierte am Schluss an die Medien, die sich ihrer „gigantischen Macht" bewusst sein sollten. Die Medien jedoch haben das Verfahren nicht in Gang gesetzt und nicht betrieben. Sie haben nicht angeklagt und den Prozess auch nicht entschieden. Sie haben, gewiss in unterschiedlicher Qualität, darüber berichtet. Die Urheber des angerichteten Unheils aber sind andere.

Türck galt Ende der neunziger Jahre neben Arabella Kiesbauer und Hans Meiser als der TV-Talker schlechthin. Dann verdrängten zunehmend Gerichtsshows diese Nachmittagssendungen, und als auch noch Anklage gegen Türck erhoben wurde, kündigte ihm der Sender „ProSieben“ umgehend. Im Showbusiness fasste der gelernte Industriekaufmann nach dem Freispruch nie wieder richtig Fuß. Heute arbeitet er als Unternehmens- und Managementberater.

II

Verlorene Jahre

Justizirrtümer

Triumph des Richters

Harry Wörz nach zwölf Jahren rechtskräftig freigesprochen

Spiegel-Online, 22. September 2009

Es war eine Sternstunde der deutschen Justiz, wie sie nur alle Jubeljahre einmal vorkommt. Mit einem derart fulminanten Freispruch für Harry Wörz durch die 3. Große Strafkammer des Landgerichts Mannheim haben nicht einmal jene Beobachter gerechnet, die die 27 Verhandlungstage mit wachsender Spannung verfolgt hatten. Ist Wörz, der zwölf schier unendlich lange Jahre von der Justiz verfolgt worden war – zu Unrecht, wie man jetzt weiß – nun endlich die Gerechtigkeit widerfahren, auf die ein Unschuldiger Anspruch hat?

Zur Erinnerung: Seit 1997 versuchte die Staatsanwaltschaft, dem 1966 geborenen Installateur nachzuweisen, dass er in der Nacht vom 28. auf den 29. April 1997 seine von ihm getrennt lebende Ehefrau Andrea heimtückisch zu ermorden versucht habe. Die Frau erlitt durch minutenlange Drosselung irreparable Hirnschäden. Zeitlebens wird sie ein Schwerstpflegefall bleiben.

1998 waren die Ankläger so gut wie am Ziel. Das Landgericht Karlsruhe verurteilte Wörz am 16. Januar 1998 wegen versuchten Totschlags zu elf Jahren Freiheitsstrafe. Das Urteil wurde vom Bundesgerichtshof, der keine Rechtsfehler erkennen konnte, bestätigt.

Weil Wörz' Schwiegereltern ihn für die horrenden Pflegekosten ihrer Tochter haftbar machen wollten, musste sich in der Folge eine Zivilkammer des Landgerichts Karlsruhe mit dem Fall befassen. Diesem Vorsitzenden fiel auf, dass gegen Wörz vor dem Strafgericht alles andere als neutral verhandelt worden war und die ihn angeblich belastenden Indizien einer sorgfältigen Überprüfung nicht standhielten.

Die Kritik des Zivilgerichts nahm Wörz' neuer Verteidiger Hubert Gorka zum Anlass, die Wiederaufnahme des Verfahrens zu betreiben. Zunächst waren, wie üblich, massive Widerstände zu überwinden, obwohl die Fehlerhaftigkeit der Karlsruher Verurteilung ins Auge sprang. Doch sich einzugestehen, dass man sich furchtbar geirrt hat, fällt Personen, die von Berufs wegen Recht sprechen, offenbar besonders schwer.

Der Fall landete schließlich vor dem Landgericht Mannheim. Obwohl man sich dort zweimal gegen einen Wiederaufnahmeprozess gesträubt hatte, wurde Wörz 2005 freigesprochen. Die Zweifel, in ihm den Täter zu erkennen, der die junge Frau um ein normales, gesundes Leben gebracht hat, waren doch zu groß: das fehlende Motiv, die überaus dürftige Spurenlage, die haarsträubenden Ermittlungsfehler, die voreilige Festlegung auf Wörz als alleinigem Tatverdächtigen und was sonst noch alles dazukam.

Dies ließ die Staatsanwaltschaft nicht ruhen, sie legte erfolgreich Revision ein. Der zuständige Senat mit dem Vorsitzenden Armin Nack, der sich besonders gern in die tatrichterliche Beweiswürdigung einmischt, verwies den Fall nach Mannheim zurück mit einer unmissverständlichen Anleitung, wie eine neuerliche Verurteilung herbeizuführen sei. Man wollte in Karlsruhe von der einmal gefassten Überzeugung von Wörz' Täterschaft nicht lassen. Der Fall schien kein Ende zu nehmen.

Als im April dieses Jahres in Mannheim nun die Kammer mit dem Vorsitzenden Richter Rolf Glenz und der Berichterstatterin Petra Beck die Sache Wörz zu verhandeln begann, fing ein wahrer Krimi an. Kein Stein, der das wacklige Anklagegebäude bisher getragen hatte, blieb auf dem anderen. Die Kammer drehte und wendete jedes Indiz und fragte, ob es auf eine Täterschaft Wörz' hindeute oder vielleicht nur gegen den Angeklagten interpretiert wurde. Oder, bei genauer Prüfung, gar nichts besage. Oder vielleicht sogar das Gegenteil dessen, was die Staatsanwaltschaft behauptete, aber nicht beweisen konnte.

Es war geradezu ein Genuss zu beobachten, wie die Glenz-Kammer den Fall systematisch aufrollte und trotz der inzwischen vergangenen langen Zeit sensationelle Aufklärungsarbeit leistete. Kehrte sich an manchen Verhandlungstagen das Unterste zuoberst – an der einmal ausgegebenen Devise von Wörz' Täterschaft änderte sich in den Augen der Staatsanwaltschaft nichts.

Konnten die Sachverständigen des Landeskriminalamts DNA-Spuren Wörz nicht oder nicht eindeutig zuordnen – für die Staatsanwaltschaft blieb er der Täter. Traten immer weitere Ermittlungsfehler der Pforzheimer Polizei an den Tag – Wörz blieb der Täter. Hatte die Kammer für den Geliebten Andreas ein überzeugendes, ja überwältigendes Tatmotiv herausgearbeitet, woran es bei Wörz fehlt – für die Staatsanwaltschaft blieb der Angeklagte der Täter.

Die Staatsanwaltschaft rühmt sich gern ihrer Objektivität und Fairness, da sie, wie immer behauptet wird, das Be- als auch das Entlastende gleichermaßen im Blick habe. Dass dies jedoch nur hehre

Theorie ist, leuchtet sofort ein, wenn man weiß, dass Staatsanwälte weisungsgebunden sind, also vor allem in spektakulären Fällen nicht über die Köpfe ihrer Vorgesetzten hinweg agieren dürfen.

Stößt eine Sache auf öffentliches Interesse, haben Staatsanwälte Bericht zu erstatten. Ob sich am Ende einer Hauptverhandlung die Anklageschrift, die sie oft noch nicht mal selbst verfasst haben, als zutreffend erweist oder nicht, entscheiden daher nicht die jeweiligen Sitzungsvertreter der Staatsanwaltschaft, sondern ihre Vorgesetzten.

Das führt bisweilen zu der absurden Situation, dass ein Staatsanwalt wie im Fall Wörz am Ende eines Prozesses im Plädoyer den Angeklagten weiterhin als Täter bezeichnen und einen entsprechenden Strafantrag stellen musste, obwohl die einst angeblich belastenden Indizien im Lauf der Hauptverhandlung Stück für Stück dahingeschwunden waren. Neuneinhalb Jahre Freiheitsstrafe musste der Sitzungsvertreter der Staatsanwaltschaft in Mannheim beantragen, was ihm sichtlich peinlich gewesen zu sein schien. Die Glenz-Kammer hatte in ihrer mündlichen Urteilsbegründung nicht nur jedes Argument der Anklage widerlegt, ja sie hatte den Anklägern geradezu den Boden unter den Füßen weggezogen. Mit dem bloßen Beharren auf substanzloser Überzeugung und einer bornierten Unwilligkeit, Fehler zuzugeben, verliert die Staatsanwaltschaft an Glaubwürdigkeit, ja sie macht sich lächerlich. Oder will sie im Fall Wörz etwa den Ruf einer Polizei retten, die „wie eine Herde Elefanten durch den Tatort trampelt", so der Vorsitzende Glenz, oder die Vernehmungsprotokolle von Entlastungszeugen in versteckten Aktenordnern „versenkte", wie Richterin Beck sagte? Eine Polizei, die sich laut Verteidiger Neuhaus an nichts erinnert, die Asservate nicht mehr findet, die „lügt, betrügt, stiehlt und trickst"?

Neuhaus hatte schon Recht, wenn er der Polizei Betriebsblindheit, unprofessionellen Jagdeifer sowie „hanebüchene und verquere Ausreden" vorwarf, „die nur in verschrobenen Ermittlergehirnen entstanden sein können". Schlimmer noch aber ist der Verdacht, dass offenkundig alles getan worden war, um dem einzigen wirklichen Tatverdächtigen, Andreas Liebhaber Thomas H. – auch er Polizist in Pforzheim wie das Tatopfer und dessen Vater – „faktisch Immunität zu verleihen", so Neuhaus.

War es Kumpanei innerhalb einer verschworenen Gemeinschaft, dass Wörz, der einzige Nicht-Polizist unter den Beteiligten, unbedingt der Täter sein musste, obwohl so gut wie nichts gegen ihn sprach? Dummheit war es eher nicht und auch nicht Zufall, denn an so viel Dummheit und Zufall mag man nicht glauben. Vielleicht hatte damals so mancher Ermittler vor allem Andreas Liebhaber im Verdacht und wollte nicht derjenige sein, der den Kollegen ans Messer liefert. Vielleicht war sehr schnell klar, in welche Bredouille H. geraten würde, fingen die Ermittlungen gegen ihn erst einmal an. Vielleicht ließ man ihn deshalb sehr schnell ungeschoren – und konzentrierte sich ausschließlich auf Harry Wörz.

Die Glenz-Kammer beschrieb in der Begründung ihres Freispruchs nicht nur den „Gefühlskonflikt“, in dem sich H. damals befand: zwischen Ehefrau und Andrea, bedroht von einer Scheidung und unabsehbaren finanziellen Folgen sowie dem Verlust seiner Kinder. Sondern die Richter bekannten auch: „Es wäre unvollständig zu sagen, Herr Wörz ist nicht der Täter, wenn wir verschwiegen, dass die Kammer H. für den wahrscheinlichen Täter hält.“ Und: „Durchgreifende Argumente gegen eine Täterschaft H.s gibt es nicht.“

Wenn ein Gericht so weit geht, müsste die Staatsanwaltschaft eigentlich reagieren. Und zwar nicht, indem sie wieder Revision einlegt.

Doch genau das tat die Staatsanwaltschaft. Der Freispruch für Harry Wörz erlangte am 15. Dezember 2010 erst dadurch Rechtskraft, dass Bundesanwalt Wolfram Schädler vor dem Bundesgerichtshof überraschend nicht der Auffassung der Staatsanwaltschaft Mannheim folgte, die Wörz erneut vor Gericht bringen wollte, sondern Freispruch beantragte.

Die nie ernsthaft betriebenen Ermittlungen gegen Thomas H. wurden 2013 eingestellt. H. wurde vorübergehend vom Dienst suspendiert, blieb aber weiterhin Polizist in Pforzheim.

Wörz setzte der jahrelange Kampf um seine Unschuld schwer zu. Physisch und psychisch zerstört ringt er nach wie vor mit der Ungewissheit, wer die Tat begangen hat. Zu seinem Sohn aus der Ehe mit Andrea, der auch Polizist in Pforzheim wurde, hat er keinen Kontakt.

Tot ist tot

Der Fall des angeblich aufgefressenen Bauern Rudolf R.

Spiegel 18/2010, 3. Mai 2010

Soll man über diesen Fall nun lachen, oder ist er eher zum Weinen? Soll man sich empören oder resignieren?

Im Oktober 2001 verschwindet in der Nähe von Neuburg an der Donau ein Mann samt Auto spurlos. Jahrelang wird gesucht und ermittelt. Ergebnis: nichts als Gerüchte, Tratsch und Mutmaßungen, dass der Mann, der Bauer Rudolf R., womöglich einem Verbrechen zum Opfer gefallen sei und wer als Täter infrage komme.

2004 gestehen die Ehefrau des Vermissten, seine beiden 17 und 18 Jahre alten Töchter und der Freund eines der Mädchen erst zögernd, dann immer detaillierter und widersprüchlicher. Drei geben zu, ihn mit einem Holzprügel und/oder einem Hammer erschlagen, zerstückelt und den Hofhunden zum Fraß vorgeworfen zu haben. Objektive Beweismittel gibt es nicht. Auch Reste von Leichenteilen, die laut Geständnis des angeblichen Haupttäters im Misthaufen vergraben und auf Feldern verteilt worden seien, findet man nicht. Ein Falschgeständnis?

Ende 2004 kommt es zum Prozess vor dem Landgericht Ingolstadt. Obwohl inzwischen alle Geständnisse widerrufen sind, präsentiert die Staatsanwaltschaft aus dem Aussagenwirrwarr eine lückenlose und das Gericht überzeugende Endversion des Tatablaufs. Nach 24 Verhandlungstagen verhängen die Richter 2005 Freiheitsstrafen bis zu achteinhalb Jahren wegen Totschlags und durch Unterlassen begangene Beihilfe. Alternativen zur Tötung durch die Angeklagten wie Selbstmord schließen die Richter aus.

Möglicherweise entlastende Tagebücher der Mädchen verschwinden in Akten, die das Gericht nicht zu sehen bekommt. Zufall? Ein Problem hatte man mit den Leichenteilen, die weder auf dem Mist noch auf den Feldern gefunden worden waren. „Nach Ansicht der Kammer folgt aus den falschen Angaben hinsichtlich des Entsorgens der Leichenteile jedoch nicht die Unglaubhaftigkeit der Aussage zum Zerteilen insgesamt", beruhigt sich das Gericht.

Sodann reichern die Richter die Falschaussage freischöpfend mit ihren eigenen Ideen an: „Es ist jedoch auch möglich", schreiben sie im Urteil, „dass der Angeklagte eine Entsorgung der Leichenteile gewählt hat, die aus seiner subjektiven Sicht noch furchtbarer ist als das Vergraben der Leichenteile im Misthaufen, und die er aus diesem Grund nicht angeben konnte. Hierbei denkt das Gericht z. B. an die Möglichkeit, dass der Angeklagte die restlichen Leichenteile an die Schweine verfüttert haben könnte. Der Kammer ist bekannt, dass Schweine als Allesfresser auch die restlichen Leichenteile samt Knochen fressen würden. Es ist durchaus vorstellbar, dass das Verfüttern an die Schweine für den Angeklagten ein noch furchtbareres Entsorgen der Leiche darstellt als das Werfen in den Misthaufen, da die Schweine letztendlich als Teil der menschlichen Nahrungskette vom Menschen gegessen werden. Hierbei besteht die Möglichkeit, dass die Schweine sogar von der Familie selbst gegessen worden sind."

Am 10. März 2009, mehr als sieben Jahre nach der angeblichen Tat, als die Töchter schon wieder auf freiem Fuß sind, ist es mit solchen Phantastereien vorbei. An jenem Tag holt die Polizei an der Staustufe Bergheim zwei Autos aus der Donau. Eines ist der Wagen des Bauern.

Die Bereitschaftspolizei nimmt das verdreckte Auto an der Hinterachse auf den Haken und hievt es aus dem Wasser. Schlamm, der sich über die Jahre im Innern angesammelt hat, drückt dabei gegen die Windschutzscheibe, bis sie birst.

Und siehe da: Es ergießen sich nicht nur Unrat und Schlamm in die Donau – auch ein zum Teil skelettierter Torso schwimmt davon. Mit einem Schlauchboot fährt man hinterher und birgt ihn notdürftig per Hand. Die dazugehörigen Beine und Füße findet man im Wageninnern. Es handelt sich laut DNA-Analyse eindeutig um die Leiche des angeblich zerstückelten und aufgefressenen Bauern.

Münchner Gerichtsmediziner stellen keine anatomisch nachweisbare Todesursache mehr fest. Ob der Bauer Selbstmord begangen hat? Ob er nach einem Wirtshausbesuch betrunken vom Weg abgekommen ist? Oder ob Trunkenheit und Lebensüberdruss angesichts hoher Schulden, Krankheit und einer desolaten familiären Situation zusammenwirkten? Es wird nie mehr aufzuklären sein.

Hinweise auf Verletzungen durch Schläge mit einem Holzprügel oder einem Hammer finden die Rechtsmediziner jedenfalls nicht, weder an der Kleidung des Toten noch an seinem Körper. Der Schädel ist unversehrt, ebenso die Wirbelsäule. Ausschließen lasse sich auch eine Stich- oder Schussverletzung im Bereich des Rumpfes, heißt es im Obduktionsprotokoll, da man weder Haut- noch Knochenverletzungen gefunden habe.

Vermutlich saß der Tote hinter dem Steuer, denn Schien- und Wadenbeine mit Füßen fand man bei den Pedalen. In welcher Position sich der Schalthebel des Automatikgetriebes befand, war nicht mehr festzustellen, da der bei der dilettantischen Bergung bewegt wurde. Der Autoschlüssel war erst nicht auffindbar. Jetzt ist er plötzlich wieder da. Wie bitte?

Was stimmt denn nun? Hat der Freund der älteren Bauerntochter nicht umfassend gestanden, wie er Arme und Beine abgetrennt und zerteilt hat; wie er den Körper vom Nabel bis zu den Rippen aufgeschlitzt, die Innereien mit den Händen herausgezogen und in einen Müllsack gepackt hat? Beschrieb er nicht genau, wie er das Blut mit einem Margarinebecher in einen Plastikeimer geschöpft hat? Gab er nicht zu, den Kopf ausgekocht und dann zerschlagen zu haben?

Und wie steht es mit den angegebenen Motiven der Verurteilten? Fragen über Fragen: Kam der Bauer an jenem Abend vielleicht doch nicht heim, wie es die Mädchen zunächst ausgesagt hatten? Gab es überhaupt jenen angeblich tödlich endenden Streit mit der Ehefrau oder dem Freund der Tochter, wie es in wirren Varianten gestanden wurde? Und wenn nicht: Was hat man mit den später Verurteilten gemacht, dass sie derart makabre Geständnisse abgaben?

Die haarsträubenden Fehler des Ingolstädter Gerichts kamen mit der Wasserleiche ebenso ans Licht wie die Fehler von Polizei und Staatsanwaltschaft, die Nachlässigkeit der Verteidiger und die opportunistische Anpassung einzelner Gutachter an die Erwartungen des Gerichts.

Entstehung und Entwicklung der einzelnen Aussagen wurden 2005 ebenso wenig hinterfragt wie die Aussagetüchtigkeit der Angeklagten. Ein Psychologe stellte etwa bei der Ehefrau des Bauern einen Intelligenzquotienten von 53 fest, also eine „Debilität im Grenzbereich zur Imbezillität“. Bei den anderen Angeklagten sah es nur wenig besser aus, auch ihre Intelligenz liegt weit unter dem Durchschnitt. Selbst wer nur über Minimalkenntnisse bezüglich der Entstehung falscher Geständnisse verfügt, hätte hier stutzig werden müssen.

Nicht, dass es sich die Ingolstädter Richter leichtgemacht hätten. Ihr Urteil umfasst 228 fein säuberlich, mit einem zusammenphantasierten Tatablauf gefüllte Seiten. Doch sie fanden – aus Unkenntnis oder Unwillen? – kein Motiv dafür, warum jemand eine Tat zugibt, die er nicht begangen hat.

Überdies hielt auch Gerichtspsychiater Hubert Haderthauer, Ehemann der damaligen bayerischen Sozialministerin, sämtliche Angeklagten für uneingeschränkt schuldfähig. Zweifel an der Glaubhaftigkeit ihrer Aussagen ergaben sich weder für ihn noch für das Gericht, zumindest soweit sie für eine Verurteilung dienlich waren.

Wer nun glaubt, der Fund einer offenbar nicht gewaltsam zu Tode gekommenen Leiche müsste sofort zur Freilassung der zwei noch Eingesperrten und zu einer Neuverhandlung des Falls führen, der irrt. Die neuen Verteidiger der Verurteilten – Regina Rick, München, Klaus Wittmann und Kerstin Knapp, Ingolstadt, sowie Bernd Scharinger, Augsburg – beantragten die Wiederaufnahme des Strafverfahrens und scheiterten erst einmal, selbst angesichts des unwiderleglichen Beweises, dass zumindest große Teile der Urteilsfeststellungen eindeutig falsch waren.

Aber es wäre ja auch fast ein Wunder gewesen, wenn die Staatsanwaltschaft Landshut den Antrag nicht wie im Reflex zurückgewiesen hätte. „Der Umstand, dass die Leiche nun gefunden wurde und der Bauer möglicherweise auf eine andere als in der im Urteil beschriebenen Art zu Tode kam, ändert jedoch nichts an den übrigen Feststellungen des Urteils, nämlich, dass die Tat geplant war, dass der Bauer an diesem Abend nach Hause kam, dass er dort von den Verurteilten erwartet und aufgrund eines gemeinsamen Tatplans getötet wurde", schrieb Staatsanwalt Hubert Krapf ans Landgericht Landshut, das über den Wiederaufnahmeantrag entscheiden musste.

Es wäre wiederum ein Wunder gewesen, wenn sich dieses Gericht nicht der Staatsanwaltschaft angeschlossen hätte. Tot ist schließlich tot. Und der Hauptangeklagte hatte ja auch mal von einem Weiher gesprochen, in dem das Auto versenkt worden sei – nach Auffassung der Staatsanwaltschaft Täterwissen. Wasser ist Wasser, ob Weiher oder Donau. Außerdem könnte der Bauer ja auch erdrosselt oder erwürgt worden sein, da die Weichteile am Hals der Leiche nicht mehr vorhanden waren.

Ist das Zynismus oder Chuzpe oder Juristen-Korpsgeist vom Weißbier-Stammtisch? Oder handelt es sich um jene Vertuschungsstrategie, der man auch auf anderen Gebieten begegnet, über Unlauterkeiten zu schweigen, um die Institution nicht zu beschädigen? Die debile Bäuerin hat man vier Stunden lang ohne Anwalt als Zeugin vernommen, obwohl sie schon als Beschuldigte observiert worden war. Das

Protokoll umfasst nur zwei Seiten. Was hat ihren damaligen Anwalt bewogen, dabei mitzumachen?

Der 3. Strafsenat des Oberlandesgerichts München mit der Vorsitzenden Huberta Knöringer hat auf die Beschwerden der Verteidigung hin den Wiederaufnahmeanträgen im März schließlich stattgegeben. Mittlerweile sind alle Verurteilten in Freiheit. Der neue Prozess vor derselben Landshuter Kammer, die sich dagegen gesträubt hatte, wird für Herbst erwartet. Wird man wieder einen Schuldspruch ansteuern?

„Schämt sich keiner?"

Spiegel 9/2011, 28. Februar 2011

Ende gut, alles gut? Am 13. Mai 2005 war die Witwe des Bauern Rudolf R. samt ihren zwei Töchtern und einem Freund der älteren vom Landgericht Ingolstadt zu Freiheitsstrafen bis zu achteinhalb Jahren verurteilt worden, „zur Überzeugung des Gerichts überführt im Wesentlichen durch die Aussagen der Vernehmungsbeamten". Viel mehr als deren Überzeugung vom vermeintlichen Tatgeschehen gab es nämlich nicht.

Die Tatversion, die damals zum Verurteilen reichte, wurde nur durch wirre Aussagen der Angehörigen R.s untermauert, ohne dass die Ingolstädter Kammer auf das Zustandekommen dieser angeblichen Geständnisse viele Gedanken verschwendet hätten. Die Richter schrieben auf Seite 55 ihres Urteils, und ihre Diktion verrät, dass sie die Zähne dabei zusammengebissen haben müssen: „Die Kammer ist zu der Überzeugung gekommen, dass es keine Alternative gibt, die ein Verschwinden des Rudolf R. erklären und somit das Heimkommen des Rudolf R. widerlegen würde."

Nicht nur die Staatsanwaltschaft hält bis heute an dieser Überzeugung fest, auch wenn sie ehrlicherweise zugeben müsste, dass sie sich damals furchtbar geirrt hat. Doch Fehler zuzugeben fällt schwer. Lieber erinnert man sich nicht genau und geht mit der Wahrheit großzügig um. Hauptsache, der Apparat und die Kollegen nehmen nicht Schaden. Wer das Ingolstädter Urteil heute liest, dem gehen die Augen über. Wie können sich Richter einer Tat so sicher sein, dass sie sogar hohe Freiheitsstrafen verhängen, wenn es dieses Geschehen gar nicht gegeben hat? Wie können sie schreiben, es sei „gänzlich unwahrscheinlich“, dass R. Selbstmord begangen habe? „Jemand, der Selbstmord begehen will, wird im Regelfall nicht auch noch am Morgen des gleichen Tages sein Feld bestellen und sich auch kurz davor nicht in der Gastwirtschaft so verhalten wie immer“, heißt es im Urteil.

An dieser Gewissheit hätte sich nichts geändert, wenn nicht im März 2009, als die Hauptangeklagten schon 1882 Tage im Gefängnis hinter sich hatten, das Auto doch noch gefunden worden wäre und mit ihm die Leiche R.s hinter dem Lenkrad.

Trotz Kenntnis des Obduktionsergebnisses hielt die bayerische Justiz das Urteil für „im Ergebnis richtig“. Alle rechtlichen Mittel wurden aufgeboten, die Wiederaufnahme des Falls zu verhindern.

Nur dank des Oberlandesgerichts München wurde der Fall in Landshut noch einmal verhandelt. Wieder ging es um die Horrorphantasien der Ingolstädter Anklage – nun ein Stück voller Peinlichkeit.

Der Fall des Bauern R. ist eine Rarität in der Strafjustiz, widerlegt er doch eindeutig die These, kein Mensch, abgesehen vielleicht von ein paar psychisch gestörten Personen, gebe eine Straftat zu, die er nicht begangen hat. Und, vielleicht noch wichtiger, er ist ein Lehrbeispiel für die Bedeutung des Befragungsverhaltens der Ermittler, ihrer Vernehmungsmethoden und ihrer Arbeitshypothesen.

Da Bauer R. verschollen blieb, ging die Kripo bald nicht mehr von einem Vermisstenfall, sondern von einem Kapitalverbrechen aus – einem Fall von höchster Bedeutung also. Wer daran mitarbeitete, der war jemand. Leiter der Ermittlungskommission wurde der Ingolstädter Oberstaatsanwalt Christian Veh.

Er ist ein schneidiger, nonchalanter Typ, an die 1,90 groß, bewundert von den Kriminalbeamten an der Front, ein eloquenter Herr. Er tritt anders auf als sie, er hat eine Haltung, die ihm erlaubt – oder ihn verführt –, auf andere wohlwollend oder abschätzig herunterzuschauen. Als Zeuge in Landshut verteidigt er seine Überzeugung, die damals Leitmelodie war für die Ermittler: „R. muss nach Hause gekommen sein. Es war einfach die wahrscheinlichste Grundannahme. Ein Kapitalverbrechen zu Hause lag also nahe. Aber man wusste noch nicht, wer es war.“

Ein Beamter der Kripo, der nicht zur Ermittlungsgruppe gehörte und dessen Name nicht genannt werden soll, sagt: „Man muss sich das so vorstellen, dass sich die Überzeugung des Oberstaatsanwalts im Kopf des kleinen Beamten verselbständigt. Er spurt. Er ist mit auf der Fährte." Der Beamte gebraucht ein Wort, das von Ottfried Fischer, dem bayerischen Kabarettisten, stammen soll: hinhundeln. Wie ein Hund bedingungslos parieren, wedeln und schlecken und nach Belohnung lechzen. „Da wird so mancher selbst zum Täter, wenn er merkt, dass er Macht hat über andere. Dass man bei ihm sogar gesteht, was man gar nicht getan hat."

Am Tag der Festnahme wurde das Anwesen R.s durchsucht: „Das war das Eindrucksvollste, was ich bisher erlebt habe!" Oberstaatsanwalt Veh, als Zeuge vor Gericht, schüttelt sich. „Es herrschten unbeschreibliche Zustände! Alles war verdreckt, verwahrlost, und ein Gestank war da! Hunde nächtigten im Wohnzimmer!" Die Feuerwehr sei mit Atemschutzmasken angerückt. „Dass man da leben kann? Ich fuhr nicht gleich zurück, denn ich wollte es auf mich wirken lassen." Er berauschte sich gleichsam am Gestank der Mördergrube.

So entstand die rufmörderische Legende von der verkommenen Sippschaft, der alles zuzutrauen sei. Die haben den sogar geschlachtet! So etwas gab es noch nie in Ingolstadt. Man suchte nach Blutspuren. „Eigentlich hätte man was finden müssen", sagt Veh. „Man hatte schon Bedenken, ob das alles stimmt." Aber man habe die „Mentalität" der Verdächtigen berücksichtigt. „Wir haben überlegt, wenn schon Entsorgung, dann in der Nähe. Man fährt mit einer Leiche ja nicht stundenlang durch die Gegend." Man tauchte in Weihern und suchte übrigens auch in der Donau, dort, wo R. später gefunden wurde. Das Auto sei wohl nicht an der Fundstelle ins Wasser gelangt, sagt ein Sachverständiger. Wo dann?

Überlegungen, wie man eine Leiche spurlos verschwinden lässt. Ein Hundeführer der Polizei fragte damals: Haben die dort Hunde? Die R.s hatten bis zu sieben Stück. Die Idee zündete. Jeder war innerlich mit dabei. Oberstaatsanwalt Veh erkundigte sich kurz nach der Festnahme der Verdächtigen in München, ob Hunde auch Menschenfleisch fräßen. Möglicherweise. Schon in den ersten Vernehmungen wurde daraufhin nach Hunden gefragt.

Eine der Töchter bestätigte nach anfänglichem Bestreiten, der Vater sei heimgekommen und aufgefressen worden. Sogar die Geschichte vom Hund Bobby floß in die Vernehmungen ein, der die Tür zur Küche aufmachen konnte, wo angeblich Leichenteile lagerten. Auch eine Nachbarin sagte nun der Kripo, es könne schon sein, „dass es d' Hund' g'wen san".

Dann suchte man nach Tatwerkzeugen wie Sägen und Messern. Mittlerweile hatten die Beschuldigten ihre bizarren Geständnisse widerrufen. „Aber der Freund der Tochter hat doch geschildert, wie er einen Hammer in den Kopf reing'haut und damit g'naggelt hat!" Veh ist erbost. Sein Selbstschutzreflex funktioniert: „Damals wie heute habe ich keinen Zweifel, dass R. heimkam und mit einer Latte – es muss ja nicht ein Hammer gewesen sein – getötet wurde."

Zum Vorwurf der Verteidigung, es sei Druck ausgeübt worden auf die schlichten Leute, sagt er nur: „Wenn ich dabei war, gab's keinen Druck. Was heißt denn überhaupt Druck? Glühende Zangen vielleicht?" Er kenne doch seine Leute.

Wo war das Auto abgeblieben? Beim Hecht natürlich! Den Schrotthändler Ludwig Hecht aus dem Nachbarort klagte man damals an, weil er nicht bereit war zuzugeben, den Mercedes des Bauern in der Tatnacht verschrottet zu haben. Als Zeuge sagt er in Landshut, die Ermittler hätten ihm eine Pistole an den Kopf gehalten, damit er gestehe. Später wurde das Verfahren gegen ihn eingestellt. Herr Veh schmunzelt. Ja, ja, der Hecht, dieser Lügner.

Veh stellt sich vor seine Beamten. Der Fall R. erdrückt. Ein Ermittler ist so krank, dass er im Prozess nicht aussagen kann. Da braucht man einen wie Veh, der beruhigt, niemand habe etwas falsch gemacht. Er verhält sich so, wie man es von einer tragenden Säule der Institution Justiz erwartet.

Jetzt endlich sind die Angeklagten freigesprochen worden, allerdings halbherzig. Eine Entschädigung für die erlittene Haft wurde ihnen verweigert. Schließlich hätten sie die Anklage durch ihre falschen Geständnisse „selbst verschuldet", so der Vorsitzende Theo Ziegler. Und: „In der Zusammenschau sind wir fast der vollen Überzeugung, dass R. heimkam und einer oder mehrere der Angeklagten die Todesursache setzten."

Ein gutes Ende? Verteidigerin Rick: „Ich habe mich das ganze Verfahren über gefragt, ob sich nicht mal einer schämt."

„Von vorn bis hinten erfunden"

Freispruch für Horst Arnold: Das Stigma des Vergewaltigers

SPIEGEL 33/2011, 15. AUGUST 2011

Eines Morgens standen sie vor seiner Tür, sechs Mann. Er war zu Hause, denn man hatte ihn vom Dienst suspendiert, „wegen Beschwerden", hieß es.

Nun sicherten zwei Mann Haus und Garten, und vier drängten in die Wohnung. „Jetzt kommen Sie schon mit!", sagten sie, als sie ihm ein Papier vorlegten. Haftbefehl. Horst Arnold, damals 42, geschieden, Gymnasiallehrer für Biologie und Sport an der Georg-August-Zinn-Schule in Reichelsheim im Odenwald, um einen lockeren Spruch selten verlegen – es verschlug ihm die Sprache. „Wer kümmert sich denn nun um den Kater?", schoss ihm durch den Kopf. Das sei ein Missverständnis, versuchte er die Kriminalbeamten zu überzeugen. Nein, nein, da stehe es doch.

Ein Amtsrichter in Michelstadt setzte den Haftbefehl – gegen Auflagen zwar – außer Vollzug. Doch die Staatsanwaltschaft Darmstadt legte Beschwerde ein, und das Landgericht gab ihr statt. „Also musste ich zwölf Tage später doch rein."

Rein: Das bedeutete Untersuchungshaft im hessischen Weiterstadt. „Einer der Vollzugsbeamten benachrichtigte wenigstens meine Eltern." Den Kater fütterte fortan sein Vater. Das war 2001.

Von da an konnte Arnold die Raten für sein Haus nicht mehr bedienen, seine Bezüge wurden gestoppt, der Beruf war dahin, das Auto wurde verkauft. Bis auf wenige Ausnahmen wandten sich Freunde und Verwandte ab. „Ich war bis dahin ein Verfechter des Rechtsstaats und wusste nichts von der Justiz. Mit Gefangenen oder Inhaftierung beschäftigt man sich ja nicht. Denen da drin geht es doch gut, denkt man." Bis es einen selbst trifft.

Im Januar 2002 erhob die Staatsanwaltschaft Darmstadt Anklage gegen Arnold wegen Vergewaltigung einer Kollegin. Die Tat sollte am 28. August 2001 während einer Schulpause geschehen sein. In einem Biologie-Vorbereitungsraum habe er die Frau bedrängt, ihr den Mund zugehalten, sie geboxt und getreten. Er habe ihren knöchellangen Wickelrock und ihren Stringtanga beiseitegeschoben, seine Hose heruntergezogen und sein Opfer dann anal vergewaltigt.

Der Prozess vor der großen 12. Darmstädter Strafkammer mit dem Vorsitzenden Christoph Trapp begann am 10. Juni 2002 und endete nach fünf Verhandlungstagen mit einem Schuldspruch.

Da Arnold die Tat in einem Zustand von „nicht ausschließbar erheblich verminderter Steuerungsfähigkeit" begangen haben soll – er hatte am Abend zuvor getrunken –, wurde er zu einer Freiheitsstrafe von fünf Jahren verurteilt und wegen seines „Hangs, alkoholische Getränke im Übermaß zu sich zu nehmen", zunächst in die Psychiatrie in Hadamar eingewiesen.

„Hadamar war die Krönung", sagt Arnold und kann sich mittlerweile über seine Erlebnisse dort sogar noch amüsieren. Er sei sofort negativ aufgefallen, weil er einfach kein Geständnis habe ablegen wollen. „Sechs Psychologen haben die auf mich angesetzt!" Auch einer Therapie für Sexualstraftäter widersetzte er sich. „Da war ein Psychologe, der teilte Block und Schreibzeug aus und sagte: ‚Meine Herren, Sie schreiben jetzt mal einen Opferbrief und entschuldigen sich!' Die anderen schrieben alle fleißig. Nur ich nicht. Ich sagte, ich warte, bis ein Brief mit einer Entschuldigung zu mir kommt."

In der zweiten Therapiestunde ging es um Verhütung. „Was, bitte, hat das mit Therapie zu tun?" Arnold greift sich an den Kopf. „Der schwule Therapeut schrieb einen einfachen Satz an die Tafel. Darin waren sieben Schreibfehler. Die anderen merkten das nicht. Aber ich. So flog ich aus der Sexualtherapie raus."

Man hielt ihn mehr als 700 Tage in Hadamar fest, schob ihn von einer Therapiegruppe in die nächste. Er galt als „nicht einsichtig", als jemand, bei dem alle Bemühungen „sinnlos" seien.

Sein Eindruck von dieser Klinik ist verheerend. Übertreibt er? Ist es die bittere Wut wegen der verlorenen Jahre? Das Wort „Therapiemätzchen" fällt. „Wer von den ‚Patienten' am besten log und scheinheilig auf Reue machte, der bekam Lockerungen. Die Pflegerinnen lesen Frauenzeitschriften, statt sich um ihre Arbeit zu kümmern. Es passiert nichts, es bringt nichts. Als ich gehört habe, dass nach Krankenhaustarif abgerechnet wird, dachte ich: Das ist ja eine schöne Geldmaschine für den Landeswohlfahrtsverband!"

Auf Hadamar folgten drei Jahre Butzbach. Dieses Gefängnis gilt als das schlimmste in Hessen. „Ich war in der Hierarchie ganz unten – als Vergewaltiger und weil ich Lehrer bin. Die meisten Inhaftierten geben die Schuld an ihrem Scheitern ja den Eltern und vor allem den

Lehrern. Also saß ich 23 Stunden am Tag in der Zelle. Arbeiten durfte ich nicht, am Gemeinschaftsleben teilnehmen konnte ich nicht. Denn ich war ja nicht geständig, zeigte keine Reue und galt als gefährdet. Kaum einer glaubte an meine Unschuld. Man drohte mir, versprach Belohnung, wenn ich bloß gestünde. Aber da war nichts zu gestehen."

Arnold begann ein Fernstudium zum Diplomsportmanager. Auch das habe Unmut erregt, wegen der Fachbücher in seiner Zelle. Man habe ihm vorgeworfen, sich mit den Beweisen seiner Unschuld zu beschäftigen, statt mit seiner „Schuld". Eine Familientherapie mit den Eltern sei notwendig, damit diese „nicht länger seine Unschuldsbehauptung stabilisieren". Es sei die Hölle gewesen, sagt er.

Rund 1800 Tage hinter Gittern, bis Oktober 2006. Kein Tag wurde dem Reuelosen erlassen. Anschließend drei Jahre strenge Führungsaufsicht. Er hatte keine Wohnung mehr, lebte wieder bei seinen Eltern, war arbeitslos. Welche Schule hätte ihn denn noch genommen? Einen wegen Vergewaltigung Vorbestraften stellt auch kein Betrieb ein. „Ich hatte mal bei einem Verwandten vorübergehend einen Job. Doch in dem Unternehmen waren von 60 Angestellten 55 Frauen. Da konnte ich nicht bleiben." Er rechnet heute stets mit dem Schlimmsten.

Ein Richter kann irren. Auch deshalb sind große Strafkammern mit zwei oder drei Berufsrichtern und zwei Schöffen besetzt. Außerdem wirken an einem Strafprozess die Staatsanwaltschaft, die Verteidigung und meist Sachverständige mit. Sie alle sollen helfen, Irrtümer zu verhindern.

Im Fall Arnold ging dies furchtbar schief, obwohl die Trapp-Kammer in Darmstadt einen guten Ruf genießt. Zehn Jahre nach der „Tat", die sich das angebliche Opfer offensichtlich ausgedacht hatte, wurde Arnold jetzt vom Landgericht Kassel in einem Wiederaufnahmeprozess freigesprochen. Und zwar nicht wegen mangelnder Beweisbarkeit der Anklage, wie sich Gerichte immer öfter in Fällen, in denen Aussage gegen Aussage steht, herausreden, sondern wegen erwiesener Unschuld.

Wie konnte das passieren? Wie kann das Darmstädter Gericht „von der Täterschaft des Angeklagten" überzeugt sein und eine Falschbezichtigung für „ausgeschlossen" halten, während ein anderes Gericht, nämlich Kassel, feststellt, die Zeugin habe ein „kaum glaubhaftes Geschehen geschildert"? Es sei davon auszugehen, dass sie, die in der Lage sei, die „aberwitzigsten Geschichten zu erfinden", gelogen und die Vorwürfe „von vorn bis hinten" erfunden habe, urteilten die Kasseler Richter. Ist der Strafprozess denn ein Glücksspiel? Kommt es nur auf das Bauchgefühl der Richter an?

Im Darmstädter Urteil hieß es: „Die Zeugin war während der Vernehmung nicht in der Lage, den Angeklagten anzusehen, und begann bei der Schilderung der eigentlichen Tat häufig zu weinen, was nach der festen Überzeugung der Kammer aufgrund des persönlichen Eindrucks von der Zeugin in der Hauptverhandlung nicht geschauspielert war."

Woher wussten die Richter das? Zu dieser Überzeugung wäre es nicht gekommen, hätte die Darmstädter Kammer die Erkenntnisse der modernen Aussagepsychologie beachtet, wie es das Bundesverfassungsgericht vorschreibt. Stattdessen verließ sie sich auf ihre Intuition, deren Trefferquote selbst bei Strafrichtern nur knapp über dem Zufall liegt. Das Urteil wäre auch anders ausgefallen, hätte die Sonderermittlungsgruppe, die auf Arnold angesetzt worden war, nicht nur wochenlang dessen Vorleben ausgeforscht, sondern sich auch mal dem „Opfer" gewidmet. Denn da kommt man aus dem Staunen nicht mehr heraus.

Sowohl im privaten wie im schulischen Umfeld gilt die Frau als notorische Lügnerin, wenn es zu ihrem Vorteil ist. Sie wird stets als eine unzuverlässige, intrigante Person geschildert, die oft Krankheiten als Mittel einsetze, um Aufmerksamkeit zu erlangen oder Anforderungen aus dem Weg zu gehen.

Nirgends hält sie es lange aus. In jenen dreieinhalb Jahren, in denen sie als Lehrerin in Nordrhein-Westfalen tätig war, wechselte sie viermal die Schule. In Hessen, wohin sie 2001 kam, brachte sie es in kurzer Zeit auf fünf Schulwechsel. An einer Schule sei sie von einem Kollegen vergiftet worden, behauptete sie. Da war sie dann lange krank. An einer anderen Schule erzählte sie, der Polizeibeamte, der die „Vergiftungsangelegenheit" aufgeklärt habe, sei ermordet worden.

Zurzeit ist sie an einer Schule in Bielefeld. Die Bezirksregierung erließ inzwischen ein Dienstverbot. „Bei vollen Bezügen!", erregt sich Arnold. „Ich bekomme Hartz IV!"

Vieles hätte man schon 2001 wissen können, als die Frau Arnold der Vergewaltigung bezichtigte. Auffallend war bereits, dass sie als „Kompensation" für die – angebliche – Vergewaltigung die sofortige Verbeamtung forderte. Daran lag ihr sehr. Auffallend waren unter anderem auch ihre verschiedenen Tatschilderungen. Auffallend war, dass sie am Tag „danach", obwohl angeblich unter großen Schmerzen leidend, in bester Stimmung an einem Frauenstammtisch teilnahm. Auffallend war, dass trotz Schulbetriebs niemand etwas bemerkt hatte. Besonders auffallend war, dass das behauptete Tatgeschehen nicht zu den behaupteten Blessuren der Zeugin passte. Und vieles mehr.

In Darmstadt wollte man nichts von alledem wissen. Zeugen, die Zweifel hatten, wurden nicht gehört. Denn die Frau war schließlich das „Opfer", das, links und rechts eingerahmt von Unterstützerinnen, die Richter rührte.

Arnold wäre das Stigma des Vergewaltigers nie losgeworden, wäre nicht der Berliner Rechtsanwalt Hartmut Lierow von seiner Schwester auf den Fall aufmerksam gemacht worden. Als Frauenbeauftragte der Odenwälder Schulen kannte sie den Ruf der Belastungszeugin. Die Vorwürfe gegen Arnold erschienen ihr kaum glaubhaft. Lierow, eigentlich Zivilanwalt, ließ sich überreden und recherchierte monatelang auf eigene Kosten. „Die Situation war einfach da", sagt er.

2008 beantragte er die Wiederaufnahme des Falls. Die jetzt zuständige Staatsanwaltschaft Kassel ließ sich ein Dreivierteljahr Zeit, bis sie, ohne auch nur auf ein einziges Argument einzugehen, die Zurückweisung des Antrags forderte, wie es bei den Staatsanwaltschaften allgemein der Brauch zu sein scheint.

Dann dauerte es wieder, bis das Kasseler Gericht den Zulassungsbeschluss fasste. Mittlerweile schrieb man das Jahr 2010. Wieder ein Jahr später, am Ende des Prozesses vor dem Landgericht Kassel, den der Vorsitzende Jürgen Dreyer souverän führte, beantragte dieselbe Staatsanwaltschaft, die die Wiederaufnahme hatte verhindern wollen, Freispruch. „Das nennt sich Rechtsstaat", sagt Arnold abfällig.

Immer wieder kommt er auf den Gutachter Lothar Staud aus Bad Vilbel zu sprechen, der sich in Darmstadt zu der Prognose verstiegen hatte, von Arnold seien „auch in Zukunft ähnliche rechtswidrige Taten" zu erwarten. Etwa, falls er wieder Alkohol trinke. „Ich musste ständig aufpassen, nicht auszurasten. Denn ich hatte den Eindruck, man suchte nach Gründen für Sicherungsverwahrung", erinnert sich Arnold.

Zu den Fehlern, die sich seine damaligen Verteidiger zurechnen lassen müssen, gehört, dass sie nicht in der Lage waren, das Gericht mit fundierten Beweisanträgen zu einer gründlichen Aufklärung der Sache zu zwingen. Ihre dürftigen Anträge ließen sich allzu leicht abschmettern. Und dass das Urteil aufgrund einer schwachen Revisionsschrift rechtskräftig werden konnte, lag auch an den Anwälten. Sie hatten überdies nicht verhindert, dass der Angeklagte gegenüber Staud freimütig über sein damaliges Alkoholproblem sprach. Staud erkannte darin eine charakterliche „Verwahrlosung". Der Weg zur Feststellung, einem solchen Mann sei auch eine Vergewaltigung zuzutrauen, war dann nicht mehr weit.

Der Frankfurter Strafverteidiger Eberhard Kempf nannte Staud zweideutig einmal einen Gutachter, der ohne Ansehen der Person gutachte. Die führenden forensischen Psychiater Norbert Nedopil und Hans-Ludwig Kröber fällen vernichtende Urteile über Stauds Expertisen und Prognosegutachten. Sie halten ihn für einen unbelehrbaren Autodidakten, der Forensik nie begriffen habe und mit wenig Zeit- und Geistesaufwand Gutachten wie am Fließband produziere. Bei manchen Staatsanwälten mag er wohlgelitten sein. Ein Anwalt jedoch, der einen solchen Gutachter akzeptiert, sollte sich von Strafverteidigung fernhalten.

Ist mit dem guten Ende nun alles gut? Mitnichten. 2008 leitete die Staatsanwaltschaft Darmstadt zwar ein Ermittlungsverfahren gegen die Frau wegen des Verdachts der Freiheitsberaubung ein. Der Wiederaufnahmeantrag Lierows ist eine Fundgrube für Ermittler. Aber es tat sich nichts. Anklageerhebung? Man wartete. Auf Kassel? Auf die Verjährung?

Lierow hat nun den hessischen Generalstaatsanwalt gebeten, das Verfahren an sich zu ziehen. Für jeden Bürger stelle sich „das befremdliche Gefühl ein, die Staatsanwaltschaft betrachte eine jahrelange Freiheitsberaubung als minderschwere Rechtsverletzung", schreibt Lierow. „Die anscheinende Indolenz gegenüber einer Straftat, deren traumatisierende Folgen meinen Mandanten schon seit zehn Jahren begleiten", begründe zumindest den bösen Anschein, dass die Staatsanwaltschaft Darmstadt nicht gewillt sei, das eigene Versagen und das des damaligen Spruchkörpers, der für das Fehlurteil verantwortlich sei, zu offenbaren.

Fehlurteile sind keine Justizskandale. Sie beruhen auf dem Versagen einzelner Richter, Staatsanwälte, Verteidiger, Gutachter. Arnold möchte wieder Lehrer sein, das ist schließlich sein Beruf, und er möchte verbeamtet werden. Er beansprucht, entschädigt zu werden für das, woran er keinerlei Schuld trägt. Er will einen Ausgleich für das Versagen anderer.

Noch steht die Verurteilung wegen Vergewaltigung in seinem Führungszeugnis. Der Eintrag wird erst gelöscht, wenn der Freispruch rechtskräftig ist. Heilige Justitia, es wird noch dauern. Denn die Frau hat Revision eingelegt.

„Ohne moralische Skrupel"

Spiegel 29/2012, 16. Juli 2012

Horst Arnold ist tot, gestorben an Herzversagen im Alter von nur 53 Jahren. In seinem Heimatort Wald-Michelbach im Odenwald hat man ihn begraben. Es war ihm nicht vergönnt, sich von dem zu erholen, was die Justiz ihm zehn Jahre zuvor angetan und was sie ihm zehn Jahre lang verweigert hat.

Sein Fall geriet in die Schlagzeilen, weil er als Musterbeispiel gilt für die Vernichtung eines Mannes, der zu Unrecht einer Vergewaltigung beschuldigt wird. Er ist ein weiterer Beleg für die Unwilligkeit der Justiz, Fehler zuzugeben und den Schaden schnellstmöglich zu beseitigen. Und er ist ein Beispiel für die Ohnmacht des Einzelnen, wenn er sich ohne eigenes Verschulden in der Rolle des Bittstellers wiederfindet.

Arnold war angestellter Studienrat für Biologie und Sport, als eine Kollegin 2001 behauptete, er habe sie während einer Schulpause anal vergewaltigt. Er wurde fristlos entlassen, es kam zum Prozess vor dem Landgericht Darmstadt. Dessen 12. Strafkammer verhängte nach fünf Verhandlungstagen am 24. Juni 2002 eine Freiheitsstrafe von fünf Jahren und wies den Angeklagten zunächst in die Psychiatrie in Hadamar ein.

Arnold verbüßte die Strafe bis zum letzten Tag, er wurde von der Justiz als charakterlich defizitär diskriminiert, da er sich nicht geständig zeigte. In einem Beschluss der Strafvollstreckungskammer hieß es Ende 2004: „Zudem neigte er dazu, oft die Wahrheit zu seinem persönlichen Vorteil zu verdrehen. Bei der Auseinandersetzung mit seiner Einweisungsdelinquenz bestritt er, die Tat begangen zu haben. Die Auseinandersetzung mit diesem Thema bewegte sich deshalb in einem Spannungsfeld zwischen der Frage, inwieweit er ohne moralische Skrupel log oder zum Selbstwerterhalt auf die Ausblendung seiner Straftat angewiesen war."

Der Leiter der Justizvollzugsanstalt Darmstadt schrieb ein Jahr später: „Zudem wurde im Ergebnis über die Prüfung von Vollzugslockerungen keine Eignung festgestellt. Auf eine Auseinandersetzung mit dem der Vollstreckung zugrunde liegenden Delikt lässt sich Herr Arnold nicht ein. Er leugnet die Straftat wie bisher." Arnold erhielt also nicht einmal jene Lockerungen, die Ersttätern gewährt werden, die wegen weit schwerwiegenderer Straftaten verurteilt wurden.

Rund zehn Wochen vor der vollständigen Verbüßung der Freiheitsstrafe stellte das Landgericht Darmstadt fest: „Eine reelle Chance, dass der Verurteilte im Fall einer Aussetzung der Reststrafe nicht wieder straffällig wird, vermag das Gericht nicht zu erkennen." Der Haftzeit folgten drei Jahre strenger Führungsaufsicht.

Wer glaubt, dass der Lehrer im Lauf der Zeit den jahrelangen Alptraum hätte überwinden können, täuscht sich. Arnold hatte alles verloren. Sein Haus, sein Hab und Gut waren verkauft. Er musste wieder zu seinen alten Eltern ziehen – für einen 47 Jahre alten Mann damals eine beschämende Erfahrung. Er lebte die längste Zeit von Hartz IV. Bis zum Tod. Von Rehabilitierung keine Rede.

Dem unerschütterlichen Bemühen von Rechtsanwalt Hartmut Lierow, Berlin, ist es zu verdanken, dass Arnold wenigstens die Chance eines Wiederaufnahmeverfahrens erhielt. Das Verfahren zog sich über drei Jahre hin, bis der Kasseler Vorsitzende Jürgen Dreyer mit seiner Kammer am 5. Juli 2011 freisprechen konnte – zehn Jahre nach der angeblichen Tat. Die Vorwürfe der Frau seien „von vorn bis hinten" erfunden, urteilten die Richter.

Bis dahin waren alle Bemühungen Arnolds um eine Wiederanstellung als Lehrer gescheitert. Versuche, außerhalb des Schuldienstes Fuß zu fassen, ebenso. Er war und blieb stigmatisiert. Stellenzusagen, die er in den verschiedensten Berufszweigen erhalten hatte, wurden stets zurückgezogen, sobald er seine „Vorstrafe" offenbarte. Vermeiden ließ sich dies nicht, denn er hatte in seiner Erwerbsbiografie nun mal eine Lücke.

Die Folgen seiner zu Unrecht ergangenen Verurteilung beschrieb Arnold in einer schriftlichen Zeugenaussage einmal so: „Am schlimmsten war für mich neben dem Verlust von Freiheit, Arbeit und Ansehen, dass ich immer wieder unter erheblichen psychischen

Druck gesetzt wurde, mich zu einer Tat zu bekennen, die ich nicht begangen habe. Jahrelang habe ich mich mit Selbstmordabsichten getragen und nur mit Anstrengung davon jedes Mal wieder Abstand genommen, weil ich nicht wollte, dass man mir das als nachträgliches Schuldeingeständnis wertet."

Das hessische Kultusministerium antwortete nach dem Freispruch auf Briefe von Anwalt Lierow, in denen dieser auf eine Wiedereinstellung seines Mandanten drängte, erst einmal gar nicht. Dann wurden Aufforderungen, Arnold ins Beamtenverhältnis zu übernehmen, mit Hinweis auf das Beamtengesetz abgewiesen, das für Angestellte nicht gelte. Arnold wurde vertröstet: Er könne sich ja um eine neue Stelle bewerben.

Das hatte der Lehrer bereits 2007, nach Verbüßung der Haft, getan. Damals beschied man ihn mit der Auskunft, als Nebenfolge der Straftat habe er die Amtsfähigkeit bis zum 30. September 2011 verloren. Der Freispruch änderte daran nichts. Die Amtsunfähigkeit blieb bis Fristablauf bestehen.

Das Ministerium verschanzte sich hinter dem Argument der noch ausstehenden Rechtskraft des Freispruchs. Denn die sogenannte Nebenklägerin hatte Revision eingelegt mit der Begründung, das Kasseler Gericht habe es unterlassen, ihre posttraumatische Belastung aufzuklären. Auch auf die Entschädigung für 1826 Tage Gefängnis musste Arnold daher warten.

Im Februar 2012 bestätigte der Bundesgerichtshof das Urteil, dem Kasseler Gericht war kein Rechtsfehler unterlaufen. Doch selbst wenn: Was hätte etwa ein Formfehler im Urteil an den Feststellungen von Arnolds erwiesener Unschuld geändert? Hätte man diesen Mann wirklich nicht rasch adäquat beschäftigen können?

Mag sein, dass verwaltungstechnisch alles seinen üblichen Gang ging. Doch wer sich in die Lage eines Justizopfers versetzt, der mag an einem solchen hinhaltenden Trauerspiel verzweifeln.

Am 18. Mai dieses Jahres teilte das Kultusministerium Anwalt Lierow mit: „Erfreulicherweise nimmt Ihr Mandant auf der sogenannten Rangliste einen vorderen und damit sehr günstigen Ranglistenplatz ein. Daher wird Ihrem Mandanten zeitnah ein Einstellungsangebot gemacht werden können, sofern eines der 15 Staatlichen Schulämter in Hessen einen fachlichen Bedarf in den von Ihrem Mandanten angebotenen Fächern in Kombination mit der vertretenen Schulform

Gymnasium anmeldet.“ Sofern, falls, wenn. Entgegenkommen sieht anders aus.

Bis zu seinem Tod am 29. Juni jedenfalls geschah nichts. Der Anspruch auf Haftentschädigung – die nicht automatisch gezahlt wird, sondern beantragt werden muss unter Vorlage von Beschäftigungsnachweisen, was der Betreffende verdient hat und verdient hätte und so weiter – geht jetzt auf die Erben über.

Anwalt Lierow hatte eine Entschädigung für seinen Mandanten beantragt, die über die pauschalen 25 Euro pro Tag der Freiheitsentziehung hinausgehen sollte. Denn 25 Euro seien zumindest dann „grob unangemessen und ungerecht“, wenn die Existenzgrundlage eines Menschen wie hier durch ein Fehlurteil auf Dauer fundamental beschädigt sei. Wen kümmert dies jetzt noch?

Und was ist mit der Anklage gegen die Frau, die Arnold ins Gefängnis gebracht hatte? Seit 2008 (!) ermittelte die Staatsanwaltschaft Darmstadt wegen des Verdachts der Freiheitsberaubung (falsche Verdächtigung war schon verjährt) vor sich hin. Jetzt erst bequemte man sich zur Anklageerhebung, genervt offenbar von Presseanfragen. Nicht einmal diese Genugtuung wurde Arnold zuteil. Auch ist Anwalt Lierows Berechtigung zur Nebenklage nun entfallen. „Was hätte ich an Beweisanträgen gegen die Frau in petto gehabt“, sagt er. Jetzt kommt es auf die ach so rührige Darmstädter Staatsanwaltschaft an.

Was passiert eigentlich Staatsanwälten, die ihren Job schlecht machen? Wäre anständig ermittelt worden, hätte es 2002 in Darmstadt gar nicht zum Prozess kommen dürfen. Es passiert ihnen nichts.

Was passiert sogenannten Sachverständigen, die katastrophal schlechte und falsche Gutachten abliefern? Nichts passiert ihnen.

Was passiert Richtern, die sich auf solche Staatsanwälte und Gutachter verlassen und Fehlurteile fällen? Ihnen passiert schon gar nichts.

Und endlich: Was passiert Frauen, die Männer mit falschen Beschuldigungen ins Gefängnis bringen und an Leib und Leben ruinieren? Ihnen passiert üblicherweise auch nichts, sondern sie werden therapiert. Die Verfahren werden meist eingestellt mit der Begründung, es stehe doch Aussage gegen Aussage. Ein beschuldigter Mann kommt nicht so leicht davon.

Die Hoffnung stirbt zuletzt: Sollte sich der eine oder andere in der Justiz künftig des tragischen Schicksals von Horst Arnold erinnern und sich wieder mehr seiner Pflichten besinnen, hätte dessen früher Tod wenigstens diesen einen Sinn gehabt.

Verlorene Jahre

Spiegel 38/2013, 16. September 2013

Grund zum Jubeln? Die Angehörigen des Studienrats Horst Arnold, der über ein Jahrzehnt lang als Vergewaltiger verleumdet worden war, verließen, von den Medien bedrängt, das Darmstädter Landgericht mit versteinerten Gesichtern. Die Staatsanwaltschaft zeigte sich verhalten erleichtert. Das Urteil sei in Ordnung, hieß es. Jubel, dass man „gewonnen" hat? Nein.

Rache kennt das Strafrecht nicht. Verurteilungen sind oft nur ein unzulänglicher Versuch, etwas wieder ins Lot zu bringen, das nicht wieder gutzumachen ist. Bisweilen, so im Fall des absichtlich falsch bezichtigten Lehrers Arnold, scheiterten die Richter damit sogar auf ganzer Linie.

„Die Justiz würde sich bei Herrn Arnold gern entschuldigen", sagte die Vorsitzende Richterin Barbara Bunk. Doch der Mann ist tot. Dass gegen Heidi K., 48, seine ehemalige Kollegin, die ihn 2001 der Vergewaltigung bezichtigt hatte, 2012 Anklage erhoben wurde, erlebte er bereits nicht mehr. „Wir hätten uns gern ein Bild von ihm gemacht", sagte die Vorsitzende.

Heidi K. ist nun im selben Darmstadt, wo man 2002 Arnolds Schuld nicht bezweifelt hatte, wegen schwerer Freiheitsberaubung verurteilt worden. Haben die jetzigen Richter dabei doch eine Art ausgleichender Gerechtigkeit im Sinn gehabt, als sie eine Freiheitsstrafe von fünfeinhalb Jahren verhängten? Arnold hatte die gegen ihn – zu Unrecht – verhängte Strafe von fünf Jahren bis zum letzten Tag verbüßen müssen, da er sich einer Aufarbeitung der vermeintlichen Tat verweigerte.

Heidi K. hält dagegen an ihrer Vergewaltigungsgeschichte fest. Sie zeigt keinerlei Unrechtseinsicht. Die Tat habe sie „noch immer vor Augen", sagte sie am Ende des Strafprozesses. Das mag sein. Sie könne sich in Geschichten „hineinlügen", nannte eine Zeugin dies.

Auch von anderen hanebüchenen Geschichten, etwa, sie sei von dem Leiter und/oder dem Personalratsvorsitzenden einer Schule vergiftet worden, lässt sie ungeachtet anderslautender ärztlicher Expertisen bis heute nicht ab. Wird sie irgendwann einmal Einsicht zeigen und umkehren auf ihrem von Schauergeschichten gesäumten Lebensweg, die ihrer Gier nach Geltung und Zuwendung und ihrer „Ich-Zentriertheit" entspringen, wie es der Sachverständige Norbert Leygraf beschrieb? Oder wird sie an ihrer „Unschuld" festhalten – und dann voll verbüßen wie Horst Arnold?

2002, als er in Darmstadt verurteilt worden war, sind unsägliche Fehler gemacht und Versäumnisse begangen worden. Die Mühe, die die 15. Große Darmstädter Strafkammer 2013 im Prozess gegen Heidi K. aufwandte – an die 60 Zeugen wurden gehört und Sachverständige herangezogen, jedem Detail gingen die Richter akribisch nach –, um endlich Licht in die Sache zu bringen, war aller Ehren wert. Doch die verlorenen Jahre konnte Arnold und seiner unter dem Unrecht bis heute leidenden Familie niemand zurückgeben.

Grund, mit sich selbst ins Gericht zu gehen, haben auch der damalige Psychiater, der laut Leygraf horrenden Unsinn über Heidi K. von sich gab, und ihre Lehrerkollegen, die „schon immer" an der Wahrheitsliebe der Frau gezweifelt haben wollen. Im Prozess gegen Horst Arnold schwiegen sie; jetzt, im Prozess gegen Heidi K., drucksten sie herum und redeten von Erinnerungslücken. Nein, diese Zeugen boten kein gutes Bild.

Es bleibt die Frage nach dem Motiv. Das Erschreckende sei, sagte die Vorsitzende, dass dieses fehle. Aber: „Die Angeklagte braucht kein Motiv!" Es reiche, dass „jemand ihr auf die Füße tritt" – und schon entstehe eine neue Räubergeschichte.

Leygraf attestierte Heidi K. eine histrionische Persönlichkeitsstörung. Sie sei eine Person mit einem „erheblichen Bedürfnis, sich als einen ganz ‚besonderen' Menschen darzustellen", deren Leben geprägt sei durch eine „Aneinanderreihung dramatischer Erlebnisse", etwa die bei einem Unfall getötete Tochter, die es nicht gab, ein durch Kopfschuss verletzter Lebensgefährte, den es nicht gab, Hirntumore, Krebserkrankungen. Nichts davon hatte mit der Realität zu tun.

Die Richter von 2002 haben Heidi K. unbesehen geglaubt. Sie haben nur Horst Arnolds Leben unter die Lupe genommen, nicht aber das seines „Opfers". Das ist die Lehre aus dem niederschmetternden Fall.

Spektakuläre Irrtümer

Der Fall „Peggy" und das falsche Geständnis von Ulvi K.

Spiegel 21/2014, 19. Mai 2014

Hätte die Polizei nicht stutzig werden müssen? „Ich habe ihn damals gefragt", berichtet der Münchner Gerichtspsychiater Norbert Nedopil, „von welchem Alter an er denn meint, dass Geschlechtsverkehr erlaubt sei?" „Ab sieben oder acht", habe Ulvi K. geantwortet.

Ein paar Tage später habe Ulvi dieselbe Frage mit „13 oder 14" beantwortet. Begriff der 23-Jährige, dass und warum dies angemessener war? Oder reagierte er nur auf Nedopils irritierte Miene?

Die Uhr kann Ulvi K. nicht lesen. Schreiben? Rechnen? Höchstens ansatzweise. Mit Jahreszahlen wusste er auch nichts anzufangen. Seine Standardantwort auf die Frage, wie lange etwas gedauert habe, lautete: „zehn Minuten." Alles dauerte zehn Minuten.

Körperlich erwachsen, vom Intellekt her aber einem Zehnjährigen ähnlich, sei K. im Jahr 2001 nicht bewusst gewesen, dass er sich strafbar machte, wenn er vor Schulbuben die Hosen herunterließ und sie – die Altersgenossen gewissermaßen – zu Sexspielchen animierte. Nedopil hielt ihn auf diesem Gebiet für schuldunfähig.

„Wir haben von ihm ein Intelligenzprofil erstellt", fährt Nedopil fort und zitiert den Rechtspsychologen Joachim Weber, der K. seinerzeit ebenfalls begutachtete. K. habe „schnell und unbedacht, geradezu bedenkenlos" Geschichten erzählen können, von denen er glaubte, man wolle sie hören. „Wir haben ihm Bildtafeln gezeigt. Manche Minderbegabten können damit überhaupt nichts anfangen. Herr K. aber konnte trotz seiner schwachen intellektuellen Begabung nachvollziehbare Geschichten erzählen. Er konnte in sich plausibel klingende Storys aus seiner Fantasie heraus entwickeln und diese, wenn man ihm die Tafeln später noch einmal vorlegte, wiederholen." Monoton fast, mit den gleichen Worten. Schwergefallen sei ihm nur, von den Inhalten abzuweichen.

Ulvi K. hatte am 2. Juli 2002, 14 Monate nach dem Verschwinden der neunjährigen Peggy Knobloch aus dem oberfränkischen Lichtenberg und nach Dutzenden Vernehmungen – in denen er bestritt, mit dem Fall etwas zu tun zu haben – gegenüber Polizeibeamten plötzlich eine Geschichte erzählt, in der er sich der Tötung des Mädchens bezichtigte. Wie man heute weiß, fälschlicherweise. „Ja, ich war es", soll er unerwartet zu einem Polizisten gesagt haben, den er mochte.

Das Landgericht Bayreuth hob nun „aus tatsächlichen Gründen" die Verurteilung K.s zu einer lebenslangen Freiheitsstrafe wegen Mordes auf, die das Landgericht Hof 2004 verhängt hatte. Das Urteil der Hofer Richter basierte nämlich vor allem auf K.s Selbstbezichtigung und deren Bewertung durch den Berliner Psychiater Hans-Ludwig Kröber, der sie als „mit hoher Wahrscheinlichkeit" für begründet eingeschätzt hatte. Sachbeweise, dass K. der Täter war, fehlten.

Im Gegensatz zu Nedopil hielt Kröber Ulvi K. für einen „wenig fantasievollen, am Konkreten haftenden" Menschen, der „kein schlüssiges Motiv" gehabt habe, sich falsch selbst zu belasten. Das Geständnis sei „recht konkret und detailliert in der Darstellung eines längeren Geschehensablaufs", befand Kröber 2002. Es bestehe „eine hohe zeitliche Konstanz" in allen Kernaussagen. „Gerade angesichts der niedrigen Intelligenz des Untersuchten ist dies ein weiterer Hinweis darauf, dass die Angaben keine Erfindung" seien.

„Alle in der wissenschaftlichen Literatur genannten Gründe für ein unwahres Geständnis", schrieb Psychiater Kröber in seinem Gutachten für die Staatsanwaltschaft Hof, „treffen bei ihm nicht zu." Davon rückte er in Bayreuth „im Lichte neuerer Forschung" nach längerer Diskussion mit dem Vorsitzenden Richter ab.

Nun ist die Analyse von Zeugenaussagen oder Geständnissen vor Gericht üblicherweise Aufgabe von Rechtspsychologen. Psychiater hingegen sind für die Beurteilung der Schuldfähigkeit von Angeklagten zuständig. Psychiater Nedopil sagte auf die Frage, warum er K.s Geständnis nicht analysiert habe: „Weil ich das nicht kann." Weniger Einigkeit zwischen zwei Sachverständigen derselben Profession war selten.

Renate Volbert, Professorin für Rechtspsychologie an Kröbers Institut für Forensische Psychiatrie der Berliner Charité, weist auf die Schwierigkeit hin, wahre von falschen Geständnissen zu unterscheiden. Eine „unkritische Übertragung" jener Kriterien, die für die Beurteilung von Zeugenaussagen entwickelt wurden, könne bei Geständnissen von Beschuldigten zu einem Desaster führen. Man müsse immer beachten, so Volbert, dass etwa labile Personen besonders gefährdet seien, eine Tat zu gestehen, die sie nicht begangen haben. Bestimmte Vernehmungsstrategien und -techniken und vor allem die Kombination solcher Risikofaktoren erhöhten die Gefahr, dass am Ende ein falsches Ergebnis herauskomme.

Zwar ist das falsche Geständnis in der Fachliteratur nicht gerade ein neu entdecktes Phänomen. Doch international fand die Frage nach der Häufigkeit und den Ursachen von Falschgeständnissen erst nach einer Reihe spektakulärer Justizirrtümer größere Aufmerksamkeit.

Aufsehen erregte unter anderem die lebensgefährliche Vergewaltigung einer Frau im New Yorker Central Park 1989. Als Täter wurden ein hispanischer und vier schwarze Jugendliche festgenommen, von denen vier gestanden. Vor Gericht schilderten sie detailliert, wie die Frau von wem angegriffen wurde. 13 Jahre später aber gestand ein inhaftierter Vergewaltiger, die Tat allein begangen zu haben. Eine DNA-Analyse bestätigte seine Angaben.

Ähnliche Fälle gab es in Deutschland. 1984 etwa wurde in Berlin Michael M. als Mörder seiner Vermieterin zu einer Jugendstrafe von acht Jahren verurteilt, nachdem er die Tat gestanden hatte. Sechs Jahre saß er im Gefängnis. 1994 bekannte sich ein anderer zu dem Verbrechen: der Serienmörder Thomas Rung, der von 1983 bis 1995 sechs Frauen und einen Mann umgebracht hatte.

Als Rung nach seiner Festnahme eine Mordtat nach der anderen gestand, erkannten die Ermittler, was schiefgelaufen war. Michael M.s Geständnis war nämlich widersprüchlich gewesen, und die Befunde am Tatort hatten im Gegensatz zu Rungs Angaben nicht zum Geständnis gepasst. M.s Geständniswilligkeit aber hatte die Ermittler dafür offenbar blind und taub gemacht.

Michael M. war ein unsicherer, unbeholfener, wehrloser Mensch, der möglicherweise aus Angst die Erwartungen der Ermittler zu erfüllen versuchte. Oder der aufgrund seiner niedrigen Intelligenz die Folgen seiner Aussage nicht übersah. Günter Köhnken, der Kieler Rechtspsychologe, zitiert Forschungsergebnisse, wonach Personen, die eine Tat zugeben, die sie nicht begangen haben, ängstlicher und nachgiebiger seien sowie zur Unterordnung unter Autoritätspersonen neigten. Sie misstrauten sich selbst und ihren Erinnerungen. Aber Köhnken fragt auch: „Was veranlasst eigentlich die Ermittler, in Vernehmungen Verhaltensweisen zu zeigen, die man fast schon als ein sicheres Rezept für fragwürdige Geständnisse betrachten muss?“

Liegt es am Druck, den Politiker bisweilen auf die Polizei ausüben? Oder an der Empörung einiger Medien, wenn zum Beispiel ein Kind verschwindet? Der Fall „Pascal" in Saarbrücken ist dafür ein bedrückendes Beispiel: Geistig beschränkte oder labile Personen gaben insgesamt neun unterschiedliche Geständnisse ab, wie der Junge angeblich zu Tode gekommen war. Nichts davon ließ sich beweisen. Die Angeklagten waren bedroht und in Tathypothesen hineingelockt worden, bis sie zugaben, was sie zugeben sollten.

Unvergessen auch das angebliche Verbrechen an dem Bauern Rudolf R., den seine Angehörigen erschlagen, zerstückelt und den Hofhunden zum Fraß vorgeworfen haben sollten. Die Töchter gestanden, ebenso die schwachsinnige Ehefrau. Und dann zog man Jahre später R.s Auto aus der Donau – hinter dem Steuer die keineswegs zerstückelte Leiche des Bauern.

Volbert: „Einem Geständnis kommt dann eine besondere Bedeutung zu, wenn keine eindeutigen Beweise vorliegen." Dann sei es oft die einzige Möglichkeit, zu einer Verurteilung zu kommen. Also werde auf die Beschuldigten eingewirkt, mal rabiat oder auch freundlich, um ihnen das Gestehen zu „erleichtern". Hinzu komme, dass Ermittler eher einem Verdächtigen glaubten, wenn er eigenes Fehlverhalten einräume, anstatt es abzustreiten.

Ulvi K. wurde von einem Beamten auf einen Stein aufmerksam gemacht, über den Peggy gestolpert sein soll. Auf einem Videofilm von der ersten Tatortbegehung ist dies deutlich zu sehen. Fortan hatte K. „Täterwissen", denn nun konnte er ja den Stein zeigen.

Man hielt K. vor, an seiner Jacke sei Blut von Peggy gefunden worden, Abstreiten habe keinen Sinn mehr. Das Landgericht Hof nannte dies später eine „unbeabsichtigte Irreführung" des Angeklagten. Denn tatsächlich gab es kein Blut.

Ähnliches kam 2010 im Prozess vor dem Kieler Landgericht gegen einen unter Einsamkeit leidenden Eigenbrötler zutage, der jahrzehntelang als geistig behindert galt, obwohl er von mindestens durchschnittlicher Intelligenz war. Ihn hatten die Ermittler so lange bearbeitet, bis er zugab, eine 1989 verschwundene Frau getötet zu haben. Die Kripo hatte einen verdeckten Ermittler auf ihn angesetzt. Der gaukelte ihm vor, sein Freund zu sein – und stellte ihn dann vor die Alternative: Ich weiß, dass du lügst. Entweder du gibst den Mord jetzt zu, oder ich bin nicht länger dein Freund. Köhnken: „Der Angeklagte war nahe dran zu gestehen, auch Kennedy und Wallenstein ermordet zu haben."

Es ist ein Glücksfall, wenn Falschgeständnisse entdeckt werden, weil der wahre Täter gefunden wird. In anderen Fällen bleibt das Verbrechen unaufgeklärt, da weitere Spuren nicht mehr verfolgt werden. Man hat ja – scheinbar – den Schuldigen. Neuere systematische Untersuchungen von Wiederaufnahmeverfahren gibt es hierzulande nicht. Weil ein unschuldig Verurteilter immer noch besser ist als gar keiner?

Ulvi K. lebt heute in einer Einrichtung für betreutes Wohnen. Sterbliche Überreste von Peggy wurden im Juli 2016 in einem Waldstück in Thüringen gefunden. Nachdem ein neuer Verdächtiger aus der U-Haft wieder entlassen werden musste, harrt der rätselhafte Fall weiterhin der Aufklärung.

Mit der Stimmgabel

Der Berliner Rechtspsychologe Max Steller hat schon so manches Fehlurteil verhindert

Spiegel 37/2015, 5. September 2015

Erst wollte es niemand glauben. Ein Oberarzt in einer Uniklinik war von Patientinnen angezeigt worden, die ihm vorwarfen, sie auf seltsame Weise untersucht zu haben: Er habe eine Stimmgabel in ihre Vagina eingeführt, mit deren Hilfe er, wie er gesagt haben soll, ihre Reflexe testen wollte.

Die Ermittlungen ergaben, dass offenbar eine ganze Reihe von Frauen, großenteils Akademikerinnen, einen solchen „Test" über sich hatte ergehen lassen. Unabhängig voneinander schilderten sie ein jeweils ganz ähnliches Vorgehen des Arztes. Er habe ihnen versichert, die Reflexprüfung mit der Stimmgabel sei eine neue diagnostische Methode, die anderen Ärzten noch nicht bekannt sei.

Was die Patientinnen sagten, bestritt der Neurologe vehement. Ihre Aussagen seien die Folge schwerer neurologischer Krankheiten, wehrte er sich. Wer sagte die Wahrheit? Der Fall kam vor Gericht.

Die Wahrheit herauszufinden ist ureigene Aufgabe der Richter. Die Wahrheit aber vom Irrtum oder von der Lüge zu unterscheiden, ist bisweilen eine Wissenschaft für sich.

Denn es gibt Menschen, die Kapitalverbrechen gestehen, obwohl sie diese nicht begangen haben. Zeugen vor Gericht, zur Wahrheit ermahnt und besten Willens, das Richtige auszusagen, bekunden trotzdem Falsches. Nicht unbedingt, weil sie lügen, sondern weil sie sich irren oder weil sie Scheinerinnerungen erliegen.

Frauen behaupten, Opfer einer Vergewaltigung geworden zu sein – und manche glauben sogar fest daran –, ohne einen solchen Übergriff tatsächlich erlebt zu haben. Manche Kinder erzählen von sexuellem Missbrauch mit Einzelheiten, die zu dem Schluss zu zwingen scheinen, so etwas Schreckliches könne sich ein Kind nicht ausgedacht haben. Oder wurde ihnen von Erziehern, Therapeuten, Psychologen, vielleicht auch besorgten Eltern etwas eingeredet? Nach dem Motto: „Ist es nicht so, dass …?" Kinder sagen dann oft das, was die Erwachsenen vermutlich hören wollen.

Jeder kann in eine solche – falsche – Geschichte hineingeraten. Wie soll man sich auch davor schützen? Bekannte Fälle in der Vergangenheit haben drastisch gezeigt, was passiert, wenn Menschen falschen Bezichtigungen zum Opfer fallen. Die meisten sind ruiniert fürs Leben, selbst wenn die Justiz ihnen am Ende eines langen Leidenswegs ihre Unschuld attestiert. Der zu Unrecht als Vergewaltiger bezichtigte Lehrer Horst Arnold, der fünf Jahre lang unschuldig im Gefängnis saß, überlebte den Freispruch als gebrochener Mann nicht mal ein Jahr; der im Münsteraner Montessori-Prozess fälschlich angeklagte Kindergärtner hat durch das Verfahren und 26 Monate Untersuchungshaft Schaden fürs Leben genommen. Ähnlich erging es anderen Justizopfern, denen in keinem Fall ein adäquater Ausgleich für ihre Leiden gewährt wurde.

Max Steller, forensischer Psychologe an der Berliner Charité und Experte auf dem Gebiet der Aussagepsychologie, hat in zahllosen Strafprozessen maßgeblich dazu beigetragen, Justizirrtümer zu verhindern. In seinem neuen Buch* prangert er den missionarischen Eifer, die ideologische Verblendung und die Denkfehler so mancher Missbrauchslobbyisten, Psychotraumatologen und Hypnotherapeuten mit zweifelhafter Ausbildung an. Er zeichnet die Moden nach, als mal die „Väter als Täter" in den Fokus genommen wurden, um angebliche Tabuthemen zu knacken, später dann Geistliche oder Lehrer, vornehmlich in Internaten.

Das Buch ist ein Plädoyer wider die Unvernunft, die mangelnde Sorgfalt bei der Verdachtsprüfung, die Hysterie, die Unkenntnis auch so mancher Kollegen, die die Glaubhaftigkeit von Aussagen noch immer an personenbezogenen Details wie dem Lebenswandel oder der Rocklänge festmachen. Gleichzeitig ist es ein Appell an Staatsanwälte und Richter, wissenschaftliche Erkenntnisse außerhalb der Juristerei zu nutzen, gerade wenn der Schuldspruch von der Aussage eines einzigen Zeugen abhängt. Aber vor allem ist es eine Anklage gegen die Gaukler des Gewerbes, die selbst ernannten Traumdeuter, die den Leuten beispielsweise einreden, ihre Nichterinnerung an sexuellen Missbrauch in der Kindheit sei der beste Beleg für dessen Existenz.

Steller hat in 40 Jahren als Sachverständiger alle Hochs und Tiefs erfahren, die die Justiz für einen Aufklärer wie ihn bereithält. Er hat

* *Max Steller: Nichts als die Wahrheit? Warum jeder unschuldig verurteilt werden kann. Heyne Verlag, München 2015.*

die berüchtigten Wormser Missbrauchsverfahren vor dem Landgericht Mainz in den neunziger Jahren erlebt, ja erlitten, als zwei Familien des übelsten Kindesmissbrauchs bezichtigt wurden. Am Ende blieb davon nicht einmal der Schatten eines Verdachts. Stellers Expertisen sorgten damals dafür, dass es nicht zu Fehlurteilen kam. Dafür wurde die Gehirnwäsche deutlich, die vermeintliche Kinderschützer an den Kindern verübt hatten. Im Saarbrücker Pascal-Prozess wurde Steller von der Staatsanwaltschaft ausgeladen, als sich abzeichnete, dass er die abstruse Anklage nicht stützen würde. In anderen Prozessen konnte er den Richtern den entscheidenden Beleg für die Schuld der Angeklagten liefern.

Und er fand dank sorgfältiger Aussageanalyse auch heraus, dass die Patientinnen des Schmutzfinken mit der Stimmgabel die Wahrheit gesagt hatten.

Ein verdammtes Leben lang

43 Jahre hinter Gittern, weil Gutachter immer wieder voneinander abschrieben

Spiegel 32/2016, 6. August 2016

Lautlos öffnet sich eine unscheinbare Tür in der Mauer. Dieter Rothmann (Name geändert) tritt auf die Straße. Er ist 64 Jahre alt, von mittlerer Größe und trägt ein blaues Hemd und Jeans, die fast zu weit sind für seine schmale Gestalt. Er sieht älter aus, als er ist, mitgenommen und kraftlos. Seine Haare waren einst so feuerrot, dass er deswegen in der Schule gehänselt wurde. Jetzt ist er grau. Die ersten Schritte aus der Anstalt heraus sind ungelenk. Unsicher überquert er die Straße. „Künstliche Knie", erklärt er, „ich habe keinen Halt mehr."

Er betritt ein Café, bestellt einen Espresso und dreht sich eine Zigarette. Seine Finger sind vom Tabak bräunlich verfärbt. Dann beginnt er zu erzählen.

Zum Beispiel die Sache mit dem Handy. Er kann es nicht bedienen. „Ich bin mit einem solchen Gerät nicht aufgewachsen", entschuldigt er sich. Wie es funktioniere, habe ihm keiner gezeigt. Trotzdem muss er ein Handy haben, musste es sich selbst kaufen. Denn die Anstalt schreibt vor, dass er jetzt, wenn er draußen unterwegs ist, jederzeit erreichbar zu sein hat.

Drinnen dürfte er es ohnehin nicht benutzen, selbst wenn er damit umgehen könnte. Denn in der Anstalt wird das Handy weggeschlossen. Die Aufbewahrung kostet ihn 30 Euro im Monat. Viel Geld für einen Häftling, der seit 43 Jahren im Knast sitzt. Für einen Mörder.

Im Februar kam er in den offenen Vollzug. Seit dem 15. Mai 2016 darf er erstmals ohne Begleitung die Anstalt von 7 bis 21 Uhr verlassen. „Niemand hat mir gesagt, wie es heute auf einer Bank zugeht oder bei den Behörden. Niemand ist mir bei der Wohnungssuche behilflich." Er schüttelt verständnislos den Kopf. Auch auf den Straßenverkehr wurde er nicht vorbereitet. Dabei ist doch alles so anders geworden.

Er zieht das Handy aus der Hemdtasche und legt es auf den Tisch. „Die größte Schwierigkeit ist, eine Prepaidkarte zu bekommen", erklärt er. Auch die muss er selbst bezahlen. „Ich habe keinen Ausweis dafür. Und auf dem, den ich vorzeigen kann, steht als Wohnort ‚Justizvollzugsanstalt'. Da ist man gleich abgestempelt."

Er weiß, dass dies eines seiner größten Probleme künftig sein wird, das Abgestempeltsein. Er fürchtet sich vor Fragen wie: Was haben Sie gemacht in der Vergangenheit? Wo waren Sie beschäftigt? Illusionen macht er sich nicht. „Wenn ein Mensch 43 Jahre eingesperrt war, dann weiß doch jeder, was er von so einem zu halten hat!"

43 Jahre. Weggesperrt, verwahrt, schließlich vergessen. Umgeben von Lieblosigkeit, Desinteresse, ja Feindseligkeit. Unter Menschen, die mit dem Leben nicht zurechtkamen. Natürlich bemühten sich viele Mitarbeiter redlich, sagt er. Doch herankommen ließ er keinen an sich. „Wenn ein Beamter einen schlechten Gedanken hat, bekommst du es ab. Gehst du dagegen an, erst recht." Da hielt er lieber Abstand. „Das half mir zu überleben", sagt er. „Ich habe innerlich zugemacht."

Seit Jahrzehnten der gleiche Tagesablauf, die gleichen Gesichter, der gleiche tägliche Irrsinn. Ohne Perspektive, ohne Hoffnung. Ein verdammtes Leben lang.

Gearbeitet hat er immer, in der Kartonagenabteilung, als Kesselkoch, als Schänzer. Das ist einer, der putzt und Essen austeilt und oft auch zwischen den Gefangenen und den Beamten vermittelt. Irgendwann gehörte er fast zum Inventar der Justizvollzugsanstalt Bruchsal.

Seit einiger Zeit verdient er brutto 2,50 Euro die Stunde. Davon bekommt er drei Siebentel ausbezahlt. „Von wegen Mindestlohn", sagt er bitter, „oder gar Rente." Hat man Schulden, werden die vom Lohn abgezogen. Dann bleibt der Basisbetrag von 33 Euro im Monat. Rothmann hat in 43 Jahren 1000 Euro gespart.

„Irgendwann hat man die Nase voll", sagt er. Dieser Aufwand! Die Kosten für die Anhörungen beim Oberlandesgericht, die für die Entlassung nötig waren, hatte er selbst zu tragen. Dazu der Verdienstausfall. Zwei bis drei Wochen dauerte jeweils seine sogenannte Verschubung, der Transport ins 30 Kilometer entfernte Karlsruhe. Das Hoffen jedes Mal, das Bangen. Und am Ende die Mitteilung, dass es wieder vergebens war.

Man habe im Leben eben für alles zu zahlen, resümiert er. Er hat bezahlt für seine Taten, für sein Verhalten im Strafvollzug, für seinen hartnäckigen Widerstand gegen Psychiater, Psychologen und Sozialarbeiter, die er allesamt für inkompetent hielt. Erst in jüngster Zeit gehe es voran. Kein Außenstehender könne nachvollziehen, wie es sei, wenn nicht einmal das Denken erlaubt sei. Er macht eine wegwerfende Handbewegung.

Rothmann hat gebüßt im Übermaß. Dafür, dass er im Alter von 21 Jahren und drei Monaten eine Frau umgebracht hat. Auf der Suche nach Geld war er in eine Wohnung eingestiegen, die Balkontür stand gerade offen. Drinnen brannte ein Nachtlicht. „Ich sah die Frau erst gar nicht“, erinnert er sich. Damals durchwühlte er die Schränke und fand nichts. „Als ich Licht machte, wachte sie auf und fing zu schreien an.“ Da würgte er sie mit beiden Händen. Dann ging er nochmals durch die Wohnung, fand eine Schnur, legte sie der Frau um den Hals und zog zu. Mit zehn Mark Beute rannte er davon. Geschockt sei er gewesen, denn er habe doch gar nicht töten wollen.

Das Landgericht Karlsruhe verurteilte ihn 1973 am zweiten Sitzungstag zu lebenslang. Endstation Bruchsal. Vorher, sagt er, habe er sich nicht vorstellen können, wie es dort zugehe.

Vieles aus seinem Leben weiß er nicht mehr, weil es zu lange her ist. Geboren wurde er 1952 in einem Ort in Sachsen. 1953 übersiedelten seine Eltern in die Bundesrepublik und ließen den Jungen bei den Großeltern in der DDR zurück. Als er fünf war, holten die Eltern ihn zu sich. Dort traf er auf zwei Geschwister. „Ich kam zu wildfremden Leuten“, sagt er heute.

Von der Schulzeit weiß Rothmann nur noch, dass er sich gelangweilt habe. „Auf Anordnung des Vaters“, der den Küchenchef der Bahnhofsgaststätte kannte, begann er eine Kochlehre, die er nach dreieinhalb Jahren abschloss.

Da er nie Taschengeld hatte, sondern allen Verdienst zu Hause abgeben musste, fing er schon während der Lehre mit Einbrüchen in Geschäfte und Automaten an. Denn er wollte mithalten mit den Kameraden, die Discos und Bordelle besuchten. Einmal, im Alter von 19 Jahren, kam es zu einer handgreiflichen Auseinandersetzung mit einer Prostituierten, die offenbar nicht die Leistung erbrachte, die er von ihr erwartete. Wegen gefährlicher Körperverletzung sowie drei Diebstählen wurde er daraufhin zu einer Jugendstrafe von zwei Jahren und neun Monaten verurteilt.

Geldnot ist bei Rothmann wie eine chronische Krankheit. Immer das Geld. Kaum auf Bewährung entlassen, beging er wieder Einbrüche. Obwohl er stets beteuerte, kein sexuelles Interesse an der Frau gehabt zu haben, die er getötet hatte, und das Gericht auch „keine sicheren Feststellungen“ dazu treffen konnte, galt er als „Fetischist“ und „Voyeur“. Ein Gutachter erkannte gar „sadistische Züge“ bei ihm.

Er meinte, wenn er sich kastrieren ließe, wäre er den Trieb los, aber dafür sei er wohl noch zu jung.

Ein Professor der Universität Heidelberg verlieh ihm die Prädikate „willensschwach und haltschwach, gemütskühl und innerlich unruhig". Voyeur? Als Jugendlicher hatte er bei seinen Einbrüchen mal Paare beim Geschlechtsverkehr beobachtet, später nie wieder. Er erinnert sich kaum noch.

Am besten weiß er jene Dinge, die Gutachter immer wieder in ihre Gutachten hineinschrieben. Zum Beispiel, dass er mit 13 oder 14 Jahren „Damenwäsche, und zwar Schlüpfer und Büstenhalter seiner Mutter und seiner Schwester, zu sich ins Bett nahm", wie es im Karlsruher Urteil vom 26. November 1973 heißt. Die Hausärztin versicherte seiner Mutter, dieses Verhalten werde sich nach der Pubertät verlieren. So kam es auch. Doch Gutachter und Richter hielten zäh an solchen Details fest. Jahrzehntelang wurde er deswegen bedrängt, an seiner „massiven Sexualproblematik" zu arbeiten.

Dazu kam, dass er zweimal, wie er sagt, „auf Flucht" war. Das erste Mal 1987 für 24 Stunden. „Ich hatte eine Ausführung in Karlsruhe. Während alle Kaffee tranken, kam ich denen durchs Toilettenfenster abhanden. Ich setzte mich ins Auto zu einem Kollegen und fuhr mit ihm weg. Leider kamen wir dann in eine Straßensperre, weil eine Tankstelle überfallen worden war, nicht von uns allerdings. Es gab einen Toten dabei, einen Polizisten. Man hatte nun zwei, die es aber nicht waren."

Er amüsiert sich noch heute über die Situation damals, trotz der erheblichen Folgen. Das Landgericht Mosbach verhängte eine Freiheitsstrafe von drei Jahren, weil er während der Flucht Diebstähle begangen hatte und der Kumpan bewaffnet war.

Trotzdem dachte er weiter ans Ausbrechen. 1989, als 15 Jahre der lebenslangen Freiheitsstrafe verbüßt waren, fand man eine funktionsfähige Nachbildung eines Zellenschlüssels bei ihm. Fünf Jahre später, 1992, entwich er aus der Sozialtherapeutischen Anstalt Hohenasperg. „Wo ein Wille ist, ist ein Weg", lacht er. „Hätten sie mich nach 15 Jahren entlassen wie andere Lebenslange auch, wäre ich nicht geflohen." Nun galt er als unerwünschtes Sicherheitsrisiko. Bemühungen, ihn auf die Freiheit vorzubereiten, unterblieben.

Damals habe er nicht lange überlegt: „Da waren zwei auf dem Hohenasperg, die wollten fliehen. Mit denen lief ich auf und davon." Es ging natürlich schief. Sechs Mann brachten ihn nach Bruchsal zurück. Folge: 28 Tage Arrest und eine Verurteilung durch das Landgericht Stuttgart zu zwei Jahren und zwei Monaten wegen Gefangenenmeuterei. Dafür wurde die Vollstreckung des Lebenslang unterbrochen.

Ausbrecher gelten im Vollzug als besonders gefährlich. Man schickte Rothmann in Hand- und Fußfesseln auf „Rundreise" durch Deutschland. „Man sitzt in einem dunklen Bus. Dann kommt man irgendwo an. Wo? Das erfährst du nicht. Dann heißt es wieder: Los! Mitkommen! In die nächste JVA. Warum? Keiner sagt es dir. Man hat ja auch nichts, nicht mal eine Uhr. Mit der könnte man ja Geschäfte machen." Er schweift ab. Manches, was er sagt, versteht nur, wer seine Lebensgeschichte kennt.

1994 beschloss das Landgericht Mannheim, eine weitere Vollstreckung der lebenslangen Freiheitsstrafe sei nicht mehr geboten. Zur Bewährung werde sie jedoch nicht ausgesetzt. Das hieß Haftfortdauer.

1997: Wieder keine vorzeitige Entlassung, weil er, „jegliche Mitarbeit ablehnend", eine Sozialtherapie mit Schwerpunkt Sexualtherapie nach bereits sieben Wochen abgebrochen habe. „Auf dem Hohenasperg hätte ich eine Therapie machen sollen. Ich fragte den Therapeuten: Wie sieht die Perspektive aus? Keine Antwort. Ich fragte noch einmal. Wieder keine Antwort. Da sagte ich: Dann geh ich wieder."

Die Zeit verrann. Jahrelang geschah nichts mit ihm. 2001 versuchte der psychologische Dienst in Bruchsal ein Gespräch mit Rothmann zwecks Klärung der Behandlungsmotivation. Ergebnis: keine Gesprächsbasis, obwohl er zu einem nochmaligen Therapieversuch bereit gewesen wäre. Aber: „Ich kam mit der Psychologin nicht klar und die nicht mit mir." Auf dem Hohenasperg lehnten sie ihn ab. „Weil ich ausgebüxt war." Prognose: ungünstig.

2009 – die Mordtat lag mittlerweile 36 Jahre zurück – wendet eine Gutachterin das umstrittene, von dem Schweizer Psychiater Frank Urbaniok kommerziell vertriebene Prognose-Instrument Fotres (Forensisches Operationalisiertes Therapie-Risiko-Evaluations-System) auf Rothmann an. Das Ergebnis ist erwartungsgemäß verheerend. Prognose: besonders ungünstig.

In einem Schreiben aus dem Jahr 2011 der Forensischen Ambulanz Baden, einer externen Hilfseinrichtung für Häftlinge, heißt es, Rothmann mache den Eindruck „eines nahezu resignierten Mannes, der unter den Bedingungen der langjährigen Haft es schon fast aufgegeben hat, doch noch entlassen zu werden". Wenige Monate später verwirft das Oberlandesgericht Karlsruhe seine Beschwerde gegen einen neuerlichen ablehnenden Beschluss des Landgerichts wiederum als unbegründet.

Dann die Wende. Eine Mitarbeiterin der Ambulanz fängt an, sich mit seinem „ausgeprägten Misstrauen" zu befassen. Erstmals ist er glücklich, wie er sagt. Er erklärt ihr, warum er in den vergangenen vier Jahrzehnten das Reden mit Menschen so gut wie aufgegeben habe. Er habe versucht, sich anzugewöhnen, kein inneres Erleben nach außen zu tragen. Die Verschlossenheit, die ihm jahrzehntelang vorgeworfen wurde, habe ihm als Schutz gedient.

2013 beauftragt die Karlsruher Strafvollstreckungskammer den renommierten Tübinger Psychiater Klaus Förster mit einem kriminalprognostischen Gutachten und tut damit einen Glücksgriff. Zum ersten Mal befasst sich mit dem Fall nun ein Sachverständiger, der tatsächlich über Sachverstand verfügt. Die Tests, die Förster mit Rothmann macht, ergeben keine erhöhte Gefahr erneuter Gewalttaten.

Försters Fazit ist niederschmetternd. Jene Gutachten, die Anfang der Siebzigerjahre erstellt wurden, sind nicht bei den Akten. Förster fragt verwundert, wie aus diesen „spärlichen, wenig substantiierten und nicht kriterienorientierten Feststellungen" jene weitreichenden Folgerungen gezogen werden konnten, die in den späteren Gutachten auftauchten.

Über einen der späteren Gutachter schreibt Förster, die Expertise dieses Mannes von 1995 erfülle nicht einmal die Minimalkriterien für ein psychiatrisches Gutachten, da sie weder einen Befund noch eine Diagnose enthalte. Wie jener angebliche Experte eine „massive Sexualproblematik" bei Rothmann annehmen konnte, erschließe sich ihm, Förster, nicht. Gleiches gelte für Gutachten weiterer Psychiater und Psychologen. Es komme ihm so vor, als seien die Feststellungen der Erstgutachter einfach „fortgeschrieben" worden.

Vielleicht wäre das Wort „abgeschrieben" treffender gewesen. Rothmann: „Alles war Kappes. Dafür sitze ich nun seit 43 Jahren. Hatte ich nicht recht mit meiner Verweigerung? Und diese Leute wollten an meiner Sexualität herumdoktern!"

Weiter heißt es bei Förster, eine sexuelle Präferenzstörung liege nicht vor, auch kein spezifisches Konfliktverhalten. 2014 teilt der Psychiater dem Oberlandesgericht Karlsruhe mit, Rothmann habe inzwischen beachtliche Fortschritte gemacht. Die Gespräche mit der Therapeutin aus der Ambulanz seien vielversprechend. Angesichts von Rothmanns Alter sei dies sehr hoch zu bewerten. Nur die eingeschränkten finanziellen Möglichkeiten, die ihn im Fall einer bedingten Entlassung erwarteten, seien noch ein Risikofaktor. In der Tat. Rothmann wird einen Sozialhilfesatz von etwa 400 Euro im Monat bekommen, da er als Häftling keinen Rentenanspruch erwerben konnte. „Ich würde gern etwas dazuverdienen", sagt er. „Aber wer nimmt mich? Keiner."

Für einen Anwalt ist die Vertretung eines Häftlings ein mühsames Geschäft. Ein Grund, warum sich die wenigsten Anwälte im Vollzugsrecht auskennen: Die Mühe rentiert sich nicht. „Das ist eine strukturelle Schranke, die den Strafvollzug gegen Überprüfungen von außen schützt", kritisiert der Strafverteidiger und Hochschullehrer Bernd Behnke, der Rothmann seit 2007 vertritt. Acht Jahre lang hat er Anträge und Beschwerden formuliert und Rothmann überzeugt, dass er die Schäden des Strafvollzugs nur mithilfe einer Therapie in den Griff bekommen werde. Der Justiz wirft Behnke in dem Fall komplettes Versagen vor: den Richtern, die Psycho-Scharlatanen aufsaßen; dem Strafvollzug, der seinem gesetzlichen Auftrag zur Resozialisierung nicht nachkam. Es sei nicht Aufgabe der Justiz, ein Verbrechen durch das Zugrunderichten des Täters zu rächen.

Rothmann steht auf. „Ich muss mich um die Küche kümmern." Vor der Anstalt verabschiedet er sich rasch. Die Tür fällt hinter ihm wieder ins Schloss.

Kurz nach Erscheinen dieses Artikels im SPIEGEL wurde Rothmann aus der Haftanstalt Bruchsal endgültig entlassen. Heute hilft er als Koch in einer sozialen Einrichtung aus, bewohnt eine bescheidene kleine Wohnung und erhält eine geringe Rente, die mit öffentlichen Geldern aufgestockt wird. Es geht ihm für seine Verhältnisse gut.

III

„Wille oder Wahn?“

Grenzfälle

„Da hört das Denken auf“

Der Fall des Armin M. führt die Justiz in den Grenzbereich des Strafrechts

Spiegel 6/2004, 2. Februar 2004

Wo leben wir denn eigentlich? Da stellt sich ein Angeklagter hin, der einen Menschen umgebracht hat – es hat keinen Sinn, die Tat schönzureden, es ging ums Schlachten und ums Ausweiden des Opfers –, und behauptet allen Ernstes, er habe jenem Menschen einen „schönen“ Tod bereitet. Zehn Stunden lang habe er sein Opfer das Sterben „genießen und auskosten“ lassen.

Dieser Angeklagte schreibt dem Vater des von ihm zu Tode Malträtierten einen Brief – und drückt darin sein Beileid und sein Mitgefühl aus.

Am Ende des Prozesses erhebt er sich und spricht mit fester, stolzer Stimme, als fordere er Dankbarkeit und Anerkennung: „Ich habe ihm sein Leben genommen, ja. Dazu stehe ich. Aber er hat mich dazu bestimmt. Ich habe ihm nur die Schmerzen zugefügt, die er wollte.“

Es klingt, als bewundere er sich selbst. Ich, ja ich, Armin M., der Kannibale von Rotenburg. Ich habe es getan. Ich bin der Held unter den Cyber-Kannibalen, die alle keinen Mut haben, es wirklich zu tun. Es gibt viele davon, mehr als man glaubt, Tausende, Zehntausende.

Er kündigt an, seine Lebensgeschichte zu veröffentlichen, genießt die Aufmerksamkeit der Medien. Er, der Ratgeber aller von wüsten Phantasien Geplagten, der Sachverständige unter den Menschenfressern, der Gutachter seiner selbst. Da es sonst niemand getan hat, stellt er sich selbst die Unbedenklichkeitsbescheinigung für die Zukunft aus: „Ich habe den großen Kick gehabt. Ich brauche ihn nicht mehr.“ Er ist offenbar krank im Kopf, schwerst krank.

Es war während der 13 Sitzungstage, als in Kassel die 6. Strafkammer des Landgerichts über die grausige Tötung des Berliner Diplomingenieurs Bernd B., eines leitenden Angestellten bei Siemens, verhandelte, schwer zu fassen, was der Angeklagte von sich gab. Wie kann ein Mensch über eine solche Tat so unglaublich gelassen und selbstbewusst reden? Verharmlost er? Oder ist es die Wahrheit? Und selbst wenn. Die Aussage hörte sich über weite Strecken an, als wäre Fressen und Gefressenwerden die normalste Sache der Welt, sind sich die Protagonisten nur einig. Eine Bagatelle unter Erwachsenen, was ist schon dabei, wenn es freiwillig geschieht?

M.s Art, seine Sicht der Dinge vorzutragen, war von seltsam suggestiver Wirkung. Dieser amüsierte Plauderton. Entsetzen ließ er erst gar nicht aufkommen. Wieso denn auch? Bernd und ich wollten das. Er fiel der Staatsanwaltschaft ins Wort, korrigierte beflissen, aber bestimmt die Richter, sagte zum Gutachter leicht verärgert: „Das ist nicht das, was ich von Ihnen jetzt hören wollte." Dann wieder verhielt er sich devot, ja servil. Er lullte die Zuhörer ein, bis sie, unsicher geworden, fragten: Ja, wenn die beiden das wirklich wollten, dann war das wohl doch nicht Mord, oder?

Auch das Gericht hat sich offensichtlich von M.s Suggestionskraft erfassen lassen. Oder erstarrten die Richter vor den Ungeheuerlichkeiten, mit denen sie sich zu befassen hatten? Als der Vorsitzende Richter Volker Mütze, 45, das Urteil verkündete – achteinhalb Jahre Freiheitsstrafe wegen Totschlags –, diskutierte er erst die straflose Beihilfe zur Selbsttötung, dann kam er zur Tötung auf Verlangen, wie sie der Verteidiger vergebens angestrebt hatte. Streckenweise geradezu absurd klang die Begründung, warum die Kammer keine Mordmerkmale hatte feststellen können: Nicht zur Befriedigung des Geschlechtstriebs habe der Angeklagte getötet, sondern aus „Neugier auf das Gefühl beim Schlachten" und „um an seinen Fetisch Männerfleisch zu gelangen". Die Kammer habe nicht feststellen können, ob M. die Schlachtung auf Video aufgenommen habe, um sich daran später sexuell zu erregen – oder aus Dokumentationszwecken „wie ein Hochzeitsvideo".

Zwar habe der Angeklagte durch das Schlachten, das Ausweiden und Zerlegen des Toten eine „rohe Gesinnung" gezeigt („Er arbeitete die Sache wie ein Metzger ab"), auch habe er die Pietät verletzt und den Toten als „Objekt seiner Wünsche herabgewürdigt". Doch es sei nicht nachzuweisen, „dass der Täter dem Toten seine Verachtung zeigen wollte". Mütze: „Ein Verächtlichmachen der Leiche sehen wir nicht, wenn man sie essen will." Wie viele Semester Jura muss man studiert haben, um solche Sätze zu sagen? Der Laie versteht das nicht mehr.

Ist jeder Maßstab für den Unterschied von normal und unnormal, richtig und falsch, für Moral und Sittlichkeit abhanden gekommen? In einer Welt des Überflusses an Verrücktheiten, in der das Abartige zunehmend als normal gilt, stärkt offenbar nicht einmal mehr die Kenntnis von Recht und Gesetz die Entscheidungsfähigkeit, ob Schwarz schwarz ist und Weiß weiß.

Bemerkenswert war das Schlusswort des Angeklagten. Mit einem Mal wurde dabei deutlich, wie es zu dem ungewöhnlichen Einverständnis zwischen Täter und Opfer gekommen sein musste. Mit geradezu gewalttätiger Verbissenheit beharrte M. auf seiner Meinung, dass ihm „die Achtung vor der Würde“ seines Opfers gebot, dessen Wünschen zu entsprechen: B.s Penis zu amputieren, den Mann dann zu töten und zu verspeisen. Plötzlich begriff man, wie der arme Teufel zu seinem „Glück“ getrieben worden sein musste.

Ob B. an jenem 9. März 2001, als er von Berlin nach Kassel fuhr, um sich mit M. zu treffen, wirklich mit seinem Leben abgeschlossen hatte, kann man ihn nicht mehr fragen. Keiner der Zeugen aus B.s Umfeld hatte jemals einen Todeswunsch bei ihm bemerkt, im Gegenteil. Neugierig sei er gewesen auf bizarre Sex-Angebote, bestätigten die Schattengestalten vom Bahnhof Zoo vor Gericht, mit denen er es heimlich trieb. Und gebissen wollte er werden, wofür er gut bezahlte. Aber sterben?

Der psychiatrische Sachverständige Georg Stolpmann, 50, von der Göttinger Universität beschrieb überzeugend, dass es zu M.s Selbstbild gehört, nichts gegen den Willen eines anderen Menschen zu tun. Hätte B. widersprochen, hätte er die Flucht aus dem düsteren Gutshof ergriffen, wo die ehemalige Räucherkammer in einen Schlachtraum umgewandelt worden war, es wäre ihm vielleicht nichts passiert. Das Einverständnis des Opfers gehörte für M. offenbar dazu wie ein Zauberwort, unabdingbar für die Erfüllung seiner Wünsche. Wurde es verweigert, wie es Besucher vor B. taten, als Neugier und Kitzel sie verließen und die Angst sie packte, verlor er das Interesse und begab sich auf die Suche nach dem nächsten „Schlachtjungen“.

Die Staatsanwaltschaft Kassel hatte den Berliner Sexualwissenschaftler Klaus Beier, 42, als Sachverständigen bestellt, der eine Einschätzung des Angeklagten – und auch des Opfers, das sich als Person nur bruchstückhaft rekonstruieren ließ – abgeben sollte. Er beschrieb, wie sich zwei Menschen mit ihren jeweils devianten Neigungen über das Internet vorspiegelten, genau das zu bieten, was der andere wünscht. Jeder habe den anderen für seine eigenen Phantasien instrumentalisiert. Der eine, M., war laut Beier auf Männerfleisch aus, der andere, B., „hätte einen richtigen Sadisten gebraucht". Beide an einer schweren seelischen Abartigkeit leidend und nicht an der Freiwilligkeit des anderen zweifelnd.

Diese Einschätzung teilte Gefängnispsychiater Heinrich Wilmer, 76, der mit M. in der U-Haft mehrfach Kontakt hatte, nicht. „Man muss sich das mal vorstellen", sagte er als Zeuge, „da kommt einer und will sich den Penis abschneiden lassen. Da muss ich mir doch Gedanken machen, dass mit dem etwas nicht stimmt. Den muss man doch zum Psychiater schicken!" Doch M. habe nur an sich und die Erfüllung seines „sehnlichsten Wunsches", das Schlachten und Verspeisen, gedacht.

Beier wie Stolpmann attestierten M. trotz der schweren Störung volle Schuldfähigkeit. Der Laie versteht das nicht. Ein Angeklagter, der von Kindheit an vom Schlachten und Auffressen träumt, der in seiner Freizeit in den widerwärtigsten Phantasien versinkt, die er dann, als sich die Gelegenheit bietet, realisiert – der soll normal sein? Im Kasseler Landgericht, wo der Fall M. seit dem 3. Dezember 2003 verhandelt wurde, gab es wohl niemanden, der diesen Angeklagten nicht für „komplett verrückt" oder „total irre" hielt.

Doch Maßregelkliniken, in denen früher Menschen wie M. untergebracht wurden, sind überfüllt, Behandlungsmöglichkeiten oft illusorisch. Wer M. lieber im Gefängnis sieht als in der Klinik, fragt wie die Juristen: Hätte sich der Angeklagte auch anders entscheiden können? Kein Affekt überrollte ihn, als er seinem Opfer den Penis abschnitt und über Stunden zuschaute, wie der Verletzte langsam ausblutete. Kein Rausch riss ihn mit sich, als er den Bewusstlosen auf die Schlachtbank hievte und abstach. Die Tat war geplant und wurde auch exakt so ausgeführt. Also war M. steuerungsfähig.

Dass man einen Menschen nicht abstechen darf, war ihm stets klar. Und dass Schlachten ohne Töten nicht möglich ist, auch. Gegenüber seinen Gesinnungsgenossen im Internet, mit denen er sich über die Wonnen des Schlachtens austauschte, klagte M. öfter, dass die wirklich schönen Dinge ja leider verboten seien und Kannibalen es wegen der ungünstigen Gesetzeslage heutzutage schwer hätten. Fazit: volle Steuerungs- plus volle Einsichtsfähigkeit gleich volle Schuldfähigkeit.

Doch auf eine Frage blieb das Gericht die Antwort schuldig: Was ist mit der Einsichtsfähigkeit eines Täters, der aufgrund seiner eigenen schweren Störung nicht erkennt – bis heute tut er das nicht –, dass sein Opfer, weil ebenfalls gestört, gar nicht einwilligungsfähig war? Der nicht nachfragte, warum der andere sein Geschlechtsteil loswerden wollte. Für den die Einwilligung zum Ritual dazugehört. Der nur das „psychische Hochgefühl“ beim Schlachten erleben wollte, das er sich vorgestellt hatte.

Es ist müßig nachzuvollziehen, wie sich in einem kranken Hirn monströse Phantasien entwickeln. Die Kindheit, die Mutter, die dreimal verheiratet war und deren drei Söhne jeweils einen anderen Vater hatten. Sie hielt von Männern nichts, galt als dominant. Dass M.s Vater die Familie verließ, als der Junge neun Jahre alt war – möglicherweise ein traumatisches Erlebnis für das Kind. Aber reicht das als Erklärung einer solchen Fehlentwicklung?

Als Junge habe er sich einen Wunschbruder, einen Gefährten für sich allein, erträumt, sagt er. Aber auch das ist nichts Ungewöhnliches bei Kindern. Mit den perversen Gedanken, das gibt er zu, fing es erst an, als er sich nach dem Tod der Mutter 1999 im Internet umtat.

Die virtuelle Subkultur dort, die keinerlei Grenzen mehr kennt, führt manchen heillos in die Irre. Sie erlaubt es einsamen, haltlosen, gestörten Menschen jeglicher Couleur, sich ungehemmt zu präsentieren und in perversen Ungeheuerlichkeiten zu verlieren, was im wirklichen Leben nicht so leicht möglich wäre. M. zum Beispiel erfuhr erstaunt: Ich bin ja gar nicht allein, es gibt viele, die so sind wie ich, meine Phantasien sind auch nicht schlimmer als die der anderen.

Bis zum Erbrechen wurde während des Prozesses in Kassel verlesen und angeschaut, was die Ermittler aus den Bergen von Elektronikmüll in M.s Wohnhaus aussortiert hatten: 1800 Bilddateien, Hunderte Videokassetten und CD-Roms und so fort. Ein Ermittler, der den Chat-Verkehr M.s auszuwerten hatte, sagte als Zeuge: „Da trifft man auf Personen, die völlig normal in die Gesellschaft integriert sind, Lehrer, Beamte, Ärzte. Wenn man sich wochenlang mit diesem Zeug beschäftigen muss – da hört das Denken auf.“

Diese sinistre Welt bietet jeder Monstrosität unter dem Deckmantel der Freiheit ein Forum – und leistet damit ungekannten Verbrechen Vorschub. Und die Juristen geraten dann ins Taumeln, weil es jede Vorstellung übersteigt, wofür man einen Fall wie den von M. halten soll.

Die Staatsanwaltschaft hatte eine lebenslange Freiheitsstrafe wegen Mordes beantragt, was nach der Hauptverhandlung einleuchtete. Das

Gericht aber sah sich im „Grenzbereich des Strafrechts" angelangt. Es scheint, dass die Grenzenlosigkeit des Internet Taten provoziert – der Fall M. wird nicht der letzte sein –, die mit den Mitteln des herkömmlichen Strafrechts kaum noch fassbar sind.

Am 30. Januar 2004 verurteilte das Landgericht Kassel Armin M. zu einer Freiheitsstrafe von achteinhalb Jahren wegen Totschlags. Mordmerkmale lägen nicht vor, erklärten die Richter. Die Staatsanwaltschaft hatte eine Verurteilung wegen Mordes beantragt. Der 2. Strafsenat des Bundesgerichtshofs hob im April 2005 dieses Urteil auf und rügte, mehrere Mordmerkmale seien nicht berücksichtigt worden. Der Fall wurde nach Frankfurt/Main verwiesen. Die dortige 21. Große Strafkammer verurteilte den Angeklagten im Mai 2006 zu einer lebenslangen Freiheitsstrafe wegen Mordes und Störung der Totenruhe. Eine vorzeitige Entlassung M.s nach 15 Jahren wurde inzwischen abgelehnt.

Abnorm, aber nicht krank

24 Jahre lang im Keller eingesperrt und vergewaltigt: Der Inzestfall Josef F. in Österreich

Spiegel 12/2009, 16. März 2009

Es ist der 16. März 2009, 9.30 Uhr, Landesgericht St. Pölten. Die Adresse lautet sinnigerweise Schießstattring 6. Zimmer 119 ist der Schwurgerichtssaal. Auf dem Spielplan der Justiz steht für eine Woche das „schlimmste Verbrechen aller Zeiten" in Österreich. Das schockierendste vielleicht, zumindest seit Kriegsende.

Trotz des ungewöhnlich langen Tatzeitraums von 24 Jahren soll das Ein-Mann-Stück im Schnelldurchlauf abgespult werden. Über die Frage der Schuld wird es für die acht Geschworenen kaum viel zu diskutieren geben. Dann geht es nur noch um das Strafmaß. Schon bald nach Beginn des Prozesses wird der letzte Akt erwartet, das Urteil. Weder das Opfer noch seine Angehörigen nehmen laut Mitteilung des Gerichts an der Verhandlung teil, weil Ersteres schon vorweg vernommen wurde und seine Aussage sowie die eines Bruders per Video vorgespielt werden. Die übrigen Angehörigen machen keine Angaben, und weitere Zeugen braucht man nicht. Wie die Sache für den Hauptdarsteller Josef F., 73, ausgehen wird, dessen Namen jeder kennt, aber nicht mehr nennen darf, ist, wie im Theater üblich, absehbar.

Die Öffentlichkeit wird von der juristischen Abwicklung des „Inzestfalls Amstetten" kaum etwas mitbekommen, denn Zuschauer sind nur zur Anklageverlesung und zur Urteilsverkündung zugelassen. Mitteilungen über die nichtöffentlichen Teile der Hauptverhandlung seien „bei Strafe untersagt", teilte das Gericht mit. Doch was könnte es noch Neues geben? Die Geschundenen tragen inzwischen einen anderen Namen und leben an einem unbekannten Ort. Will man das genauer wissen? Der Stoff liegt ohnehin – ausgewalzt und ausgezogen wie Strudelteig – längst angerichtet vor den Augen des Publikums.

Dennoch bietet die Anklage ein paar Besonderheiten. F., der seine damals 18-jährige Tochter Elisabeth vom 28. August 1984 an in einem Kellerverlies eingesperrt und dort achtmal geschwängert – wegen der Unschuldsvermutung muss man sagen: haben soll, ist zum einen wegen Mordes angeklagt. Er soll es vorsätzlich unterlassen haben, einem 1996 geborenen Säugling medizinische Hilfe angedeihen zu lassen, obwohl er dessen lebensbedrohliche Atemnot erkannte. Das Kind starb.

Es war eine Zwillingsgeburt. Ein Junge kam gesund zur Welt, der andere aber war blau verfärbt, erheblich kleiner und hatte die Nabelschnur um den Hals gewickelt. In Österreich ist Mord, hier durch Unterlassen, mit einer Strafe von zehn bis 20 Jahren oder Lebenslang bedroht.

Diesen schwersten Anklagepunkt bestreitet F.: Er habe erst Tage nach der Geburt der Zwillinge den Keller wieder betreten, und da sei das Kind schon tot gewesen. Elisabeth aber hat dem Vernehmen nach bei der Polizei ausgesagt, ihr Vater sei bei der Niederkunft dabei gewesen und habe den Zustand des Jungen sehr wohl bemerkt. „Wie's kommt, so kommt's", soll er auf ihr Flehen um ärztliche Hilfe geantwortet haben.

Die Frage drängt sich auf, was F. gemacht hätte, wäre nicht ein Säugling, sondern seine Tochter bei einer der Geburten, die sie in dem Kellerloch meist allein durchzustehen hatte, ums Leben gekommen. Wenn sie sich lebensgefährlich infiziert hätte oder verblutet wäre. Hätte F. auch sie im Heizkessel entsorgt wie den Zwilling? Hat er nicht bei jeder Schwangerschaft, bei jeder Geburt eine tödliche Komplikation in Kauf genommen um seiner perversen Gelüste willen? F. kann von Glück sagen, dass er wegen Mordes nur in einem Fall anzuklagen ist.

Außerdem wird F. des „Sklavenhandels" beschuldigt, gemeint ist hier wohl „Sklavenhaltung", weil er seine Tochter von 1984 bis zum 26. April 2008 in dem Kellerverlies in eine „sklavereiähnliche Lage" gebracht, sie in völliger Abhängigkeit gehalten, ihr sexuelle Dienste abverlangt und über sie wie sein Eigentum verfügt haben soll. Das erste Dreivierteljahr, sagt die Anklage, habe er sie mit einem Bauchgurt festgebunden, auf sie eingeschlagen und mit Fußtritten traktiert, damit sie ihm zu Willen war. Er habe sie mit dem Tod bedroht, bis sie jeden Widerstand aufgab.

F. bestreitet dies bisher, glaubt man der „Lebensbeichte", die er gegenüber seinem Verteidiger Rudolf Mayer abgelegt hat und die mit seiner Zustimmung vom österreichischen Nachrichtenmagazin „News" veröffentlicht wurde. Die Idee, sich an seiner Tochter zu vergehen, so gestand er Mayer, sei ihm erst im Laufe der Zeit gekommen. Doch dann sei der Trieb, mit ihr Sex zu haben, immer stärker geworden. Für solcherart Sklaverei beträgt die Strafandrohung zehn bis 20 Jahre Freiheitsentzug. Rechtsprechung dazu gibt es kaum. Denn solche Fälle sind gottlob nicht Alltag.

F. wird überdies der jahrelangen Vergewaltigung Elisabeths beschuldigt – über Stunden hinweg, qualvoll, schmerzhaft und oft auch besonders erniedrigend –, was in Österreich mit fünf bis 15 Jahren bestraft wird. Hinzu kommt der Vorwurf der Freiheitsentziehung, weil er drei Inzest-Kinder „jahrelang durch Einsperren in einem beengten, feuchten Kellerverlies seines Hauses ohne Fenster und somit ohne Tageslicht und direkter Frischluftzufuhr widerrechtlich gefangen gehalten" habe, worauf ein bis zehn Jahre Freiheitsstrafe stehen.

Auch wegen schwerer Nötigung ist F. angeklagt, weil er seine Opfer wiederholt „durch gefährliche Drohung mit angebrachten Gas- und Sprengfallen" gegen Leib und Leben von Fluchtversuchen abgehalten haben soll. Er drohte mit Vergasen, mit tödlichen Stromschlägen und Explosionen. Dieses Delikt ist bedroht mit Freiheitsstrafen zwischen sechs Monaten und fünf Jahren. Und natürlich geht es noch um „Blutschande". Darauf steht eine Strafe bis zu drei Jahren.

Dass er womöglich seiner Tochter Elisabeth bereits als sie elf war Gewalt angetan hat, sodass sie zweimal vergebens versuchte, von zu Hause wegzulaufen, steht nicht in der Anklageschrift. F. bestreitet auch dies: „Ich bin kein Mann, der sich an kleinen Kindern vergeht." Erst als er Elisabeth im Keller hatte, habe er in ihr nicht mehr seine Tochter gesehen: „Ich sah sie mehr als Frau." Da habe er seine Gefühle „nicht mehr kontrollieren können".

Die Staatsanwaltschaft St. Pölten hat die Unterbringung F.s in einer „Anstalt für geistig abnorme Rechtsbrecher" beantragt, da er zwar für den gesamten Tatzeitraum als „zurechnungsfähig", also schuldfähig anzusehen sei, aber eine „höhergradige seelischgeistige Abartigkeit" aufweise, die eine Unterbringung erfordere. Dass F. also jemals wieder in Freiheit gelangen sollte, scheint demnach so gut wie ausgeschlossen.

Er hat es raffiniert angestellt. Die Idee mit dem Keller sei ihm schon lange im Kopf herumgegangen, berichtete er dem Verteidiger. Er wollte das Verlies schalldicht ausgestalten und mit einer zentnerschweren Eisentür samt Elektromotor und Fernbedienung sichern. Vor seinem Anwalt beschönigt er seine damalige Absicht: Seit Beginn der Pubertät habe sich Elisabeth an keine Regeln mehr gehalten, sie habe Alkohol getrunken, geraucht und sich in üblen Lokalen herumgetrieben.

Daher habe er einen Ort schaffen müssen, an dem er sie „irgendwann möglicherweise zwangsweise von der Außenwelt fernhalten konnte".

Tatsächlich wird es wohl eher so gewesen sein, dass Elisabeth, je mehr sie sich den väterlichen Ge- und Verboten entzog, für F. zu einer Gefahr wurde. Was, wenn sie sich jemandem anvertraut hätte? Auch konnte er die Suche der Polizei nach seiner Tochter besser kontrollieren, als wenn er eine fremde Frau in sein Sex-Verlies gesperrt hätte. Bei Elisabeth konnte er die Story mit der Sekte erfinden, in deren Hände das angeblich schwierige junge Ding gefallen sei; da konnte er die Mär von den drei Babys erzählen, die die Vermisste angeblich heimlich vor seiner Haustür abgelegt habe. Die Polizei gab sich mit fadenscheinigsten Sprüchen zufrieden.

Die Ermittler geben sich heute noch damit zufrieden, dass F.s Familie, vor allem seine Ehefrau Rosemarie, nichts gewusst haben will. Man lässt sie unbehelligt. Es ist das bekannte Muster, wie es auch bei Neugeborenen-Tötungen zu beobachten ist: Wenn der Erzeuger sagt, er habe weder von der Schwangerschaft noch von der Geburt etwas mitbekommen, wird er nicht belangt. Rosemarie F. sagt, sie habe selbst während der Thailand-Urlaube ihres Mannes nicht gewagt, in den Keller zu gehen, sie habe an der Geschichte von der mysteriösen Sekte und den Kindern, die ausgerechnet immer ihr Mann vor der Tür fand, nicht gezweifelt. Man glaubte ihr alles.

Wenn es stimmt, dass Elisabeth schon als Kind missbraucht wurde, konnte dies gerade der Mutter nicht verborgen geblieben sein. Doch laut Statistik schauen 90 Prozent der Mütter von missbrauchten Kindern weg, wenn ihre Ehemänner oder Lebensgefährten an ihren Töchtern ein anderes als ein väterliches Interesse zeigen. Viele dieser Frauen geben eher dem Opfer die Schuld als dem Täter: Was tust du uns an, warum hältst du nicht den Mund, das geht schon vorüber. Diese Frauen wollen ihren Alltag retten, den schönen Schein, die Versorgung durch den Ehemann. „Menschen haben die Tendenz, Dinge auszublenden, die sehr schwierige Handlungen erzwingen würden", konstatiert der Göttinger Psychiater Ulrich Sachsse, Spezialist für Traumapatienten.

Oder war das abweichende Verhalten F.s in Sachen Sex für die Familie einfach Normalität? Während der Ehe mit Rosemarie war er als Exhibitionist aufgefallen; 1967 wurde er wegen Vergewaltigung zu eineinhalb Jahren verurteilt. Elisabeth, jüngstes von damals vier ehelichen Kindern, war gerade ein Jahr alt. Nicht einmal da machte die Mutter dem Horror ein Ende, sie gebar sogar noch drei weitere Kinder. Bis heute ist sie mit F. verheiratet.

Die Linzer Psychiaterin Adelheid Kastner, die F. begutachtet hat, diagnostizierte bei ihm eine „kombinierte Persönlichkeitsstörung mit narzisstischen, emotional instabilen und unreifen Anteilen sowie eine Störung der Sexualpräferenz“. Das bedeutet, dass es sich bei ihm um eine hochabnorme Persönlichkeit handelt. Die Gutachterin fand Verhaltensparallelen in F.s Herkunftsfamilie. So sei seine Mutter als außereheliches Kind ihres Vaters mit einer Magd neben zwei weiteren außerehelich gezeugten Kindern in eine offenbar unfruchtbare Ehe hineinadoptiert worden; F. sei dieses Procedere also als machbar bekannt gewesen. Als es später im Kellerverlies zu eng und zu laut wurde und F. seiner Frau nacheinander drei Säuglinge als „Enkel“ präsentierte, beruhte diese Problemlösung laut Kastner nicht auf besonders phantasievoller Planung, sondern eher auf der Übernahme eines bekannten Verhaltensmusters. Das erste der Babys, die „oben“ leben sollten, hat F. tatsächlich adoptiert. Die nächsten nahm er als Pflegekinder auf. Denn dafür gab es Pflegegeld.

Ob allen Angaben F.s über den offenbar problematischen Lebenswandel und den unkalkulierbaren Erziehungsstil seiner Mutter Glauben zu schenken ist, mag dahinstehen. Wissenschaftlich belegt ist, dass fehlende emotionale Zuwendung in der frühen Kindheit eine der wesentlichen Ursachen von schweren Persönlichkeitsstörungen darstellt. „Kinder werden nicht mit allen, im weiteren Leben erforderlichen Fähigkeiten geboren, sondern müssen auch auf hirnorganischer Ebene verschiedene Verschaltungen, die ein späterhin angepasstes, funktionsfähiges Leben ermöglichen, erst ausbilden“, so Kastner.

Das ist keine Entschuldigung, aber eine Erklärung für das Verhalten von Menschen wie F. Das Gleiche gilt für den „Kannibalen von Rotenburg“ Armin M., dessen Besitzanspruch so weit ging, dass er sein Opfer sogar verspeiste. Diese Menschen haben kein Gespür dafür, was sie anderen antun.

„Einen Menschen ganz für sich zu besitzen“ – das verweist laut der Psychiaterin Kastner auf „eine lebenszeitlich vorhandene Begierde nach unstörbarer, durch keine äußeren Faktoren lösbarer Bindung und nach einem Näheverhältnis, das allen frustrierten Intimitätsansprüchen im Übermaß zu genügen vermag“. Die einst als unerträglich empfundene Rollenverteilung kehre sich dabei um: Das ohnmächtige Opfer entwickle sich zum übermächtigen Täter.

„Herr F. hat viel von einem Vulkan", beschreibt ihn die Gutachterin. Unter einer bieder wirkenden Oberfläche lauere eine von außen nicht wahrnehmbare Untiefe. Er sei ein zerrissener Mensch, sagt F. von sich selbst. Er habe eine „bösartige Ader". Die Symbolik drängt sich geradezu auf: „Oben" fand das scheinbar geordnete Leben in einem verschachtelten Haus statt, das die familiären Verflechtungen widerzuspiegeln scheint. Tief „unten" der abgespaltene Teil – der Kerker mit Elisabeth und den Inzest-Kindern.

F. ist abnorm, aber nicht psychisch krank. Sonst hätte er diese Tat nicht begehen und 24 Jahre lang durchhalten können. Er wusste jederzeit, was er tat. Ein Tier aber, eine Bestie, wie er von manchen Medien dargestellt wird, ist er nicht. Tiere bauen keine Eisentüren, um dahinter ihre Nachkommen zu quälen. Der Fall F. zeigt einmal mehr, wozu der Mensch fähig ist – und nur der Mensch.

Josef F. wurde 2009 nach einem umfassenden Geständnis von den acht Geschworenen in allen Anklagepunkten einstimmig schuldig gesprochen und zu einer lebenslangen Freiheitsstrafe mit Einweisung in eine Anstalt für zurechnungsfähige, geistig abnorme Rechtsbrecher verurteilt. Im Oktober 2012 ließ er sich von seiner Frau scheiden. Sie hatte ihn kein einziges Mal im Gefängnis besucht. Durch die Scheidung verlor sie die Pension, die sie für ihren Mann bezogen hatte.

Wille oder Wahn?

Prozess in Oslo gegen den Attentäter Anders Breivik, der 77 Menschen tötete

SPIEGEL 17/2012, 23. APRIL 2012

Ist er nun schizophren? Und paranoid? Am 22. Juli 2011 hat der in Oslo geborene Anders Behring Breivik ein Massaker angerichtet mit acht Toten im Regierungsviertel der norwegischen Hauptstadt und 69 Todesopfern auf der 40 Kilometer entfernten Insel Utøya. Physisch und psychisch verletzt hat er viele weitere Menschen, die mit Glück überlebt haben und das Sterben hatten mitansehen müssen.

„Mad or bad", verrückt oder böse? Breivik bestreitet nicht, will aber weder schuldig noch krank im Kopf sein. Er würde es wieder tun, sagt er, am besten mit noch mehr Toten.

Von der Schwere eines Verbrechens automatisch auf eine Geistesgestörtheit des Täters zu schließen, ist nicht zulässig. „So etwas tut doch kein normaler Mensch", heißt es oft. Doch auch der sogenannte Normalmensch hat schon die scheußlichsten Verbrechen begangen. Gerade in Deutschland müsste man das wissen.

Breivik aber könnte krank sein. Unter den schizophrenen Erkrankungen gibt es die paranoide Form, die durch Wahnideen gekennzeichnet ist, meist begleitet durch wahnhafte Wahrnehmungen und akustische Halluzinationen. Sie kann schubweise verlaufen oder sich schleichend verschlimmern. Wer dem Angeklagten zuhört im Osloer Gerichtshaus, ist schnell überzeugt, dass sich dieser Mann zur Tatzeit von mörderischem Wahn getrieben gefühlt haben muss.

Denn welchen vernünftigen Grund sollte es geben, wahllos Menschen von einer 950 Kilogramm schweren, selbstgebauten Autobombe in Fetzen reißen zu lassen? Oder Teilnehmern eines sozialdemokratischen Sommercamps in den Kopf zu schießen. In die Augen, den Mund, in den Rücken, in die Brust – einmal, zweimal, dreimal, vor allem in den Kopf, als sollten mit den Jugendlichen auch ihre Gedanken vernichtet werden? Es gibt keinen Grund. Es bleibt nur der Wahn.

Breivik spricht leise, bisweilen fast kleinlaut. Zu Prozessbeginn lächelt er noch ab und zu wissend in sich hinein. Dann wird das Lächeln matter, die Mimik starr. Hans-Ludwig Kröber, der Berliner Forensiker, sagte dazu im „Tagesspiegel": „Nicht selten verschweigen psychotische Täter ihre Wahnvorstellungen oder mildern sie ab, weil sie durchaus ein Bewusstsein dafür haben, dass andere sie für verrückt halten. Es gibt geordnete Wahnkranke, die beim Bäcker ihre Brötchen holen, zu Hause ein stilles Leben führen und dabei auf Hunderten von Seiten eine Neuordnung der Welt ausarbeiten." Wie Breivik. Auch er hat auf 1518 Seiten, im sogenannten Manifest, seine wirren Ideen ausgebreitet.

Die norwegischen Gerichtspsychiater Torgeir Husby und Synne Sørheim begannen mit der Begutachtung Breiviks am 10. August 2011, also kurz nach den Attentaten. In der Untersuchungshaftanstalt Ila, einem der beiden Hochsicherheitsgefängnisse Norwegens, sprachen sie insgesamt 36 Stunden lang mit ihm und werteten Vernehmungen sowie Zeugenaussagen und weitere Dokumente aus. Am Ende stellten sie die Diagnose „paranoide Schizophrenie", entsprechend der Internationalen statistischen Klassifikation der Krankheiten der Weltgesundheitsorganisation. Die meisten der darin beschriebenen Kriterien treffen auf Breivik zu: die affektive Verflachung, sein Rückzug aus dem normalen Leben, seine bizarren Größenphantasien, seine Angst vor Bedrohung und anderes mehr.

Unter anderem stellten die Psychiater fest: Breivik glaubte zur Tatzeit, sein Leben sei in Gefahr. Norwegische Frauen würden von Muslimen vergewaltigt, das Volk werde angegriffen. Eine ethnische Säuberung, ein Genozid, drohe. Und er, Breivik, sei Kommandeur in einem Bürgerkrieg gegen die Überfremdung. Es gelang den Gutachtern nicht herauszufinden, ob er Stimmen hört. Er weigerte sich zu sagen, wie er mit seinen Verbündeten kommuniziere. Dies sei „geheim". Die psychotischen Symptome, so Husby und Sørheim, seien mehr als ein halbes Jahr lang vor dem Attentat vorhanden gewesen und hätten ihm ein normales Leben nicht mehr gestattet.

Die Osloer Staatsanwältin Inga Bejer Engh befragt ihn im Gerichtssaal tagelang. Ihr ist er nicht gewachsen. Ihr kann er nicht ausweichen, und sie lässt ihn nicht davonkommen. Sie fragt präzise und unerbittlich. Er windet sich.

„Warum haben Sie die Schule kurz vor Abschluss verlassen?" Breivik gerät ins Stottern: „Ich hatte das Gefühl, es bringt mir nichts mehr." Bejer Engh fragt nach seiner Ausbildung, seinem beruflichen Werdegang, dem Militärdienst, den er auch nicht ableistete, nach seinen Interessen. Er wird nervös. Wovon hat er gelebt? Womit hat er die Vorbereitungen der Attentate finanziert? Wer waren seine Freunde? Hatte er überhaupt welche? Warum ist er wieder bei seiner Mutter eingezogen?

Was war mit den Firmen, die er gegründet und an die Wand gefahren hat? Ist es nicht so, dass er nur mit dem Verkauf gefälschter Diplome etwas verdiente, sonst aber nichts zustande brachte?

Breivik gerät zunehmend in die Defensive, verweigert die Antwort. Wann hat er je so Rede und Antwort stehen müssen gegenüber einer Frau? Außer der zögernden Mitteilung, er habe „zehn Bücher“ zu Finanzthemen gelesen, die Titel fallen ihm nicht ein, und sich bei Wikipedia fortgebildet, kommt nichts Substantielles. Er hatte geglaubt, sich vor Gericht und der Weltpresse in Szene setzen zu können. Und nun ist es damit schon nach den ersten Verhandlungstagen vorbei.

Die Staatsanwältin kennt die Akten und die Fakten. Sie lässt es ihn spüren. Sie weiß, dass Breivik entweder lebenslang ins Gefängnis kommt oder lebenslang in die geschlossene Psychiatrie. Das nimmt den Druck von ihr.

Was ist denn nun mit dieser Tempelritterei? Und den angeblichen „Zellen“, in denen sich „militante Nationalisten“ zusammengeschlossen haben sollen? Aha, also doch nur eine Ein-Mann-Zelle in Norwegen, bestehend aus Herrn Breivik. Und sonst? Hirngespinste.

Bejer Engh führt ihn vor. Sie macht es glänzend. Und er? Steht am Pranger als Lügner, als Versager, als Massenmörder. Falls das erste Gutachten richtig ist: Darf man einen Kranken so vorführen?

Auch ein Schizophrener, sagen die Fachleute, könne durchaus geordnet denken, vor allem, wenn er an der paranoiden Form leide und der Wahn die Krankheit dominiere. Doch die meisten dieser Patienten, so der Münchner Forensiker Norbert Nedopil, seien nicht in der Lage, wirklich kontrolliert und logisch zu handeln. Denn ihre Gedanken seien meist so konfus, dass sie ein Attentat, wie Breivik es geplant und ausgeführt habe, kaum hinbekämen. Ist er dann eher ein Wahnkranker? Nedopil neigt, mit aller Vorsicht, zu dieser Einschätzung.

Von Verhandlungstag zu Verhandlungstag wird deutlicher, dass der Mangel an Mitgefühl für andere, die Gefühlskälte Breiviks, auch der Umstand, dass sich diese Symptome intensivierten, als er anfing, 2010 die Anschläge vorzubereiten, nicht Ausdruck einer verqueren politischen Denkweise sind, sondern wohl Anzeichen für eine paranoide Schizophrenie.

Ebenso der Knick in Breiviks Lebensgeschichte, als er zum Einzelgänger wurde, der sein Leben nicht mehr auf die Reihe bekam. Er verkroch sich schon von 2006 an in das winzige Kinderzimmer bei seiner Mutter und hing dort seinen Phantasien als Auserwählter nach, der die kulturelle Reinheit seines Volkes zu schützen habe. Als er in der Realität immer unbedeutender und ohnmächtiger wurde, metzelte er als virtueller Kreuzritter mit Schwert und Schild die Ungläubigen nieder. Auch diese Entwicklung gilt als typisch für eine schizophrene Erkrankung.

Es ist eine interessante Frage: Ein Auserwählter, der Norwegen vor der Herrschaft der Muslime meint retten zu müssen – und weiß, dass er dabei Dinge tun wird, die er nicht tun darf –, fragt der nach dem Gesetz? Darf man das von ihm erwarten? „Wenn er im Rahmen seines Wahnsystems denkt, er muss diese Dinge tun, um die Welt zu retten, können wir ihn mit unserem Strafsystem nicht mehr einholen", sagt Psychiater Kröber.

Falls die Diagnose „paranoide Schizophrenie" zutreffe, so der Essener Psychiater Norbert Leygraf, könne Breivik nicht bestraft werden.

Der Zürcher Psychiater Frank Urbaniok spricht von einem „diffizilen Abwägen", wenn bei Schizophrenen die Frage der Schuldfähigkeit zu beantworten sei. „Auch wer an Schizophrenie leidet", so Urbaniok, „hat unter Umständen innerhalb seines Wahns noch Entscheidungsmöglichkeiten oder das Bewusstsein, dass sein Handeln Unrecht ist."

Auf welchem Boden aber gedieh Breiviks Wahn, sollte ihm denn eine Wahnerkrankung attestiert werden? Norwegen ist zwar groß, aber doch ein kleines Land mit seinen fast fünf Millionen Einwohnern, das, ehe man vor der Küste auf Öl stieß, von Landwirtschaft und Fischfang lebte. Breivik gehört einer Generation an, die vom Rohstoff-Boom profitierte. Er ist der Sohn eines Diplomaten und einer Krankenschwester. Die Eltern trennten sich, als der Junge eineinhalb Jahre alt war. Von der Weltläufigkeit seines Vaters bekam das Kind nichts mit, sondern es wuchs auf mit den Irritationen, die der Zuzug von Einwanderern in manchen Stadtteilen Oslos hervorrief.

Die Political Correctness, die in Norwegen besonders beachtet wird, hat großen Einfluss auf die Diskussion darüber, ob dieser Zuzug andauern soll. So manchem Politiker käme es gelegen, Breivik mit seinem dumpfen Fremdenhass würde für verrückt erklärt. Schon wird in Kommentaren prophezeit, der Prozess werde keine neue Einwandererdebatte auslösen. Auch wenn eine neue Untersuchung voraussagt, 2040 könnten 47 Prozent der Einwohner Oslos Einwanderer sein.

Mitgezählt sind dabei aber auch deren in Norwegen geborene Kinder, integrierte Staatsbürger also, so wie es schon jetzt viele Immigranten sind.

Die Anwälte der Opfer erklärten unumwunden, ihr Bestreben sei zu erreichen, dass der Attentäter als ein voll verantwortlicher Straftäter verurteilt werde.

„Die Opfer wollen, dass Breivik schuldfähig ist", sagte eine Anwältin. Daher hätten sie, unzufrieden mit der ersten Expertise, auf eine zweite Begutachtung gedrungen. Die Gutachter Agnar Aspaas und Terje Tørrissen lieferten vor kurzem dann auch das Erhoffte. Demnach soll Breivik voll schuldfähig gewesen sein.

Es ist nicht ungewöhnlich, dass ein Gutachten angezweifelt wird und eine Nachbegutachtung durch weitere Experten stattfindet. Doch meist handelt es sich dabei um Grenzfälle, die man so oder anders sehen kann. Hier aber scheint es auch um die jeweilige Interessenlage zu gehen.

Opfer von Straftaten, das zeigt die Erfahrung, verlangen nach einem Täter, der die Verantwortung trägt für das Leid, das er anderen zugefügt hat. Das Verbrechen soll ein Gesicht haben. Einer Krankheit kann schwerlich die Schuld für etwas Unfassbares zugeschoben werden. Da geht der Wunsch von Angehörigen, sich im Leben wieder zurechtzufinden, ins Leere. Der Versuch, die Welt wieder ins Lot zu rücken, gelingt nicht. Und das im Menschen verwurzelte Bedürfnis nach Bestrafung des Übeltäters bleibt unerfüllt – für Opfer schwer erträglich. Aber kann jemand, der in seinem Wahn nicht weiß, was er tut, dafür bestraft werden?

Die Entscheidung, welchem Gutachten der Vorzug zu geben ist, liegt in der Hand der Richter. Die Vorsitzende Richterin Wenche Elizabeth Arntzen führt den Prozess souverän. Sie ist eine zierliche Dame mit grauem Haar und weißer Bluse unter der Robe, die weder ein Lächeln zu viel noch einen strengen Blick zu wenig vergibt. Ihr Großvater, auch Jurist, war nach dem Zweiten Weltkrieg als Staatsanwalt an den „Verräterprozessen" gegen NS-Kollaborateure beteiligt. Sie und die Staatsanwältin Bejer Engh haben das Zeug, zu den bestimmenden Figuren des weltweit beachteten Strafverfahrens zu werden.

Die Verteidigung dagegen, voran Geir Lippestad, ist in einer schwierigen Lage. Zunächst war Lippestad mit dem Ergebnis des ersten Gutachtens zufrieden. Dann erklärte sein Mandant, als geistesgestört eingestuft zu werden, wäre für ihn die härteste Strafe, dies wolle er nicht. Also hält Lippestad den Angeklagten seitdem für schuldfähig. Es kommt auf das Selbstverständnis eines Strafverteidigers an, ob er dem Mandanten wie ein Büttel dient oder nicht. „In Deutschland würde einer wie Breivik vermutlich freigesprochen und in die Psychiatrie eingewiesen werden. Und der Erste Strafsenat des Bundesgerichtshofs würde den Freispruch wieder aufheben", resümiert der Münchner Psychiater Nedopil. Er weiß, wovon er spricht.

Am 24. August 2012 wurde Anders Breivik als voll schuldfähig zu einer Freiheitsstrafe von 21 Jahren und anschließender Sicherungsverwahrung verurteilt. Das Gericht folgte damit dem Antrag der Staatsanwaltschaft. 2016 klagte Breivik gegen den norwegischen Staat wegen der strengen Haftbedingungen und bekam teilweise Recht. In einem zweiten Prozess unterlag er. Es gebe keine Anzeichen, dass der Inhaftierte während der Haft Schäden erlitten habe, hieß es. Allerdings darf er inzwischen mit Mitarbeitern des Gefängnisses, einem „Besuchsfreund" und einem Priester sprechen.

IV

„Ich sollte mich schämen“

Kindstötungen

„Diese hohe, dünne Stimme"

Karolina und Jonny-Lee: Getötet, weil sie angeblich nicht brav waren

Spiegel 14/2005, 4. April 2005

Ausgerechnet Memmingen. 1988/89 tobte am dortigen Landgericht und auf der Straße der Krieg um illegale Schwangerschaftsabbrüche „in mindestens 156 Fällen". Militanten Lebensschützern waren die zweieinhalb Jahre Freiheitsstrafe, die die gewiss nicht liberalen Richter gegen den Frauenarzt Horst Theissen verhängten, noch längst nicht hart genug. Bischof Dyba ließ die Glocken läuten um der verlorenen Seelen der Abgetriebenen willen. Der Prozess, in dem Frauen auf rüdeste Weise in ihrer Not vorgeführt wurden, galt als beispiellose Belastung der bundesdeutschen Rechtsgeschichte.

Nun also wieder Memmingen. Die peinigenden Bilder von damals haben das Gedächtnis nicht verlassen. Wieder vertritt Johann Kreuzpointner, inzwischen ergraut und zum Stellvertreter des Leitenden Oberstaatsanwalts aufgestiegen, die Anklage. Doch an ihm liegt es nicht, er verhält sich fair und besonnen. Es ist der Fall, der die Erinnerungen heraufbeschwört: der qualvolle, gewaltsame Tod des dreijährigen Mädchens Karolina, dem man das Leben besser nicht geschenkt – oder zugefügt – hätte. Dann wäre ihm sein grausames Ende erspart geblieben.

Das haben sich die Lebensschützer, denen es ums Geborenwerden um jeden Preis geht, vermutlich nicht vorgestellt: dass dann auch Kinder zur Welt kommen, die keiner will, an denen die Erwachsenen ihre Wut abreagieren, wenn sie mit sich selbst nicht zurechtkommen. Die vom einen zum anderen geprügelt werden, und wenn sie weinen und schreien, dann hageln die Schläge erst recht auf sie nieder, bis sie endlich, wenn das Schicksal es gut mit ihnen meint, für immer verstummen.

Karolina, das kahl geschorene tote Kind, dessen jammervolles, retuschiertes Bild (denn das Original wagte man wohl wegen der Verletzungen nicht zu veröffentlichen) im Januar 2004 durch die Medien ging – gezeugt von einem Zuhälter oder Türsteher, mit dem sich die damals 21 Jahre alte Zaneta C. in Polen flüchtig eingelassen hatte, war nicht erwünscht auf dieser Welt. Nach der Geburt hin und her geschoben, eine störende Last, während die Mutter als Prostituierte,

Nackttänzerin und Animierdame arbeitete. Sie wollte etwas haben von ihrem jungen Leben. Doch wie Strandgut spülte es sie immer weiter in den Schmutz. Was sollte sie da mit einem Kind?

Die Lebensgefährten kamen und verschwanden, sie benützten sie und warfen sie wieder weg wie ein gebrauchtes Taschentuch. Keinen kümmerte das Kind. Und Zaneta? Suchte sie nur Vergnügen – oder doch ein bürgerliches Familienleben mit Kindern, einem verlässlichen Ernährer und sich, der Frau, im Mittelpunkt?

Sie kommt in den Gerichtssaal gestöckelt auf hohen Absätzen, die Haare hochgesteckt, die Wimpern getuscht, die Brauen gestrichelt, und sitzt mit gesenkten Augen da. Dann plötzlich bricht es aus ihr heraus, es schreit aus ihr, sie kreischt, brüllt, trommelt mit den Fäusten auf den Tisch. „Du Monster! Du Schlappschwanz! Warum hab ich das Kind geboren?"

Theater? Es kann schon sein, dass sie sich gegen all das wehren möchte, das jetzt auf sie zukommt, dass sie heraus will aus dieser Frau auf der Anklagebank, dass sie nicht ins Loch will, sondern hinaus an die Frühlingssonne, in die Freiheit.

Doch neben ihr sitzen Justizbeamte. Und es sitzt auf der Anklagebank auch Mehmet A., ein im bayerisch-schwäbischen Weißenhorn geborener Türke, ein Bär von einem Mann, der 56 Tage lang ihr Lebensgefährte war und der behauptet, nicht nur er habe auf das Kind eingeprügelt, dass es gegen Wand und Schrank knallte und auf den Boden krachte, sondern sie, die Mutter, schon auch. Sie sei auch einverstanden gewesen damit, dass die Dreijährige nachts stundenlang allein im rabenschwarzen, eiskalten Keller stehen musste oder nackt auf der Terrasse bei Frost, dass mit einem Gürtel auf sie eingedroschen, dass glühend heiße Plastikflaschen in ihre Haut gebohrt wurden, bis es Brandblasen gab, die Mehmet aufriss, um auch noch Wärmecreme auf die brennenden Wunden zu schmieren.

Kann ein Mensch so etwas mitansehen? Sie habe „Angst" gehabt, sagt Zaneta. Aber bitte wovor? „Dass er das Kind umbringt." Genau das hat er ja getan, das hat sie ihn tun lassen. Sie hat dem langsamen Sterben ihres Kindes zugesehen. Wovor hatte sie also Angst? Dass sie von den Schlägen auch etwas abbekommt? Das wusste sie offenbar durch das Angebot zum Geschlechtsverkehr zu verhindern.

Es gab Dutzende Gelegenheiten, mit dem Kind die Wohnung zu verlassen. Mehmet schlief mal. Er verließ das Haus, um einzukaufen und einen Arzt aufzusuchen. Warum hat sie nichts getan? Am Abend vor Karolinas Tod gingen Mehmet und Zaneta zu einer Nachbarin, er wollte telefonieren (den eigenen Apparat hatte er nämlich auf dem Kopf des Kindes zertrümmert). Sie ließ sich von der Nachbarin währenddessen die Krippe zeigen. Warum um Himmels willen hat sie nicht um Hilfe gebeten?

Zaneta war nicht paralysiert durch jahrelangen Terror ihres Partners, ihre Kräfte waren nicht aufgezehrt von einem nicht enden wollenden Martyrium. Mit Mehmet war sie erst wenige Wochen zusammen, in denen man leidlich miteinander auskam – bis auf die vier Schreckenstage Anfang 2004.

Der Münchner forensische Psychiater Norbert Nedopil beurteilt Mehmet als einen dissozial und emotional instabil gestörten, schwerst Drogen- und Tablettenabhängigen und von Alkoholmissbrauch Geschädigten. An jenen Tagen kann er nicht bei Sinnen gewesen sein, so wie er gewütet hat, vor allem nachts.

Karolina wollte er „erziehen“, wollte sie mit Gewalt zum Bravsein zwingen. „Was hat sie denn getan?“, fragt der Vorsitzende Richter der 1. Strafkammer des Landgerichts Memmingen, Götz Helms, fassungslos. Nichts hatte das Kind getan. Vielleicht fielen mal Brotkrumen zur Erde, vielleicht schlief es nicht auf Befehl ein. „Ja, was meinen Sie, was passiert, wenn Sie ein so kleines Kind mit dem Kopf gegen die Wand schlagen? Welchen erzieherischen Zweck soll das haben?“, fragt der Staatsanwalt, der wegen Mordes angeklagt hat.

Wer glaubt, dass die Behandlung mit Methadon für Suchtkranke sinnvoll ist, wird hier eines anderen belehrt. Mehmet spritzte sich Methadon, er trank es, er warf sich Tabletten unterschiedlichster Art in ungeheuren Mengen ein. Immer wieder musste er entgiftet werden, neue Therapieversuche, wieder gescheitert, wieder auf der Suche nach dem Kick, wieder das alte Leid, jahraus, jahrein. Aggressive Ausbrüche, Gewalttaten, unberechenbares Verhalten jenseits von Sinn und Unsinn – kaum ein Zeuge, der nicht von Mehmets Freundlichkeit und Hilfsbereitschaft zu berichten weiß, auch zu Karolina sei er anfangs nett gewesen. Andererseits die Exzesse, wenn er nicht genug Stoff hatte oder das Zusammenwirken der Substanzen ihn außer Rand und Band geraten ließen.

„Ich wollte nicht, dass das Kind stirbt“, sagt er reuevoll, „ich tu jeden Abend beten, auch für die Kleine. Ich wollt halt nur, dass dieses

Geschrei, diese hohe, dünne Stimme – ich bin darauf halt irgendwie explodiert."

Dass er, obwohl er gesteht, sein Verhalten beschönigt, dass er versucht, die zahllosen Grausamkeiten auch auf die Mutter zu verteilen, wer will es ihm verdenken. Jeder hält sich selbst für einen besseren Menschen, als er tatsächlich ist. Das Kind „habe was gekriegt", sagt er, und es klingt nach einem Geschenk. Aber nein: Schläge hat es gekriegt. Der Kopf sei „gegen die Wand gekommen". Er habe Karolina „ein bisschen grob auf den Boden getan". Ihre Fingerspitzen verbrannte er, „damit sie nicht an die Methadonflaschen geht". Aber warum hat er ihr die vielen über den ganzen Körper verteilten Brandwunden zugefügt?

„Ist Zaneta mit Ihnen ins Bett gegangen, damit Sie das Kind nicht weiter brennen?", fragt Nedopil, „das ist doch eine Situation, in der eine Mutter den Verstand verliert!" Nein, sagt Mehmet, Zaneta habe auch gebrannt. „Haben Sie sich daran ergötzt? Zum Schlagen braucht man nicht viel Verstand. Aber das Brennen ist komplizierter. Man bedarf vielleicht sogar eines Dritten. So ‚erzieht' man nicht mal einen Hund", hält ihm Nedopil vor.

„Ich hab meine Hunde nie verbrannt, ich hab so was nicht gemacht", wehrt sich Mehmet. „Eben", antwortet der Sachverständige. Was sollte dem Kind abgewöhnt werden? Warum wurde es immer und immer wieder mit den heißen Plastikflaschen gequält? Es gibt auch eine sadistische Persönlichkeitsstörung, die mit sexueller Triebbefriedigung nichts zu tun hat, sondern nur das Selbstwertgefühl erhöht – das Ergötzen am Schmerz des Opfers zur Bestätigung eigener Macht.

Ein Videofilm wird gezeigt, es geht um die Rekonstruktion der Taten und die Frage, welche Schläge zum Tod führten. Zaneta tritt auf. Sie hatte bis dahin das Haus in Biberachzell, wo sie mit Karolina und Mehmet wohnte, seit dem Tod des Kindes nicht wieder betreten.

Eine lebensgroße Puppe soll Karolina darstellen. Wer nun erwartete, die Mutter bringe es kaum über sich, die Räume des Schreckens wieder zu betreten und zu zeigen, wie die Kleine gepeinigt wurde – er sieht sich getäuscht. Die Frau wirkt ungerührt. Hier, da schlug der Kopf auf. Gegen dieses Eck der Kommode prallte das Gesicht. In dieses Kellerloch wurde sie „gestellt". Mehmet schaut sich den Film an, ohne die Miene zu verziehen.

Ein außergewöhnlicher Einzelfall? Das Landgericht Erfurt hatte vor kurzem über die Tötung des zweieinhalb Jahre alten Jonny-Lee zu verhandeln, der von seiner 31 Jahre alten Mutter und deren 38 Jahre altem Freund, auch er einer jener ominösen „Lebensgefährten“, die kommen und gehen wie die Jahreszeiten, geschunden worden war, dass es Gott erbarme. Das Bild des toten Jungen, sagte der Vorsitzende Richter Holger Pröbstel, habe ihn im Schlaf verfolgt.

Auch Jonny-Lee, jüngstes von drei Kindern der Mutter, war den Erwachsenen mit seinem Weinen auf die Nerven gegangen wie Karolina. Denn Tage – oder waren es Wochen? – vor seinem Tod hatte der Junge eine, wie es im Urteil hieß, äußerst schmerzhafte „zirkuläre Ablösung der äußeren Knochenhülle“ am rechten Oberarm erlitten, die wohl durch einen massiven Zug nach hinten, verbunden mit einer Drehbewegung des Armes, entstanden war. Diese Verletzung wurde nicht behandelt. Sie sei nicht versichert gewesen, erklärte die Mutter vor Gericht. „Dann wäre an mir die Arztrechnung hängen geblieben“, entschuldigte sich der Freund.

Lebensumstände von Kindern heute: die Mutter, eine Trinkerin, die tagelang nicht heimkam; die Älteste, 13 Jahre alt und mitten in der Pubertät, mit der Mutterrolle heillos überfordert, heute ist sie in der Psychiatrie; Väter, Lebensgefährten, mal der, mal jener; der Fünfjährige, der die Mutter bittet, mit dem Trinken aufzuhören. Schläge, Verwahrlosung, Trostlosigkeit ohne Ende.

Vor Gericht gab sich der Freund der Mutter als gutherziger Ersatzvater aus, der sich als Einziger um die Kinder gekümmert habe. „Eine Frau mit solchen Problemen und drei vaterlosen Kindern – bindet man sich das als Mann ans Bein?“, wunderte sich der Vorsitzende. „Das war doch kein Leben für diese Kinder“, antwortete der Angeklagte. Einem Zeugen aber war aufgefallen, dass Jonny-Lee Schläge ohne zu schreien oder zu weinen über sich ergehen ließ, also offenbar daran gewöhnt war.

Mag sein, dass der Freund, als er sich mit der Mutter einließ, anfangs versuchte, etwas „Ordnung“ in das Chaos zu bringen. Letztlich fiel ihm anderes als Schlagen aber auch nicht ein. Es waren ja nicht seine Kinder.

Am Abend vor Jonny-Lees Tod am 11. April 2004 hatte die Mutter drei Flaschen Wein getrunken. Der Fünfjährige sagte bei der Polizei, Jonny-Lee habe wegen seines schmerzenden Armes geweint. Die

Mutter habe ihrem Freund das Kind überlassen. Am Morgen sei der Bruder tot gewesen.

An seiner Leiche fanden sich mehr als 30 Tritt- und Schlagspuren vom Absatz eines Stöckelschuhs und der Abdruck eines Männerschuhs. Die Kammer konnte nicht feststellen, wer der beiden Angeklagten auf das Kind eingehämmert, wer sich auf den kleinen Körper gekniet hatte, bis die Leber zerquetscht wurde, wer dem Jungen dabei den Mund zuhielt. Doch einer allein hätte die Verletzungen wohl nicht beibringen können.

Die Erfurter Kammer verurteilte in erster Instanz beide zu zwölf Jahren Freiheitsstrafe wegen Totschlags. Sie ging um drei Jahre über den Antrag der Staatsanwaltschaft hinaus. Die Trunkenheit der Mutter wurde nicht strafmildernd gewertet.

In Memmingen wird noch darüber verhandelt, wessen Idee es war, die tief bewusstlose, nackte Karolina in ein Laken zu hüllen, in eine Sporttasche zu stecken und in der Damentoilette eines Weißenhorner Krankenhauses abzulegen. Ein Beweis dafür, dass das Kind gerettet werden sollte? Wohl kaum. Anschließend machten sich Mehmet und seine polnische Freundin nach Italien auf. Sie kamen bis Brindisi. Mehmet wollte in die Türkei, Zaneta nicht. Jetzt informierte sie die Polizei.

Kinder, Mutterschaft: In Memmingen wurde einst um das ungeborene Leben gekämpft. Wer kämpft für das geborene, für Kinder wie Karolina und Jonny-Lee?

Das Landgericht Memmingen verurteilte am 21. April 2005 Zaneta C. zu einer Freiheitsstrafe von nur fünfeinhalb Jahren wegen Misshandlung einer Schutzbefohlenen, Mehmet A. zu zehn Jahren und drei Monaten, gemildert wegen erheblich verminderter Steuerungsfähigkeit. Der Bundesgerichtshof hob auf die Revision der Staatsanwaltschaft, die wegen Mordes angeklagt hatte, die Urteile auf und verwies die Sache ans Landgericht München II. Dort verhandelte die 1. Schwurgerichtskammer mit dem Vorsitzenden Walter Weitmann die Sache mit dem Ergebnis, dass beide Angeklagte im Mai 2006 zu Lebenslang wegen Mordes aus Grausamkeit und niedrigen Beweggründen in Tateinheit mit Misshandlung einer Schutzbefohlenen verurteilt wurden. Das Gericht stellt bei A. überdies eine besondere Schwere der Schuld fest. Von einer Milderung der Strafe für die Mutter, weil diese sich etwa mehr eines Unterlassens denn eines aktiven Tuns schuldig gemacht habe, sah das Gericht ab.

Die Kammer ignorierte dabei nicht nur den Antrag der Staatsanwaltschaft, die für die Frau acht Jahre gefordert hatte, sondern sie setzte sich nach einer heftigen Auseinandersetzung Weitmanns mit dem Psychiater Norbert Nedopil auch über dessen Expertise hinweg. Nedopil hatte vor allem A.s Drogen-, Alkohol- und Tablettenmissbrauch geltend gemacht und eingewandt, dass bei ihm eine Borderline-Störung vorliegen könne.

„Ich sollte mich schämen“

Prozesse um verhungerte und verwahrloste Kinder erschüttern die Öffentlichkeit

SPIEGEL 50/2005, 15. MAI 2005

Mitten im Gerichtssaal steht eine Kühltruhe, 52 Zentimeter breit, 52 tief, 86 hoch, ihr Fassungsvermögen ist wegen der Isolierung gering. Die Robenträger umkreisen sie zögernd. Der Staatsanwalt streift sich Handschuhe über, er will etwas demonstrieren. Er hebt den Deckel.

Wie vom Blitz getroffen, weichen die Prozessbeteiligten zurück. Die Protokollführerin rennt zu den Fenstern und reißt eines nach dem anderen auf. Jetzt merken es auch die Zuschauer. Die ersten flüchten aus dem Saal. Auch die Richter ziehen sich so eilig, wie es ihre Würde gerade noch zulässt, ins Beratungszimmer zurück. Nur die Angeklagten verharren, als wäre ihnen als Strafe zusätzlich auferlegt, das Grauen einzuatmen.

Denn es stinkt fürchterlich. Die Truhe ist zwar leer. Doch der Verwesungsgeruch erfasst nicht nur im Nu den gesamten Schwurgerichtssaal des Cottbuser Landgerichts, er nistet sich auch in den Köpfen der Zuschauer ein als ständiger Begleiter jedes Gedankens an den Fall „Dennis“, den Jungen, den seine Mutter in diese enge Kühltruhe in der Küche pferchte, nachdem sie ihn laut Anklage hatte verhungern lassen. Zweieinhalb Jahre lang steckte Dennis darin. Täglich stand seine Mutter davor. Irgendwann würde jemand den Deckel heben. Es – und er – würde herauskommen.

Solche Fälle bringen selbst die Justiz durcheinander. Je größer das Entsetzen, desto spektakulärer werden sie bisweilen präsentiert, als genügte die nüchterne Erörterung nicht mehr. Im Prozess um das verhungerte Mädchen Jessica in Hamburg brachten Fotos der nackten Kinderleiche auf Großleinwand die Zuschauer fast um den Verstand. In Cottbus Leichengeruch. Wird man demnächst das nachgestellte Gurgeln eines Opfers beim Erwürgtwerden zu hören bekommen oder das Stöhnen eines Vergewaltigers?

Dennis starb 2001, noch nicht einmal sieben Jahre alt. In der Kühltruhe gefunden wurde er am 21. Juni 2004. Weil das Kind zur Todeszeit hineingepasst hatte, schlossen die Rechtsmediziner aus den mumifizierten Resten auf Unterernährung, ein gesunder Junge wäre viel zu groß gewesen. Wie Jessica konnte Dennis am Ende seines

Lebens nicht mehr laufen, kaum sitzen, nicht mehr sprechen, sondern nur noch Töne von sich geben. Dennoch sind die Eltern, Angelika und Falk B., 44 und 38 Jahre alt, nicht wegen Mordes, sondern wegen Totschlags angeklagt. Die Kammer hält auch eine Verurteilung nur wegen Körperverletzung mit Todesfolge für denkbar.

Frau B.s Verteidiger ließ, gleichsam als Kontrapunkt zur schaurigen Kühltruhenpräsentation, einen Film des WDR mit dem Titel „Keiner hat was gemerkt“ vorführen. Später sagte er, der Film „zeigt die Persönlichkeit der Angeklagten, wie sie durch die Medien noch nicht dargestellt wurde“. Kommt es darauf etwa an? Der einfühlsam und kunstvoll komponierte Film suggeriert ein scheinbar fertiges Bild der Angeklagten und ihrer Gedankenwelt. Doch was wurde von den Filmemachern weggelassen? Man weiß es nicht, man glaubt nur zu wissen.

Prozessualer Schnickschnack? Die bedrückenden Taten erscheinen dadurch zwangsläufig noch unmenschlicher. Und die Richter reagieren bewusst oder unbewusst irritiert darauf, die einen schroffer als sonst, andere entgegenkommender.

Angelika B. bringt vor, sie habe den langsam verfallenden Jungen nicht zum Arzt gebracht, weil es „ein Horror“ für sie gewesen sei, in Wartezimmern herumzusitzen. Im Film heißt es, Ärzte hätten bei ihr eine Agoraphobie festgestellt, also Platzangst. Der Vorsitzende, er will wohl kein Unmensch sein: „Dann muss es Ihnen ja besonders schwerfallen, hier zu sitzen!“ Er fragt nicht, warum sie dann nicht ihren Mann mit dem Kind zum Arzt geschickt hat.

Angelika B. hat 1981, 1984, 1985, 1986, 1992, 1993, 1995, 1996, 1997, 1998 und 1999 ein Kind geboren. Das erste gab sie zur Adoption frei, Nummer zwei, drei und vier kamen ins Heim, fünf und sechs wurden ebenfalls adoptiert. Dennis war das siebte Kind. Ihn ließ die Mutter nach der Geburt 1995 eineinhalb Jahre im Heim, laut Film, weil sie angeblich mit den „vielen kleinen Kindern“ nicht zurechtkam.

Im selben Jahr stürzt oder springt die Mutter betrunken vom dritten Stock in die Tiefe und überlebt schwer verletzt. Sie ist mit Nummer acht schwanger. Sie sagt, zu Dennis sei die „Bindung halt nicht so wie zu den anderen Kindern“ gewesen. Eine Erklärung dafür, dass sie ihn sterben ließ?

Dennis ist nicht gestorben, weil es nicht genug zu essen gab. Für Alkohol und Zigaretten reichte es immer. Die Familie lebte von

Sozialhilfe und vom Kindergeld, und wenn nichts mehr da war, ging man zum Sozialamt (meist zwei- bis dreimal im Monat) und beantragte dort Lebensmittelgutscheine oder Kleidung. Dann kam eine Sozialarbeiterin und schaute in den Kühlschrank, ob der wirklich leer war. Warum schaute sie nicht mal in die Kühltruhe? Oder nach den Kindern. Der Vorsitzende fragt nicht nach.

An den Kindern sei ihr nichts aufgefallen, sagt die Zeugin vom Amt. Es habe nach Urin gerochen, wie es bei Kleinkindern eben rieche. Ob da vier oder fünf herumtobten? Sie weiß es nicht. Sie wusste nie, wie viele Kinder es bei den B.s tatsächlich gab, ihr Auftrag war ja nur die Prüfung des Kühlschranks.

Dennis soll am 20. Dezember 2001 gestorben sein, zu einer Zeit, als die Geschwister den Weihnachtsmarkt besuchten.

In der ersten Panik habe sie ihn in einem Bettkasten vor den Geschwistern versteckt, sagt die Mutter, später in der Kühltruhe. Den Ehemann beschwichtigte sie, der Junge sei von einem Hubschrauber abgeholt und in eine Berliner Klinik geflogen worden, er müsse über lange Zeit behandelt werden. Diese Geschichte erzählte sie auch, als Dennis' Einschulung anstand. Man glaubte ihr, denn sie galt als kooperativ. Mit Frau B. gab es keinen Ärger.

„Haben Sie gefragt, warum das Kind abgeholt wurde?", will der Vorsitzende vom Vater wissen. Ja, schon, sagt Herr B., aber er wisse vieles nicht mehr. Nur, dass die Mutter zu Dennis besonders unfreundlich war. Der Junge habe ihm leidgetan. „Ich habe nichts gesagt, damit es nicht wieder Theater gibt", sagt er.

Der Vorsitzende fragt Herrn B., warum seine Frau mit Dennis nicht zum Arzt ging. „Weil der nicht sehen sollte, dass er so dünne ist?" B. brummt etwas.

Er sagt manches, was fragen lässt, warum Jessicas Eltern in Hamburg wegen Mordes verurteilt wurden, gegen Dennis' Eltern in Cottbus aber wie im Schongang verhandelt wird. An einem der ersten Sitzungstage liest Herr B. eine Erklärung ab, die sein Verteidiger für ihn aufgesetzt hat: Er verstehe die Fragen des Gerichts meist nicht, sage viel Falsches, er habe laut Gutachten einen IQ von 60, könne kaum lesen und schreiben. Eine Erklärung für Dennis' Tod?

Lautstark nach dem Jungen gefragt hat der Vater offenbar nur, wenn er betrunken war. Die großen Söhne aus Frau B.s erster Ehe schwiegen beklommen, um nicht an Unsäglichem zu rühren. Geahnt, gespürt hat wohl jeder etwas. Hätten sie fragen sollen: Mutter, was hast du mit unserem Bruder gemacht? Wie gehen sie künftig mit dieser Last um?

In Hamburg stehen zurzeit Eltern unter dem Verdacht fahrlässiger Tötung vor Gericht, weil eines ihrer sechs Kinder 2004 an einem Hirnödem gestorben war: die zweijährige Michelle, erkrankt an Mandelentzündung, mehr als 24 Stunden mit der vierjährigen Schwester eingesperrt, die das Sterben, das sie nicht begriff, mitansehen musste. Als die Polizei in die Wohnung kam, stieß sie auf Dreck, Schimmel, Müll, Kot, auf Kinderzimmertüren ohne Klinken, die sich nur einen Spalt öffnen ließen, weil sich dahinter Unrat türmte. Irgendwann haben sich die Eltern den Anblick offenbar nicht mehr angetan.

Die Geschwister, die in diesem Chaos dahinvegetierten – sie waren dünn und blass, schwer verhaltensgestört. Sie konnten nicht oder kaum laufen, nicht verständlich sprechen, sie lächelten nicht, sie reagierten nicht, sie wussten nicht, was das ist – nach draußen gehen, spielen, Treppen steigen. Sie kannten keine geregelten Mahlzeiten, stopften wahllos in sich hinein, wenn sie Essbares fanden. Was wird aus ihnen werden?

Der Älteste, sechs Jahre alt, wusste nicht, dass man einen Baum Baum nennt, er konnte keinen Stift halten. Die Kinder wussten nicht, was es heißt zu baden, was eine Dusche ist und dass man Zähne putzt.

Toilette? Sie urinierten und koteten ins Bett und auf den Boden. Dass Michelles Füße missgebildet waren, will der 28 Jahre alten Mutter erst nach dem Tod des Kindes aufgefallen sein.

Die Frau, als Altenpflegerin ausgebildet, ist schon wieder schwanger, mit dem Siebten. Im Jahr 1999 gebar sie zweimal, dann jedes Jahr. Der 34 Jahre alte Vater, auch Altenpfleger und Rettungssanitäter, vertrieb sich seine Freizeit mit Computerspielen: „Wir waren verzweifelt und wollten uns nichts anmerken lassen.“

Die Mitarbeiterin vom Jugendamt habe „nur genervt mit ihren Vorschriften“, sagt die Mutter. Zum Arzt habe sie mit Michelle nicht gehen können, „weil nur die beiden Ältesten krankenversichert sind“. Bei den jüngeren Kindern habe sie sich nicht um Geburtsurkunden gekümmert, ohne die die Kinder nicht versichert werden könnten. Die Frau hat offenkundig kein Gespür für ihre Kinder, keine Bindung an sie. Die Behörden täuschte sie wie Dennis’ Mutter. Ein weiterer Einzelfall?

In einer Dachwohnung entdeckte die Hamburger Polizei zwei Kleinkinder, die dort unter kaum vorstellbaren Bedingungen lebten. In Fürstenwalde zwei verwahrloste Drei- und Eineinhalbjährige. In Düsseldorf drei verkotete Kinder in der Wohnung ihrer Mutter und so fort.

Die Fälle nehmen nicht zu, sondern sie werden nur bewusster wahrgenommen, wenn das Thema Konjunktur hat wie jetzt, nach einigen spektakulären Vorkommnissen. Zur Erinnerung: Vor Jahren beherrschte ein anderes Thema die Schlagzeilen – der sexuelle Kindesmissbrauch. Aus nichtigstem Anlass wurden Familien auseinandergerissen, die Kinder in Heime gesteckt. Die Behörden reagierten mit einer Entschlossenheit, die sie in Fällen von Verwahrlosung und Misshandlung nur selten aufbringen.

Wenn Menschen mit ihrem eigenen Leben nicht zurechtkommen, sind die Hauptleidtragenden meist ihre Kinder. Sie werden in die Welt gesetzt, weil Erwachsene meinen, dadurch eher einen Platz in der Gesellschaft zu gewinnen, selbst wenn alles dagegen spricht. Mütter gebären Kinder auf der Suche nach einer heilen Familie, obwohl sie keinem eine Mutter sein konnten. Angelika B. wollte mit den Geburten angeblich ihrer „inneren Leere“ entfliehen.

Gerade Eltern, die Hilfe bitter nötig hätten, wollen sich oft von Behörden nicht reinreden lassen, sie wollen ihre Überforderung nicht wahrhaben und nicht als Versager gelten wie im Fall „Michelle“. Hilfsangebote erreichen sie nicht. Gegen Kontrollen wehren sie sich, und sei es durch Umzug, auf Anschreiben und Aufforderungen reagieren sie nicht. Da ist es schon viel, wenn Michelles Mutter heute sagt: „Ich weiß, ich sollte mich schämen.“ Sie sagt nicht: Ich schäme mich. Einsicht? Wohl kaum. Sie bagatellisiert, sucht die Schuld weiterhin bei den Ämtern oder den widerspenstigen, bösen Kindern.

Menschen setzen Kinder in Serie in die Welt, weil sie Kondome nicht mögen oder die Pille angeblich nicht vertragen oder weil man auch vom Kindergeld leben kann. Sie reden von Angst vor Ärzten und haben eine Abneigung gegen Regeln. Sozialarbeiter, denen trotz Alarmzeichen nichts aufgefallen sein will, reden sich heraus, dass sie den Entwicklungsstand von Kindern oder ihre Therapiebedürftigkeit nicht beurteilen könnten. Oder dass ihnen die Zustände einfach nicht mehr aufgefallen seien oder dass der zuständige Kollege im Urlaub oder krank war.

Emotional verwüsteten und geschundenen Kindern wie Michelles oder Dennis’ Geschwistern wird Mitleid zuteil, solange sie klein sind und als Opfer gelten. Was bei ihnen zurückbleibt, was nicht wegtherapiert werden kann und nicht zuheilt, ist heute noch gar nicht abzusehen. Diese Kinder sind geprägt fürs Leben von der häuslichen Hölle, selbst wenn sie ihr gerade noch entkamen. Später, wenn es bei ihnen im Leben nicht klappt und sie mit dem eigenen Nachwuchs scheitern wie ihre Eltern, nennt man sie Monster.

Das Landgericht Cottbus verurteilte Dennis’ Eltern 2006 zu Lebenslang. Der Bundesgerichtshof hob das Urteil auf, weil er das Mordmerkmal der Grausamkeit als nicht erfüllt ansah, und wies den Weg zu zeitigen Freiheitsstrafen. Daraufhin wurden 2007 die Mutter zu einer Freiheitsstrafe von 13 und der Vater zu elf Jahren wegen Totschlags verurteilt.

Die Eltern von Michelle wurden, weil sie „völlig überfordert“ gewesen seien, vom Landgericht Hamburg wegen fahrlässiger Tötung zu Freiheitsstrafen von jeweils drei Jahren verurteilt. Damit ging das Gericht über die Forderung der Staatsanwaltschaft hinaus, die Bewährungsstrafen von zwei Jahren beantragt hatte.

Vieles schöngeredet

Der grausame Fall Kevin in Bremen

Spiegel 24/2008, 9. Juni 2008

Am 10. Oktober 2006, dem Tag, an dem sich die Bremer Behörden endlich ihrer Pflicht besannen, ein Kleinkind vor einem offenbar gewalttätigen Drogensüchtigen vielleicht doch schützen zu müssen, und sie mithilfe eines Mobilen Einsatzkommandos der Polizei dessen Wohnung mit einer Eisenramme aufbrachen, um das Kind herauszuholen – da war es zu spät. Die Beamten stürmten durch die Zimmer, das Kind schien nicht da zu sein. Erst als der Wohnungsinhaber Bernd K. teilnahmslos murmelte: „Meine Frau ist letztes Jahr gestorben. Mein Sohn ist tot. Es war ein Unfall. Ich bin nur kurz aus dem Zimmer gegangen, aber das glaubt mir ja eh keiner. Ich mag das gar nicht sagen, er ist in der Küche" – da fand man, als der Kühlschrank geöffnet wurde und stechender Leichengeruch entwich, ein Bündel von Haut und Knochen. Kevin war nur zweieinhalb Jahre alt geworden.

Seitdem ist der Bremer Fall ein Symbol für Behördenversagen, falsche Politik und vor allem die verheerenden Folgen sozialromantischer Toleranz gegenüber Drogensüchtigen. Nicht nur in Bremen mit seinen zahlreichen Hilfseinrichtungen, sondern auch in anderen Städten brach nach „Kevin" Aktionismus aus: neue Konzepte, Erlasse, mehr und neue fachliche Weisungen und Dienstpläne, mehr In-Obhut-Nahmen (dafür von kürzerer Dauer, denn das Geld ist ja knapp), woran sich bereits wieder Kritik entzündet. Manche Behörden scheinen nun mehr denn je mit sich und ihrer Neuorganisation beschäftigt zu sein, und vieles davon ist nur Kosmetik. Wer im Fall Kevin versagte, ist in Bremen heute mit der Neufassung des Fehlermanagements befasst. Wer damals Vorschriften nicht befolgte, überarbeitet sie jetzt.

In jedem spektakulären Fall von Kindesmisshandlung oder Kindesmord gerät seit „Kevin" fast reflexhaft erst einmal das jeweilige Jugendamt unter Beschuss, manchmal zu Unrecht. Die Verunsicherung der Mitarbeiter wächst, das Vertrauen in ihre Arbeit schwindet. Doch auch den Strafgerichten, die nach solchen Fällen über die Täter, meist die Eltern, urteilen sollen, gelingt es nicht immer, das Vertrauen der Bürger wenigstens in die Justiz zu stärken, zumal wenn ihre Entscheidungen und Urteilsbegründungen nicht verstanden werden.

Kevin wurde am 23. Januar 2004 in katastrophale Umstände hineingeboren: der Vater unbekannt, die Mutter drogensüchtig, alkoholkrank, HIV-positiv und mit Hepatitis B und C infiziert. Sie erlitt im Jahr darauf eine Totgeburt und starb wenige Monate später an einem Milzriss. Kevin stand fortan unter Amtsvormundschaft. Denn Bernd K., heute 43, der ebenfalls drogensüchtige Freund der Mutter, war zwar der Vater des totgeborenen Kindes, nicht aber auch Kevins Vater. Ob er sich dafür hielt oder nur als solcher ausgab, weil er dadurch an Geld vom Staat kam, steht dahin. Vom Tod der Mutter an blieb der Junge jedenfalls in K.s Gewalt, trotz fehlender Rechtsgrundlage.

Im Fall Kevin ist viel verharmlost und schöngeredet worden bis zum Ende der Hauptverhandlung vor der Großen Strafkammer IV des Bremer Landgerichts, die sich mehr als sieben Monate lang mit dem Tod dieses kleinen Jungen beschäftigte. Die Verteidigung versuchte, Zweifel an den medizinischen Befunden und der von vielen Zeugen bekundeten Gewaltbereitschaft des Angeklagten zu wecken. Das darf sie, das muss sie sogar. Dass im Urteil aber festgestellt wurde, die Aggressivität des Angeklagten sei stets nur gegenüber Erwachsenen zutage getreten, verwundert schon.

Nur die Staatsanwaltschaft hielt bis zum Schluss an ihrer Auffassung fest, dass, wer einem Kleinkind unter Einsatz massivster Gewalt die Beinchen biegt wie einen Ast, der brechen soll, dass sogar der bei Kindern noch flexible Röhrenknochen des Oberschenkels komplett durchtrennt wird, nicht nur grausam handelt, sondern auch in Kauf nimmt, dass das Kind solche überaus schmerzhaften Attacken nicht überlebt. Kevins Knochengerüst wies schon zu Lebzeiten mindestens 21 Knochenbrüche durch rohe Misshandlung auf. Gegen die höllischen Schmerzen gab es Drogen und Beruhigungsmittel, damit Kevin auf Außenstehende „brav“ wirkte.

Die Bremer Strafkammer ist Staatsanwalt Daniel Heinke, der eine Freiheitsstrafe von 13 Jahren wegen Mordes gefordert hatte, nicht gefolgt, sondern der Verteidigung. Sie verurteilte Bernd K. nur wegen Körperverletzung mit Todesfolge und Misshandlung Schutzbefohlener zu zehn Jahren. Das klingt zwar nicht nach einem unangemessen milden Urteil. Doch da wegen K.s Drogenabhängigkeit auch die Unterbringung in einer Entziehungsanstalt angeordnet wurde, bedeutet das nach Rechtslage de facto, dass K. drei Jahre im Gefängnis wird verbüßen müssen und sich dann im Maßregelvollzug einer zwei Jahre währenden Therapie zu unterziehen hat. Ist die Behandlung erfolgreich, könnte er in fünf Jahren schon wieder freikommen. Wenn die Aussichten auch nicht besonders gut stehen – die Chance hat er jedenfalls.

Vor dem Landgericht Schwerin muss sich zurzeit ein junges Paar verantworten, das der Verweigerungshaltung seiner „bockigen" fünfjährigen Tochter Lea-Sophie so lange tatenlos zugesehen hatte, bis das abgemagerte und von Geschwüren befallene Kind nicht mehr zu retten war. Auch hier sah die Staatsanwaltschaft das Mordmerkmal der Grausamkeit als erfüllt an, weil dem Tod ein wochenlanger Leidensweg vorangegangen war. Doch auch in Schwerin erwartet die Angeklagten wohl nicht Lebenslang, es ist aber auch ein ganz anderer Fall.

Denn die Juristen fragen: Wie lange tut Hunger weh? Von den Rechtsmedizinern erfahren sie dann, dass dem Bedürfnis nach Nahrungsaufnahme rasch ein erhöhtes Schlafbedürfnis folge, dann sinke die Körpertemperatur, und der Hungernde falle ins Delirium. Der Tod ist daher im Rechtssinne nicht „grausam", weil das Opfer das Sterben ja nicht mehr merkt. Für Nichtjuristen kaum nachvollziehbar.

Kevin aus Bremen hat die letzte und schwerste Misshandlung, die Durchtrennung des Oberschenkelknochens, möglicherweise kurze Zeit überlebt, bis eine Fettembolie in der Lunge sein Herz versagen ließ. Vielleicht war er wegen der übergroßen Schmerzen bewusstlos und hat den Todeseintritt nicht als qualvoll empfinden müssen. Also keine Grausamkeit. Dass ihm im Lauf seines kurzen Lebens Dutzende Knochen gebrochen worden waren, spielt dann für die Frage nach einem Mordmerkmal, das nur für den unmittelbaren Tötungsakt gilt, keine Rolle mehr.

Entsprechend der Rechtslage war K. auch nicht wegen bedingten Tötungsvorsatzes zu verurteilen. Der Vorsitzende Helmut Kellermann verwies auf die Rechtsprechung des Bundesgerichtshofs: Es sei Allgemeinwissen, so die Karlsruher Richter, dass erhebliche Gewalt gegen den Kopf eines Kleinkindes zum Tod führen könne. Aber gibt es ein solches Allgemeinwissen auch, wenn „nur" die Extremitäten betroffen sind? „Woher weiß man, dass nach einem Oberschenkelbruch eine Fettembolie entstehen kann, die zum Tod führt?", fragte Kellermann, um die Frage sogleich zu verneinen: „Ein solches Allgemeinwissen musste der Angeklagte nicht haben." Also nicht Mord, nicht Totschlag, sondern Körperverletzung mit Todesfolge.

Diese Argumentation mag rechtlich nicht zu beanstanden sein, und für das Rechtsgefühl der Menschen spielt es vielleicht auch keine Rolle, unter welchem Paragrafen ein Tatbestand subsumiert wird. Gleichwohl bleibt ein unbefriedigender Eindruck. Hier über lange Zeit geschundene hilflose Kinder, denen niemand beisteht, auch nicht der Staat. Die Cottbusser Behörden ließen sich von der Mutter Dennis' beschwatzen und kümmerten sich nicht mehr um das Kind. Kevin befand sich unter Amtsvormundschaft, geholfen hat es ihm nicht. Und dort Täter, denen der Rechtsstaat alle möglichen Wohltaten prozessualer Fairness gewährt. Sie haben das „gute Recht“ zu schweigen und ihre Tat im Ungewissen zu lassen; sie kommen in den Genuss einer Strafmilderung, wenn sie Drogen nehmen; die Justiz achtet penibel auf ihre Persönlichkeitsrechte und Menschenwürde; der frühe Weg in die Freiheit ist schon gebahnt. Wer das steigende Strafbedürfnis der Bürger beklagt, muss sich fragen, ob es dafür nicht ernstzunehmende Gründe gibt.

Der Staat und die Rechtspflege leben von der Akzeptanz ihrer Spielregeln. Das gelingt aber nur, wenn das Handeln von Behörden und Justiz einleuchtet und nachvollziehbar ist. Recht hat nur wenig mit Moral zu tun, gewiss. Aber ohne Moral ist das Recht nicht glaubwürdig.

K. wurde zugutegehalten, er habe nicht erkannt, dass er Kevin durch seine wüsten Angriffe in Todesgefahr brachte. Das klingt zynisch und das Opfer missachtend. Jeder Laie dürfte wissen, was geschieht, wenn mit einem Baby so umgegangen wird wie mit Kevin, egal, ob zufällig Kopf, Bein, Bauch oder Rücken des armen Wurms attackiert werden. Egal, ob geschlagen, getreten, geschleudert, gequetscht, zerschmettert oder zerbrochen wurde. Es ist ebenfalls zynisch zu argumentieren: Kevin habe doch bisher die Verletzungen überlebt – wieso musste nun mit seinem Tod gerechnet werden? Hätte es etwa endlos so weitergehen sollen?

Es ist viel schöngeredet worden in dem Fall. Das Gericht glaubte K. seine guten Absichten, seine Bindung an das Kind und den Traum vom bürgerlichen Leben. Wer professionell mit Drogensüchtigen zu tun hat, erkennt in diesem Angeklagten dagegen den klassischen Junkie, der, von der Sucht getrieben, lügt und betrügt, dem jedes Mittel recht ist zur Beschaffung weiteren Stoffs.

K. wurde von den Bremer Anwälten Jörg Hübel und Thomas Becker verteidigt. Becker war maßgeblich daran beteiligt gewesen, dass Kevin nach seiner Geburt an das erkennbar erziehungsunfähige Drogenpärchen herausgegeben wurde. Er hat dem Angeklagten auf einen Weg geholfen, auf dem dieser scheitern musste. Wen hat Becker hier eigentlich verteidigt – den Angeklagten oder sich selbst? Auch so etwas stärkt nicht das Vertrauen des Bürgers in eine funktionierende Justiz.

Kevins Tod löste eine bundesweite Debatte über Kinderschutz aus, Gesetze wurden geändert, nie wieder sollte so etwas passieren. Ulrich Mäurer, damals Bremer Justizstaatsrat, veröffentlichte Ende Oktober 2006 eine Dokumentation über all das, was schiefgelaufen war. Die Bremer Sozialsenatorin trat zurück, der Leiter des Jugendamtes wurde suspendiert. Die Staatsanwaltschaft ermittelte wegen des Verdachts der Verletzung der Fürsorgepflicht gegen die beteiligten Mitarbeiter des Amts für Soziale Dienste. Die Bremische Bürgerschaft setzte einen parlamentarischen Untersuchungsausschuss ein.

Die Eltern von Lea-Sophie wurden im Juli 2008 vom Landgericht Schwerin wegen Mordes durch Unterlassen in Tateinheit mit Misshandlung Schutzbefohlener jeweils zu einer Freiheitsstrafe von elf Jahren und neun Monaten verurteilt.

„Der Mann war der Grund"

Sabine H., die neun Säuglinge getötet hat, wurde wieder zu einer Freiheitsstrafe von 15 Jahren verurteilt

Spiegel 16/2008, 14. April 2008

Die Frage, welches Ereignis in ihrem Leben sie für das wichtigste halten, das sie nie vergessen könnten, beantworten die meisten Mütter wohl gleich: die Geburt meines Kindes / meiner Kinder. Bei Sabine H., 42, ist das anders. Sie hat zwar 13 Kinder geboren, doch nur die drei ersten und das letzte unter normalen Umständen im Krankenhaus. Diese vier Kinder leben. Acht Geburten fanden zu Hause statt, meist war die Mutter dabei laut ihren Angaben betrunken. Zu einer Geburt – der fünften, 1992 – kam es während eines Lehrgangs in einer Pension. In panischer Angst vor Entdeckung zog sie das Kind eigenhändig aus sich heraus, die Situation muss unbeschreiblich gewesen sein. Diese neun Kinder sind alle tot.

An die offensichtlich traumatischen Hausgeburten hat Sabine H., wie sie sagt, kaum eine Erinnerung. Als sie am 31. Juli 2005 unter dem Verdacht festgenommen wurde, neun Säuglinge getötet zu haben, wusste sie weder die Zahl noch das Geschlecht der Kinder oder das Datum der Niederkünfte. Sie beteuerte jedoch, keinem Kind Gewalt angetan zu haben; sie habe die Neugeborenen allerdings nicht versorgt.

Ein Kind soll blau angelaufen gewesen sein und Schaum vor dem Mund gehabt haben, als es bei einer Sturzgeburt 1988 in die Toilette fiel. Von den weiteren, bis 1998 geborenen Kindern ließen sich weder die Todesursache feststellen noch der Todeszeitpunkt. Denn die Knöchelchen lagen jahrelang auf dem Balkon der Wohnung von Familie H. in Blumenkübeln und mit Erde gefüllten Eimern.

Die Zweite Strafkammer des Landgerichts Frankfurt (Oder) verurteilte Sabine H. 2006 wegen Totschlags durch Unterlassen zur Höchststrafe von 15 Jahren. Die Richter nahmen an, dass die überdurchschnittlich intelligente und leistungsfähige Angeklagte bei keiner der Taten in ihrer Einsichts- oder Steuerungsfähigkeit eingeschränkt gewesen sei. Ist sie ein Monster?

Verteidiger Matthias Schöneburg aus Potsdam legte gegen das Urteil Rechtsmittel ein mit der Begründung, angesichts des zeitweise exzessiven Alkoholkonsums der Angeklagten sei nicht einmal sicher, ob alle Kinder, wie die Strafkammer unterstellte, lebend zur Welt gekommen seien.

Der 5. Strafsenat des Bundesgerichtshofs in Leipzig hob das Urteil auf, allerdings nur im Strafausspruch, da sich die Bundesrichter der Auffassung des Landgerichts zur Lebensfähigkeit der Babys anschlossen: Da die Angeklagte 1984, 1985, 1986 und 2003 gesunde Säuglinge geboren habe und sich an das „Wimmern" der 1988 und 1992 geborenen, also bei der Geburt noch lebenden Kinder erinnere, sei „unter Berücksichtigung der statistischen Wahrscheinlichkeit" der „Schluss auf die Vitalität aller Kinder" möglich, ja sogar naheliegend und damit nicht zu beanstanden. Dass die überlebenden Kinder sicher nicht unter den Umständen geboren wurden wie die toten – das focht die Richter nicht an. Die Sache wurde nach Frankfurt (Oder) zurückverwiesen, allerdings mit der Maßgabe, sich noch einmal mit der Steuerungsfähigkeit der Angeklagten zu befassen: „Angesichts der zahlreichen Auffälligkeiten wären eine eingehendere Prüfung und Erörterung, ob bei der Angeklagten eine schwere andere seelische Abartigkeit aufgrund einer Persönlichkeitsstörung vorliegt, geboten gewesen."

Der Gutachter im ersten Prozess, Matthias Lammel, hatte Sabine H. als eine unreife Persönlichkeit mit Selbstwertdefiziten und abhängigen Zügen, Orientierungslosigkeit, Realitätsverlust und „dissozialem Aktionismus" beschrieben. Angesichts der Rahmenbedingungen, die in der Ehe herrschten, so Lammel, führten ihre Defizite zu einer „geradezu masochistisch imponierenden verharrenden Haltung". Das wäre wohl der Schlüssel gewesen zu dieser Frau. Doch über die Geburten, die körperlichen und seelischen Schmerzen in ihrer Ehe sprach sie nicht mit Lammel.

Den Leipziger Richtern genügte sein Gutachten nicht: Die sich stereotyp wiederholenden Taten und das bizarr anmutende Nachtatverhalten in Verbindung mit von der Norm abweichenden Persönlichkeitszügen hätten Anlass zur Frage geben müssen, ob bei Sabine H. nicht doch ein außergewöhnlicher seelischer Notstand vorgelegen habe, kritisierten sie.

Seit Februar 2008 verhandelte den Fall nun die 3. Strafkammer in Frankfurt (Oder). Gutachter war diesmal der 71 Jahre alte Horst Krüger, einst Chefarzt der psychiatrischen Klinik Eberswalde, dessen Gutachten auf die ins Auge springende Problematik des Falls jedoch noch weniger einging als die Ausführungen Lammels.

Hatte die Angeklagte im ersten Prozess beteuert, ihr Mann habe weder die Schwangerschaften noch die Geburten bemerkt, so sagte sie jetzt, er habe ihr einmal bei einem Streit an den Kopf geworfen: „Glaub bloß nicht, dass ich nicht mitbekommen habe, dass du schwanger warst.“ Sie schließe auch nicht aus, dass er die Geburten miterlebte. Oder hat er sogar geholfen, die Babys zu vergraben? Denn sie habe, sagt sie, schon wegen des Alkohols, mit dem sie sich betäubte, keine Erinnerung daran.

Psychiater Krüger setzte sich damit nicht auseinander. Dabei ist neben der Abwehr der Schwangerschaft durch die Mutter die Haltung des Kindsvaters wohl das Problem solcher Taten schlechthin. Denn zu einer Frau, die eine Schwangerschaft verheimlicht oder nicht wahrhaben will, die dann zu Hause gebiert und das Kind tötet, gehören stets auch Personen, die von alledem absolut nichts gesehen und nichts bemerkt haben wollen, selbst wenn es vor ihren Augen geschah: als Erstes der Kindsvater, der Ehemann, oft auch die Eltern. „Der Mann war der Grund“, mutmaßte ein Polizeizeuge im ersten Prozess.

Von jeher werden nur die Mütter vor Gericht gestellt und mehr oder weniger empfindlich bestraft, handelt es sich doch um Taten, die nicht nur mit Recht und Gesetz, sondern auch mit Sitte und Moral verbunden sind. Die Mutter als Täterin – das ist ein doppelter Tabubruch. Eine Frau tötet nicht, schon gar nicht ihr eigen Fleisch und Blut. Und wenn sie es tut, ist sie entweder verrückt, seelisch abartig oder bewusstseinsgestört. Eine Mörderin oder Totschlägerin. Oder für die Medien wenigstens eine „Horrormutter“ wie Sabine H.

Dass ihr Ex-Mann, einst ein strammer Stasi-Mitarbeiter, der sie zwölfmal schwängerte, ein „Horrorvater“ sein könnte – keine Rede. Die Erzeuger getöteter Säuglinge kommen in der öffentlichen Wahrnehmung nicht vor.

Ist der Erzeuger einer Schwangerschaft etwa nicht verpflichtet, und zwar nicht nur moralisch, der Schwangeren beizustehen? Ist er weniger verantwortlich für das Wohl des Kindes als sie? Wenn sich die Frau wegen „Totschlags durch Unterlassen“ strafbar macht, weil sie den Säugling nicht versorgt – was ist mit dem Mann, der nicht Krankenwagen, Notarzt oder Hebamme holt? Der mit dem Kind nicht in die nächste Klinik fährt? Er kommt üblicherweise ungestraft davon. Er kann sich herausreden, trotz ungeschützten Verkehrs eine Schwangerschaft nicht für möglich gehalten zu haben. Es reicht zu behaupten, er habe nichts geahnt. Vor Gericht tritt er meist nur als Zeuge in Erscheinung und verweigert die Aussage. Staatsanwaltschaft und Gericht erklären dann bedauernd, man könne leider nichts tun.

Sabine H. sagt, ihr Mann habe allenfalls ein Kind gewollt. Als sie dann mit 17 schwanger wurde und nach der Geburt eines Mädchens gleich wieder, heiratete er sie zwar, erklärte ihr aber mit Nachdruck, dass mit dem Kinderkriegen nun Schluss zu sein habe. So zumindest die Angeklagte, die bei der Kripo auch sagte: „Bei der Stasi hatte man höchstens zwei Kinder. Mit dreien wurde man schon scheel angeschaut." Das wollte Herr H. natürlich nicht. Verhütet hat er aber auch nicht.

Im Jahr darauf kam das dritte Kind. Er habe getobt, sagte sie bei der Polizei, und die Geburt seinen Stasi-Kollegen, ja sogar seinen Eltern zunächst verschwiegen. 1988 die Sturzgeburt, über die sie mit ihm schon nicht mehr sprach. „Er hätte es merken müssen", meint sie bitter.

Wo war er, als sie in den Wehen lag und das Kind kam? Jedes Jahr, insgesamt neun Mal, lag sie zu Hause in den Wehen. Keine Geburt ist wie die andere, oft dauert es Stunden. Wo war er? Ging er jedes Mal in die Kneipe, wenn es losging? Oder wartete er auf dem Sofa vor dem Fernseher, bis sie, von kaltem Schweiß überströmt und totenbleich, mit dem Säugling aus dem Bad kroch? Ist Sabine H. ein solcher Übermensch, dass ihr neun Mal kein Schmerzensschrei über die Lippen kam? Dass sie topfit sofort die Wohnung reinigen, Fruchtwasser, Blut und Nachgeburt wegputzen und die Kinder verschwinden lassen konnte? Welche Story wird hier denn erzählt?

Jedes Jahr habe sie auf ein Wort von ihm gewartet – vergebens. Es gibt nichts zu entschuldigen oder zu beschönigen. Neun Neugeborene sind zu Tode gekommen. Doch es bleibt die Frage: Was muss Sabine H. ertragen haben, ehe sie in jene „masochistisch" anmutende Starre verfiel, in der sie ein Kind nach dem anderen gebar? Von schwer misshandelten Kindern weiß man, dass sie lautlos weinen. Sabine H.s Geburten erscheinen wie Aufschreie einer stummen Frau. Panische Angst habe sie gehabt, sagte sie im ersten Prozess, dass er sich „womöglich von mir trennt, und dann kriegt er die Kinder, denn er hatte das Geld. Er war bei der Stasi". Dort bekam man eigentlich alles mit, was rundum so passierte, oder?

Was sie sagt, klingt nicht nach Schutzbehauptung, sondern ist Ausdruck einer Beziehungskatastrophe, in der die Eheleute nebeneinander erstarrten. Die Wissenschaft streitet über alles Mögliche: die Terminologie, ob man von abgewehrten, negierten, verheimlichten oder verdrängten Schwangerschaften bei den Täterinnen sprechen soll, und über die Geschichte solcher Taten und ihre Bewertung oder ihre Behandlung in Kunst und Literatur. Doch die Frage, ob es zu solchen Tötungen überhaupt käme, wenn die Erzeuger Hilfe leisteten, wird nicht gestellt. Sabine H. hätte die Babys kaum sterben lassen können, wenn ihr Mann es nicht gewollt hätte. Und sie stünde nicht allein vor Gericht, wenn er sich wenigstens jetzt zu seiner Verantwortung bekennte.

Es gibt keine rechtliche Handhabe gegen Männer, die ihre Frauen psychisch misshandeln, beschimpfen und demütigen, weil sie (schon wieder) schwanger sind. Sie können sich mit den durchsichtigsten Argumenten aus der Verantwortung stehlen – es passiert ihnen nichts. Auch Herrn H. passiert wieder nichts. Staatsanwältin Anette Bargenda erklärte bereits, man könne ihm nichts nachweisen.

Sabine H. ist nun zum zweiten Mal zu 15 Jahren Freiheitsstrafe verurteilt worden, da Psychiater Krüger keine verminderte Steuerungsfähigkeit festgestellt hatte. Das Gericht erkannte auf achtfachen Totschlag, der neunte Fall war nach DDR-Recht bereits verjährt. Die Angeklagte habe so zielgerichtet gehandelt, dass niemandem etwas aufgefallen sei, sagte Krüger. Die Kosten für dieses Gutachten hätte sich die Justiz sparen können. Staatsanwältin Bargenda: „Von einer psychischen Ausnahmesituation kann nicht die Rede sein. Die Angeklagte hat keinem ihrer Kinder eine reale Chance zum Überleben gelassen." Es ist blanker Zynismus: Wenn ein Mann sich dumm stellt, trifft die volle Härte des Gesetzes eben allein die Frau.

Sabine H.s Ex-Mann ist weder der Erste noch der Einzige, der angeblich nichts gemerkt hat, obwohl man in einer hellhörigen Wohnung eng zusammenlebte. Die Frau habe weite Kleider getragen, heißt es fast immer, und der Geschlechtsverkehr fand anscheinend auch nur in rabenschwarzer Nacht statt. Tagsüber habe man nicht hingesehen. Oder die Frau habe vorgetäuscht, die Pille zu nehmen. Und der typische Bauch? Keine Ahnung.

Sabine H. ist ebenso wenig ein Monster wie all die anderen Frauen, die, alleingelassen und seelisch am Ende, in verzweifelter Angst vor der Reaktion des Erzeugers das Kind, das sie gerade geboren haben, töten. Im ersten Prozess schützte Sabine H. ihren Ex-Mann, damit den großen Kindern jemand beistand, mit der Folge, dass Ermittlungen gegen ihn eingestellt wurden. Inzwischen sind die Kinder erwachsen und machen sich vielleicht ihre eigenen Gedanken über ihre Mutter und diesen Vater, dem neun Schwangerschaften, Geburten und Kindstötungen entgingen. Auch das ist eine Art Strafe.

Sabine H. wurde 2015, nach zehn Jahren Haft, auf Bewährung freigelassen. Sie galt als „nicht mehr gefährlich". Zu den Bewährungsauflagen zählte, dass sie sich einer Therapie unterziehen musste. Im Gefängnis hatte die Frau begonnen, Psychologie zu studieren.

V

„Ich habe es nicht ertragen"

Patientenmorde

„Ich habe es nicht ertragen"

Der Prozess gegen den Krankenpfleger Stephan L. in Kempten

Spiegel 45/2006, 6. November 2006

Ist das die Zukunft, die uns alle erwartet? Ein Gedanke, so beängstigend, dass er hinter angeblich wichtigeren Fragen versteckt wird, bis er fast verschwindet. Blättert man die Fälle auf, in denen Pfleger oder Krankenschwestern Patienten getötet haben, stellt sich diese Frage ein ums andere Mal, sie stellt sich immer drängender. Ist das unser aller Zukunft? Werden sich künftig derartige Straftaten nicht sogar noch häufen? Was kommt da auf uns zu?

Betrachtet man in diesem Licht den Prozess gegen den Krankenpfleger Stephan L. vor dem Landgericht Kempten, in dem voraussichtlich bald das Urteil gesprochen wird, drängt sich der Eindruck auf, als gäbe es tatsächlich nur ein Problem: Wie kann man L. möglichst lange wegsperren – als ob sich das Beängstigende am besten durch wilde Drohung und Beschwörung vertreiben ließe.

Der Arzt: „Die Patientin war in einem bemitleidenswerten Zustand. Ganz gelb wegen der Leber, völlig abgemagert, sie stand vor dem natürlichen Ende. Wir haben ihr Morphium gegeben gegen den furchtbaren Bauchschmerz. Es war Bauchspeicheldrüsenkrebs im Endstadium. Der Magen war wegen eines Darmverschlusses riesenhaft ausgedehnt. Sie hat sich furchtbar gequält. Wir rieten dem Ehemann, einen Priester zu holen."

Der rechtsmedizinische Gutachter: „Der Zustand hätte durchaus noch Stunden bis Wochen anhalten können. Prognose: kurzfristig mittel bis gut, langfristig schlecht."

Der Verteidiger: „Die Patientin sollte schon im Februar 2003 ‚palliativ', also nur noch zur Linderung der Schmerzen, einer Chemotherapie unterzogen werden, was scheiterte. Sie musste mit ihren Schmerzen nach Hause geschickt werden, weil man ihr im Krankenhaus nicht mehr helfen konnte. Damals wog sie 43 Kilo. Als sie am 5. April 2003 erneut in die Klinik kam, wog sie noch 30 Kilo. Sie hatte also binnen zwei Monaten nochmals 13 Kilo verloren."

An diesem 5. April verabreichte der Krankenpfleger L., heute 28, der Todgeweihten in der Klinik von Sonthofen eine Spritze mit einem Narkotikum, sodann ein muskellähmendes Medikament, woran sie schnell und schmerzfrei starb.

Der Staatsanwalt: „Es lag schwerstes Leiden vor. Mitleid als Motiv des Täters ist objektiv nachvollziehbar." Das heißt aus seiner Sicht: zwar nicht Mord, sondern Totschlag, aber in einem besonders schweren Fall, zu bestrafen mit einer lebenslangen Freiheitsstrafe unter Maßgabe der besonderen Schwere der Schuld.

Ist das angemessen? In der Öffentlichkeit wurde der Fall als Beispiel für eine angeblich selbstherrliche Wahllosigkeit des Pflegers L. angesehen, denn die Patientin war erst 40 Jahre alt. Nicht einmal eine 40-Jährige war also vor der Todesspritze des Todespflegers sicher!

Es ist viel Stimmung gemacht worden gegen L., der 29 Patienten umgebracht haben soll – aus Mitleid, wie er in der ersten Vernehmung erklärte, und wegen seiner Überforderung im Umgang mit schwerstkranken und zumeist hochbetagten Patienten: „Ich habe es nicht ertragen."

L. begann am 6. Januar 2003 auf der Inneren Abteilung zu arbeiten. Er war Berufsanfänger. In der ersten Vernehmung sagte er: „Ich war nach kurzer Zeit in Sonthofen mit so total vielen schwerkranken, leidenden Patienten konfrontiert und hatte mit so vielen Patienten, denen es ebenso schlechtging, zu tun, das war mehr als je zuvor." Er kam nicht zurecht, wenn sich ein Kranker nicht mehr mitteilen, nicht mehr atmen konnte, sondern nur noch schnappte, wenn verwirrte Greise, die sich nicht mehr rühren, geschweige denn an einer Behandlung mitwirken konnten, die nicht mehr begriffen, was mit ihnen geschah, zwecks „Mobilisierung" auf Nachtstühle verfrachtet wurden, wenn Nahrung in sie hineingestopft wurde, die sie nicht mehr schlucken konnten oder wollten.

L. hatte Mitgefühl mit den Todkranken. Mitleid bedeutet Mit-Leiden. L. litt mit den Sterbenskranken und an dem eigenen Gefühl, mit dem Leid dieser Schwerkranken nicht fertig zu werden. Es fehlte ihm, dem Anfänger, an der professionellen Distanz zu Menschen, die nicht mehr sie selbst waren, und an Erfahrung, wie man sich diese Distanz antrainiert. Wäre er kaltschnäuziger gewesen oder abgestumpft oder weniger empathiefähig, hätte er die Taten vermutlich nicht begangen.

Warum hat man sich auf der Station nicht um den Neuen gekümmert? Hat keiner bemerkt, dass er nicht zurechtkommt? Es fiel nicht mal eine plötzlich steigende Zahl von Verstorbenen auf, es waren immer viele. Nur weil Medikamente fehlten, kam man L. auf die Spur.

Die Gefahr mangelnder Distanz in Pflegeberufen, in denen man es mit dem Sterben zu tun hat, ist bekannt. L. ist nicht der erste Krankenpfleger, der am Mit-Leiden scheiterte und auch daran, dass ihm niemand beistand. Er galt als Außenseiter, war nicht ins Team integriert. An wen hätte er sich wenden sollen?

Er hätte eben den Beruf wechseln müssen, argumentieren die Anwälte der Nebenklage. Er hätte seine Überforderung selbst erkennen und beseitigen müssen und darüber nachdenken, dass er zu viel des Mitleids mit den Kranken hat. Und außerdem, was heißt schon Mitleid? „Der Mitleidende teilt sich mit“, wissen die Opferanwälte. Mitleid sei „ein kommunikativer Prozess“. Wie muss man sich das vorstellen? Dass das Feuer selbst zum Feuerlöscher eilt und diesem erklärt, wenn nicht bald einer lösche, werde es brennen?

Vom Patienten Müller (Name geändert) hieß es im Pflegebericht, er habe, obwohl die Angehörigen vom Arzt schon auf sein baldiges Ende vorbereitet wurden, noch „sehr gut gegessen und getrunken“, ehe er starb. Dass ihm Essbares zugeführt wurde, ergibt sich auch aus dem Obduktionsbericht: Selbst mehr als eineinhalb Jahre nach dem Tod wurde in Müllers Speise- und Luftröhre noch Nahrung gefunden.

Die Rechtsmedizin, vertreten durch Professor Matthias Graw, tat sich in Kempten mit der „retrospektiven Prognose“ hervor; mehr als ein Dafürhalten ist das nicht, auch wenn es wissenschaftlich hochtrabend vorgetragen wird. Graw erkannte bei Müller einen „ondulierenden Krankheitsverlauf“. Am 30. Januar 2003 reagierte der Mann noch mit Ja und Nein, er trank aber nicht und aß nicht. Am 31. Januar war auch eine „orale Medikamentenvergabe“ nicht mehr möglich. Am 1. Februar verweigerte er alles. Am 2. Februar wurden ihm vier Teelöffel Joghurt eingeflößt (eben die Reste in Speise- und Luftröhre).

Soll das „ondulierend“ sein? Verteidiger Jürgen Fischer im Plädoyer: „Es geht um die Reduktion des Patienten darauf, was man ihm noch mit dem Löffel einflößen konnte. Hieraus ein wellenförmiges Auf und Ab des Gesundheitszustandes zu konstruieren – wird die Löffelgabe geschluckt, so ist die Welle oben, findet keine Schluckbewegung statt, dann ist sie flach – ist völlig absurd.“

Patient Müller, seit Jahren schon ein Pflegefall, wurde nach einem Schlaganfall in die Klinik gebracht. Er war gestürzt und kam nicht mehr auf die Beine. Zu untersuchen, ob er innere Verletzungen erlitten hatte, verbot sein Zustand. Er reagierte auf nichts mehr. Dann bekam er auch noch Fieber, weil er sich in seiner Verwirrtheit den Blasenkatheter ein ums andere Mal zog. L. ertrug nicht, wie man den über 80-Jährigen am Leben zu halten versuchte, und verabreichte ihm eine rasch wirkende tödliche Spritze.

Der Staatsanwalt: Totschlag in einem besonders schweren Fall. Da der Patient vor der Spritze bereits ins Koma gefallen war, scheide Heimtücke, also eine Verurteilung wegen Mordes, aus. Trotzdem Lebenslang, Paradestück aller staatsanwaltlichen Strafanträge. Der Kemptener Sitzungsvertreter unterschied zwei Sorten von Mitleid: das objektive, wenn eine unheilbare schwere Krankheit besteht und der Kranke am Ende seines Lebens angelangt ist. Dieses Mitleid könne man akzeptieren, nicht aber das subjektive Mitleid.

Aber gibt es denn überhaupt ein anderes Mitleid als ein subjektives, da es doch eine höchstpersönliche Regung ist? Ja doch, sagt der Staatsanwalt. Wenn der Gutachter einen Fall (retrospektiv) für aussichtslos erklärt, halte er Mitleid für gerechtfertigt. Also Totschlag. Wenn aber noch Chancen attestiert werden – subjektives, unbeachtliches Mitleid, also Mord. Ist letztlich auch egal: Lebenslang kommt bei dieser Rechnungsart immer heraus.

Man mag den Kopf schütteln angesichts solchen Schubladendenkens und sich fragen, was das noch mit Aufklärung zu tun hat. In Wahrheit, und das ließ sich sogar an der Mimik und Gestik der Richter, des Staatsanwalts und des Psychiaters ablesen, hielt man in Kempten dadurch sicheren Abstand von der bangen Frage: Werde auch ich am Ende meines Lebens auch malträtiert werden mit medizinischem Folterwerkzeug? Werde auch ich dem Personal in Kliniken und Heimen ausgeliefert sein wie Patient Müller und andere, wenn ich nichts mehr selbst bestimmen kann, wenn man mich gewaltsam am Leben hält, weil ich in meiner Verwirrtheit oder Qual nicht mehr schreien kann: Nein! Jeder Fall öffnete für einen Moment den Vorhang, der eine grauenhafte Zukunft noch verhüllt.

Wer wird mich versorgen, wenn ich uralt werden sollte? Meine Kinder? Professionelle Helfer oder überforderte, an mir und an sich leidende wie L.? Immer mehr Menschen werden künftig mindestens 100. Die Hälfte aller Neugeborenen von heute wird das Jahr 2106 erleben. Wer wird sie pflegen, wenn sie nicht mehr ansprechbar sein werden? Es gibt immer weniger Kinder. Werden sie sich einst für die vielen Alten aufopfern?

Die Kemptener Staatsanwaltschaft und die Hinterbliebenen fordern wegen der Vielzahl der Fälle, die „den Atem stocken und die Fassung verlieren lassen“, Höchststrafen. Sie sprachen von Mordlust, ja Mordgier, vom Ergötzen L.s an der Trauer der Angehörigen. Das sehe man schon daran, sagte der Schwiegersohn einer Verstorbenen, dass L. sich im Gerichtssaal „lächelnd mit seinen Verteidigern unterhalten“ habe.

Nach Angaben eines Arztes wog jene Frau, Lungenkrebs im Endstadium, gerade noch 36,7 Kilo. „Wie Auschwitz“ sei sie ihm vorgekommen. „Wir haben sie gar nicht mehr genauer untersucht“, sagte er als Zeuge vor Gericht.

Die Verteidiger L.s – Jürgen Fischer aus Frankfurt am Main und Oliver Ahegger, Kempten –, die in einem großen Plädoyer die ganze Misere vor Augen geführt haben, sehen bei L. weder feindliche Gesinnung, Heimtücke noch sonstige niedrige Beweggründe. Natürlich sei er nicht befugt gewesen zu töten, natürlich habe er sich strafbar gemacht. Doch muss jedes Nachdenken über die Gründe, warum ein junger Mensch das Leiden anderer nicht aushält, gleich mit der Keule „Mord“ und „Lebenslang“ niedergeknüppelt werden? Wird sich künftig auch nur ein einziger Pfleger weniger überfordert fühlen, wenn L. auf unabsehbare Zeit hinter Gittern verschwindet?

Der Bundesgerichtshof hat bisher Patiententötungen, bei denen ein Mitleidsmotiv angenommen werden konnte, als Totschlag bewertet und zeitige Freiheitsstrafen akzeptiert. „Die Eilfertigkeit, an das Böse zu glauben, ohne es genügend untersucht zu haben, geschieht aus Hochmut und Trägheit“, schrieb der französische Schriftsteller François de la Rochefoucauld 1662. Es kann auch Angst sein.

Stephan L. wurde am 20. November 2006 unter anderem wegen Mordes in zwölf Fällen und Totschlags in 15 Fällen zu einer lebenslangen Freiheitsstrafe verurteilt. Die Kemptener Kammer stellte darüber hinaus die besondere Schwere der Schuld fest.

Nur ein „absurder Irrtum“?

Charité-Schwester zu lebenslanger Freiheitsstrafe verurteilt

SPIEGEL 27/2007, 2. JULI 2007

Beliebt war Irene Bauer (Name geändert) zwar nicht. Rund 20 Jahre älter als die meisten ihrer Kollegen, galt die heute 55-Jährige nicht nur wegen ihres Alters als ein Fremdkörper im Pflegeteam der kardiologischen Intensivstation der Berliner Charité. Sie sang und pfiff oft bei der Arbeit, was manche Kollegen unangenehm berührte. Sie widersprach jungen Ärzten auf unangemessene Weise, wenn sie von deren Anordnungen nicht überzeugt war. Unerfahrenen Schwestern und Pflegern fuhr sie unwirsch über den Mund. „Irgendwann habe ich sie gar nicht mehr gefragt, wenn ich etwas nicht wusste“, sagte eine jüngere Kollegin als Zeugin vor Gericht. Frau Bauers „ruppige Art“ war allgemein bekannt.

Gleichwohl wurde sie respektiert aufgrund ihrer immensen Erfahrung als Krankenschwester. Hoch rechnete man ihr an, dass sie sich vor allem der Schwerstkranken annahm, die von den Ärzten aufgegeben waren und für die nichts mehr getan wurde außer der Linderung von Schmerzen und Luftnot und der Dämpfung der Angst vor dem Tod. Die Pflege Sterbender ist aufwendig und psychisch belastend, führt sie doch nicht auf einen hoffnungsvoll stimmenden Weg zur Besserung, sondern unerbittlich in die Düsternis des Todes. Irene Bauer wich davor nicht zurück.

Sie nahm sich auch Zeit für Angehörige. Das Pflegeteam war froh, dass es eine Schwester gab, die diese Aufgaben, vor denen sich die meisten drückten, bereitwillig übernahm. Dass statistisch gesehen bei ihr in letzter Zeit mehr Patienten starben als bei anderen Schwestern und Pflegern, fiel unter diesen Umständen nicht auf.

Ihre Art der Zuwendung: Den Ehemann einer todkranken Herzpatientin hielt sie am Krankenbett fest, weil die Frau ihrer Auffassung nach in seinen Armen sterben sollte. In einem Moment seiner Anwesenheit spritzte sie die Frau tot. In der Sprache des Rechts heißt dies Heimtücke.

Warum ließ sie die Patientin nicht eines natürlichen Todes sterben? Rettung gab es nicht mehr, die Kranke wusste dies. Alle therapeutischen Maßnahmen waren schon beendet. Die Frau litt nicht mehr. Sie hatte nur noch einen Wunsch: in der Klinik ihrer Heimatstadt sterben zu dürfen. Der Krankenwagen war schon bestellt, der Transport stand unmittelbar bevor. Warum respektierte die Angeklagte nicht diesen letzten Wunsch?

Irene Bauer hat gestanden, in vier Fällen Patienten tödlich wirkende Injektionen verabreicht zu haben. Auffallend dabei ist, dass lebensverlängernde Maßnahmen jeweils längst beendet waren. Es mussten nicht reanimationswütige Intensivmediziner von weiteren sinnlosen Aktionen abgehalten werden. Sie hat offensichtlich die Sterbenden nicht dem Tod überlassen wollen. Sie wollte ihn selbst herbeiführen.

Irene Bauer ist nun von der 22. Großen Strafkammer des Landgerichts Berlin zu einer lebenslangen Freiheitsstrafe wegen fünffachen Mordes zwischen Juni 2005 und Oktober 2006 verurteilt worden, in drei weiteren angeklagten Fällen sprachen die Richter sie frei. Da die Kammer eine „besondere Schwere der Schuld“ nicht feststellte, wird nach 15 Jahren Haft geprüft werden, ob die Angeklagte auf Bewährung entlassen werden kann. Dann wird sie 70 Jahre alt sein.

Der Urteilsbegründung voraus schickte der Vorsitzende Richter Peter Faust einige Bemerkungen zur „Begriffsverwirrung“ über das hohe Gut des Lebensschutzes, wie er sie aus einigen Plädoyers herausgehört hatte. „Auch ein Leben, das nur noch kurz dauert, ist ohne Einschränkung geschützt. Es gibt keine Kriterien dafür, wann ein Leben noch lebenswert ist und ab wann nicht mehr. Man kann unmöglich sagen, wie die Angeklagte, man habe die Menschenwürde eines Kranken durch seine Tötung wiederherstellen wollen.“

Hatte es zunächst so ausgesehen, als stehe Irene Bauer bis zuletzt mit Überzeugung zu ihren Taten, so hatte sie in ihrem letzten Wort versucht, diesen Eindruck zu korrigieren, mit wenig Fortune jedoch: „Die Taten waren ein absurder Irrtum“, bekannte sie unter Tränen und bat die Angehörigen um Verzeihung. Es mag sein, dass der alltägliche Umgang mit Leid und Sterben in einer Klinik abstumpft. Doch von einem „absurden Irrtum“ sollte nicht sprechen, wer Menschen getötet hat.

Der Fall der Charité-Schwester reiht sich nicht zwanglos in die Serie von Krankentötungen ein, die die Öffentlichkeit immer wieder beunruhigen. Im Detail mögen sich Parallelen finden lassen. Doch diese Angeklagte hat weder behauptet, aus Mitleid gehandelt zu haben, noch hat Irene Bauer je geklagt, von der Arbeit überfordert zu sein. Sie hat sich auch nie auffällig zum Thema Sterbehilfe geäußert.

Denn es ging ihr offensichtlich auch nicht um Sterbehilfe. Die Patienten, die sie tötete, wurden von den Ärzten nicht mehr künstlich am Leben gehalten. Sie durften sterben, und zwar eines friedlichen Todes in aller Würde. Es war jeweils schon zwischen den Medizinern und Angehörigen vereinbart, keine Wiederbelebungsmaßnahmen mehr zu ergreifen. Von keinem der Opfer und von keinem Angehörigen war Irene Bauer je angefleht worden, dem Leiden ein Ende zu bereiten. Hirntot, komatös, bewusstlos, auf jeden Fall schmerzlos dämmerten ihre Opfer dem nahen Tod entgegen. Die Angeklagte musste diesen verlöschenden Menschen keinen „sanften Tod" mehr bereiten. Es war schon so weit.

Warum hat sie dann das Ende nicht abgewartet? Einem jungen Mediziner, der als Assistenzarzt auf die Station kam, um das Reanimieren zu lernen, warf sie einmal vor, dass er sich „gegen die Gesetze Gottes und den Tod auflehne" und einen Menschen nicht sterben lassen könne, was aus ihrer Sicht moralisch nicht in Ordnung sei. Kamen ihr nicht Zweifel, ob Totspritzen noch etwas mit Moral zu tun hat?

Der Vorsitzende Richter fragte in der Hauptverhandlung immer wieder bei Zeugen nach, ob sich die langjährig erprobte und geschätzte Krankenschwester denn im letzten Jahr vor ihrer Entdeckung verändert habe. Wer sie gut kannte, bejahte diese Frage.

Denn seit der Scheidung von ihrem Mann 2006, der ein langer Trennungskampf voranging, mühte sie sich angestrengt, Selbstbewusstsein aufzubauen. „Sie war entschlossener", berichtete ein befreundeter Kollege. „Sie hat sich ein Auto gekauft, ist gereist, sie hat ihr Bad renoviert. Sie hat das einfach gemacht, ohne endlose Diskussionen mit ihrem Mann. Sie hat plötzlich Dinge durchgezogen und ein ganz anderes Selbstbewusstsein entwickelt."

Vielleicht wollte sie deshalb dem Sterben nicht mehr zusehen. Vielleicht meinte sie, wenn keiner der in ihren Augen entscheidungsunfähigen Ärzte etwas für die Patienten tut, dann muss eben sie etwas tun. Nicht aus Hass gegen die Patienten, sondern weil sie sich grundsätzlich entschlossen hatte, nicht mehr untätig zu sein und nur zuzusehen. In der Sprache der Juristen heißt das aber, sie habe in „überheblicher Weise Macht ausüben wollen" und sich „zur Herrin über Leben und Tod aufgeschwungen". Das ist das Mordmerkmal der niedrigen Beweggründe.

Der Sohn eines der Opfer erkundigte sich während des Prozesses immer wieder nach einem Mitverschulden der Klinik; vermutlich hatte er dabei eine Zivilklage gegen die Charité im Blick. Das Gericht, das sich um die Aufklärung der Umstände, die die Taten möglich gemacht hatten, akribisch bemühte, stellte auf der Station „ernüchternde Zustände“ fest, sowohl bezüglich des Arbeitsklimas als auch des Personals. „Eine Administration, die es zulässt, dass mit hilflosen Kranken ruppig umgegangen wird, macht sich strafbar! Die Protagonisten gehören entfernt!“, sagte der Vorsitzende aufgebracht. Das Gleiche gelte für den Verdacht, dass Patienten getötet würden.

Zunächst war nur ein vages Gerücht umgegangen: Ein Pfleger wollte gehört haben, wie Frau Bauer eine Ampulle in den Müll warf, während der Patient, an dessen Bett sie stand, starb. Das wurde à la Stille Post weitergetragen, über Monate, bis der Chefarzt endlich die Polizei benachrichtigte. So mancher Mitarbeiter hatte das Gerede als ehrabschneiderisch und substanzlos abgewehrt und sich wohl auch vor arbeitsrechtlichen Folgen gefürchtet, falls sich der Verdacht nicht bestätigen sollte. Der Vorsitzende Richter schimpfte dies „Bedenkenträgerei“, die nicht die Pflicht aufwiege, als Garant für das Wohl Kranker einzustehen und danach zu handeln.

Scharf ins Gericht ging Faust auch mit Zeugen aus der Charité, deren „Rezitation auswendiggelernter Juristenphrasen“ das Gericht nicht überzeugten. Wer etwa die zuständige pflegerische Stationsleiterin als Zeugin vor Gericht erlebte, wundert sich nur noch, wie jene Frau überhaupt in diese Position kam. Der Vorsitzende: „Es ist unglaublich! Sie wissen um die Gerüchte! Und Sie meinen, Sie hätten das Ihre getan, wenn Sie den Dienstweg einhalten und Ihre Fachvorgesetzte informieren, die dann auch nichts tut! Warum haben Sie nicht sofort Frau Bauer selbst angesprochen?“ „Ich wusste nicht wirklich, was man da macht“, lautete die klägliche Antwort.

Inzwischen hat man an der Charité mit „Kommunikationsfortbildung“ begonnen. Ob eine Frau Bauer von Supervision Gebrauch gemacht hätte, wenn es ein solches Angebot 2006 gegeben hätte? Sie beherrschte ihre Arbeit und litt nicht an ihr. Ob das anonyme Fehlermeldesystem, das inzwischen eingerichtet ist, etwas hilft? Oder die Hotline zur Berliner Anwaltskanzlei Danckert, über die jetzt anonym Auffälligkeiten gemeldet werden sollen? Man will ja nicht gleich Kassandra sein. Aber Zweifel sind erlaubt, ob man im Krankenhaus dadurch künftig wirklich besser vor selbstherrlichen Übergriffen von Pflegepersonen geschützt ist.

Tödliches Lob

Der Fall Niels H. in Oldenburg

Spiegel 26/2016, 25. Juni 2016

Es scheint eine Art Rausch zu sein. Sucht man nach Parallelen, die Taten dieser Art aufweisen, fallen als Erstes die hohen Opferzahlen auf. Ein Pfleger, eine Krankenschwester, die sich, wie es in der Sprache der Juristen oft heißt, „zum Herrn über Leben und Tod aufschwingt" und die Patienten tötet oder zu töten versucht, sie tun dies offenbar nicht nur einmal. Sondern die Täter manipulieren und töten, solange ihnen nicht jemand in den Arm fällt. Merkt man das im Klinikalltag nicht?

Doch, man merkt es sehr wohl. Pflegekräfte wie Niels H., 39, aus Wilhelmshaven, der inzwischen als der größte Massenmörder der deutschen Nachkriegsgeschichte gilt, ordnen sich erfahrungsgemäß nur schwer unter. Getrieben von Motiven, die sich längst vom Auftrag, zu helfen und zu heilen, entfernt haben und ein Eigenleben führen, sind solche Täter kaum in ein Team zu integrieren.

Es gibt über sie zuerst Gerede, dann Gerüchte. Sie werden beobachtet. Sie sind nicht beliebt, allenfalls wegen ihrer Fachkompetenz anerkannt. Man stößt sich an ihrer Besserwisserei, an ihrem Eifer, Komplikationen erst hervorzurufen und dann mit großem Engagement zu bewältigen, und an der Überschreitung von ihnen gesetzten Grenzen. Von spektakulären Fällen aus der Vergangenheit sind solche Auffälligkeiten längst bekannt. Ebenso die Reaktion der Kollegen: Wer hält solche Taten bei einem Mitarbeiter für möglich, mit dem man täglich zusammen ist? Kein Kollege wagt, das Undenkbare auszusprechen.

In Oldenburg, wo er nun bereits zum zweiten Mal unter dem Vorwurf, Patienten getötet oder dies versucht zu haben, vor Gericht stand, gab Niels H. zu, im Klinikum Delmenhorst an rund 90 Patienten manipuliert zu haben; circa 30 seien dabei gestorben. Da er dieses Geständnis erst während der Hauptverhandlung gegenüber dem Psychiater Konstantin Karyofilis ablegte, fand ein Großteil der Ermittlungen, also Exhumierungen und toxikologische Untersuchungen, erst nach H.s erster Verurteilung zu Lebenslang im Februar 2015 statt. Die ersten Ergebnisse liegen jetzt vor.

Demnach besteht dringender Tatverdacht, dass H. in Delmenhorst in der Zeit von Dezember 2002 bis 2005 nicht nur für sechs Todesfälle verantwortlich ist. Sondern die Ermittler sind sich sicher, ihm weit mehr Fälle nachweisen zu können. Es ist die Rede von 27 weiteren Taten in Delmenhorst – und überdies Patiententötungen auch im Klinikum Oldenburg, wo H. zuvor gearbeitet hatte. Inzwischen wird H. verdächtigt, auch dort in der ehemaligen Kardio-Intensivstation durch nicht indiziertes Kalium, durch Antiarrhythmika oder durch eine Überdosis sogenannter Betablocker Patienten in Lebensgefahr gebracht zu haben. Taten in Oldenburg bestritt H. bisher immer. Nun sagt die Staatsanwaltschaft, er habe zugegeben, dort mit Kalium manipuliert zu haben.

Ihr Mandant, so trug die Verteidigerin von Niels H. im Februar 2015 vor dem Landgericht Oldenburg vor, habe nicht töten, sondern den Tod besiegen wollen. Der Sachverständige Karyofilis beschrieb die Taten H.s als ein Spiel mit dem Tod: Der Angeklagte habe einen „Kick“ verspürt, wenn es ihm wieder einmal gelungen sei, einen Kranken, den er zuvor selbst durch das Medikament Gilurytmal in einen lebensgefährlichen Zustand versetzt hatte, durch seine Reanimationskünste dem Tod wieder zu entreißen. „Er war ein begeisterter Retter“, sagte ein Oberarzt über H.

Stärker als der Tod zu sein – und damit Anerkennung bei Ärzten und Kollegen zu provozieren, das soll H.s Motiv gewesen sein. Umgebracht habe der Angeklagte Patienten nur, so die Verteidigerin, wenn er sie nicht mehr als Individuen wahrgenommen habe. Wenn sie also nur noch Spielmaterial für ihn waren, das in seinem Wettstreit mit dem Tod bisweilen eben mal Schaden nimmt oder kaputtgeht.

Zum Unvorstellbaren im Fall H. gehört, dass der Verdacht gegen den Mann weit zurückreicht. Bereits 2001 sei im Klinikum Oldenburg intern untersucht worden, ob ein Zusammenhang zwischen Todesfällen und der Anwesenheit einer bestimmten Pflegekraft hergestellt werden könne, teilte die Staatsanwaltschaft mit.

Ergebnis: Niels H. war auffallend öfter vor Ort als andere Mitarbeiter der Station.

Folge: H. wurde mit einem guten Zeugnis und besten Wünschen verabschiedet. So ausgestattet führte ihn sein weiterer Berufsweg direkt ans Klinikum Delmenhorst.

Kein Einzelfall offensichtlich. Ein Schlaglicht auf diese Vorgehensweise von Kliniken wirft der Prozess gegen die Hebamme Regina K., 35, der vor dem Landgericht München I verhandelt wird. Ihr wirft die Staatsanwaltschaft versuchten Mord und gefährliche Körperverletzung an sieben Kaiserschnittpatientinnen vor. Zwischen September 2011 und April 2012 soll sie am Krankenhaus Bad Soden drei Wöchnerinnen und zwischen April und Juni 2014 in München-Großhadern vier Patientinnen medizinisch nicht indizierte Medikamente, darunter das blutgerinnungshemmende Heparin, verabreicht haben. Einige Frauen wären beinahe daran gestorben. Eine verlor fünf Liter Blut, zweien musste die Gebärmutter entfernt werden.

Auch Regina K. war aus Bad Soden weggelobt worden. Als man dort in der Nacht vom 6. April 2012 in der Scheide einer Patientin anlässlich einer Vaginaluntersuchung eine zum Teil bereits aufgelöste Tablette mit dem Wirkstoff Misoprostol fand, die einer gesunden Frau nicht kurz vor der Geburt gegeben werden darf, fiel sogleich der Verdacht auf die Hebamme K. Denn offenbar kam niemand sonst für die Applikation der Tablette infrage. Und das, obwohl K. wusste, dass eine solche Dosierung allenfalls nach Fehl- oder Totgeburten oder bei Schwangerschaftsabbrüchen angezeigt ist, da das Mittel unkontrollierte und langanhaltende Wehen mit Komplikationen für das Kind auslösen kann. Bei der Patientin wurde daraufhin ein Eilkaiserschnitt ohne weitere Komplikationen vorgenommen.

Hebamme K. wurde vom Dienst suspendiert, wogegen sie sich arbeitsrechtlich zur Wehr setzte. Der Streit endete mit einem Vergleich: Sie bekam eine Abfindung und vor allem ein gutes Zeugnis. Über die wahren Gründe der Beendigung des Arbeitsverhältnisses sollte Stillschweigen bewahrt werden, im Interesse der Klinik.

Das gute Zeugnis öffnete der Frau die Türen in Großhadern. Denn qualifiziert ausgebildete Hebammen sind gesucht.

Das Klinikum Oldenburg ist offenbar nicht das einzige Krankenhaus, dem sein guter Ruf mehr galt als das Wohl der Patienten. Wie gefährlich es werden kann für Mitarbeiter, die, wenn sie nicht mitmachen beim Stillschweigen, gleich als Nestbeschmutzer gelten, zeigte die Zeugenvernehmung des damaligen Assistenzarztes Benjamin S. vor dem Gericht in München, der zur mutmaßlichen Tatzeit in Bad Soden arbeitete.

Er schilderte, wie er einmal ein Gespräch unter Hebammen mitbekam, in dem es darum ging, dass Regina K. „pansche". „Ich sprach die Hebammen an. Die aber wollten erst nichts sagen. Dann aber hieß es, man sei sich ziemlich sicher, dass bei K. nicht alles mit rechten Dingen zugehe." Er sei der Einzige gewesen, der diesen Verdacht nicht einfach stehenließ. „Die anderen", sagt er als Zeuge und meint damit seine Ärztekollegen und auch den Chefarzt, „taten es ab mit Argumenten wie ‚glaub ich nicht, ist nicht zu beweisen, und außerdem steht der Ruf des Hauses auf dem Spiel'."

Assistenzarzt S. sprach sich nach dem Fund der Tablette in der Scheide einer Patientin im Kollegenkreis dafür aus, die Polizei zu informieren. Er wurde zurechtgewiesen: Die akute Gefahr für die Schwangere sei ja nun beseitigt; wer über den Vorfall rede, müsse mit Kündigung rechnen.

„Hatten Sie später Probleme?", fragt der Vorsitzende Michael Höhne nach. „Durchaus", antwortet der Zeuge S. „Ich mache mir zum Beispiel Gedanken über die Konsequenzen, die es möglicherweise für mich hat, wenn ich hier aussage. Wir als Ärzte konnten es damals jedenfalls nicht verantworten, dass Frau K. weiter als Hebamme tätig war. Dann hörten wir, dass sie nach München gegangen sei."

Die Frauenklinik Großhadern, wo Regina K. seit dem 15. Juli 2012 arbeitete, erfuhr von den Verdächtigungen durch einen Brief des Bad Sodener Chefarztes vom 29. August 2012. Darin wurde vor ihr gewarnt. Auch pathologische Geburtsverläufe, an denen sie beteiligt war, wurden beschrieben. Doch es waren noch Ferien, und der Brief blieb erst einmal liegen.

Warum nur ein Brief? Warum kein persönliches Gespräch zwischen Kollegen?

Einen Monat später sprach der Leiter des Großhaderner Perinatalzentrums mit ihr, sagte aber nichts von dem Schreiben aus Bad Soden. Und sie erwähnte die Umstände ihres Ausscheidens dort nicht. „Die Beweislage erschien uns nicht ausreichend", sagte der Arzt als Zeuge vor Gericht. „Wir haben eine gewisse Psychopathologie bei ihr vermutet, die sie selbst nicht wahrnimmt." Aber Großhadern sei von der Unschuldsvermutung ausgegangen.

Blutungen seien in der Geburtshilfe ja nicht ungewöhnlich, fuhr er fort. „Aber weder vor noch nach Frau K. sind solche Probleme mit der Gerinnung aufgetreten." Die leitenden Hebammen hätten ihm von Gerüchten aus Bad Soden berichtet, von denen sie bei Facebook erfahren hätten. „Ich sagte dann zu ihr: Wir passen jetzt auf! Überall sind Radarfallen!" Aber formal sei die Unschuldsvermutung einzuhalten gewesen. „Sie hatte ja ein gutes Zeugnis und leistete gute Arbeit."

Im Juli 2014, als sich die Ereignisse überschlugen, erstattete Großhadern dann doch Anzeige. Verteidiger Hermann Christoph Kühn: „Es gibt Indizien, aber keinen Nachweis für eine Tat.“ Zeuge S., inzwischen Oberarzt in Bad Soden: „Ich bin mir sicher, dass Frau K. nicht nur bei den von ihr betreuten Fällen manipulierte, sondern auch bei anderen. Dann fiel der Tatverdacht nämlich nicht auf sie.“

Niels H. wurde, nachdem er gegenüber einem Psychiater immer mehr Tötungen zugegeben hatte, im Juni 2019 wegen weiterer 85 Patientenmorde zum zweiten Mal zu einer lebenslangen Freiheitsstrafe verurteilt. Das Gericht in Oldenburg stellte eine besondere Schwere der Schuld fest, sodass H. nicht bereits nach 15 Jahren auf Bewährung freigelassen werden kann. Die Taten sprengten jegliche Grenzen, sagte der Vorsitzende Richter Sebastian Bührmann. Das eigentliche Motiv H.s bleibe unklar. Wie viele Patienten er tatsächlich umgebracht hat, wird nie zu klären sein. Denn viele Verstorbene waren verbrannt worden, sodass ein Nachweis von illegal beigebrachten Substanzen nicht mehr zu führen war.

Gegen weitere, zum Teil ehemalige Mitarbeiter des Klinikums Oldenburg, erhob die Staatanwaltschaft nach H.s Verurteilung Anklage wegen Totschlags durch Unterlassen. Die Kammer teilte aber bereits mit, dass nach vorläufiger rechtlicher Bewertung allenfalls mit einer teilweisen Zulassung der Anklage zu rechnen sei und zwar wegen Beihilfe durch Unterlassen zum Totschlag. Denn es fehle an der „Garantenstellung“ der Angeschuldigten. Außerdem müssen Anträge der Verteidigung auf Ausschluss des Vorsitzenden Bührmann und seiner Mitrichter aus gesetzlichen Gründen geprüft werden, da sie als Zeugen in Betracht kommen.

Regina K. wurde in München wegen mehrfachen versuchten Mordes zu einer Freiheitsstrafe von 15 Jahren verurteilt. Der Bundesgerichtshof bestätigte das Urteil.

VI

In der Falle

Prominenz

Ergebnis null

Der Strafprozess gegen den ehemaligen Bundespräsidenten Christian Wulff

Spiegel 6/2014, 3. Februar 2014

Gespart wurde an nichts. Millionen Euro haben die Ermittlungen gekostet. 93 Zeugen wurden vernommen, Dateien in einem Volumen von fünf Terabyte ausgewertet. Die Ermittler stellten Hunderte Aktenordner sicher, durchleuchteten Bankkonten und Telefonanschlüsse, lasen E-Mails und Kurzmitteilungen, durchsuchten Wohnungen und Geschäftsräume und baten drei ausländische Staaten um Rechtshilfe. Als wenn Christian Wulff im Keller kleine Kinder geschlachtet hätte.

Für einen derartigen Aufwand bedurfte es einer 24 Mann starken Ermittlungsgruppe des Landeskriminalamts und vier Staatsanwälten. Selbst den absurdesten anonymen Hinweisen, bei denen es auf der Hand lag, dass sie von Wichtigtuern stammten, rannten sie nach. Wulff, so wurde zum Beispiel kolportiert, habe auf finanziell potente Industrielle wie Ferdinand Piëch oder Wolfgang Porsche und andere eingewirkt, damit diese gegenüber den Ermittlungsbehörden wahrheitswidrig bestätigten, ihm Bargeld geliehen zu haben. Denn er habe den Fahndern damit eine finanzielle Liquidität vorspiegeln wollen, die bei ihm nicht bestand. Die Ermittler nahmen jede Absurdität ernst.

Seit dem 14. November 2013 findet vor der 2. Großen Strafkammer des Landgerichts Hannover der Strafprozess gegen den Ex-Bundespräsidenten und den mit ihm befreundeten Filmproduzenten David Groenewold statt. Gemessen an dem „Ermittlungsexzess“, wie ihn die Verteidiger Wulffs, Michael Nagel und Bernd Müssig, nennen, tendiert das bisherige Ergebnis gegen null. Je länger der Prozess dauert, umso mehr kommen Zweifel auf, warum das Gericht die Anklage überhaupt zugelassen hat.

Das Ermittlungsverfahren mag noch geprägt gewesen sein vom Bemühen, den in der Bundesrepublik bisher einmaligen– und durch ihn selbst verschuldeten – Antrag auf Aufhebung der Immunität des ersten Mannes im Staat zu rechtfertigen. In der Folge aber ließen sich auch die Richter vom Erfolgszwang treiben.

Das Gericht schraubte den Furor der Ankläger in seinem Eröffnungsbeschluss zwar von Bestechung/Bestechlichkeit auf Vorteilsannahme/-gewährung zurück „Nach alldem ist davon auszugehen, dass sich die von der Anklage angenommene konkrete (mündliche) Unrechtsvereinbarung zwischen den Angeklagten in der Hauptverhandlung nicht wird nachweisen lassen, sodass auch nicht mit einer Verurteilung der Angeklagten wegen Bestechung bzw. Bestechlichkeit zu rechnen ist", heißt es im Eröffnungsbeschluss.

Zur Annahme eines hinreichenden Tatverdachts, wie er zur Eröffnung eines Strafverfahrens notwendig ist, dient als Maßstab üblicherweise die sogenannte überwiegende Verurteilungswahrscheinlichkeit. Beim Vorwurf der Vorteilsannahme/-gewährung aber griffen die Hannoveraner Richter zu einer anderen Messlatte. Hier reichte ihnen die Feststellung, es liege „ein Grenzfall ungefähr gleicher Verurteilungs- und Nichtverurteilungswahrscheinlichkeit" vor. Eine Klärung in der Hauptverhandlung sei nötig, beschloss die Kammer.

Dazu gibt es in der Rechtsprechung Beispiele. Solche Grenzfälle sind die Ausnahme, etwa bei einer „besonderen Beweiskonstellation", wenn Aussage gegen Aussage steht oder Unklarheit herrscht, welches Gericht zuständig ist. Beides trifft auf den Fall Wulff/Groenewold nicht zu. Die Richter legten unterschiedliche Maßstäbe an ein und denselben Sachverhalt, um gegen Wulff überhaupt einen Prozess in Gang zu bringen. Man wollte das Verfahren offenbar um jeden Preis.

Lag es am öffentlichen Druck? An der Erwartung der Medien, die sich mit Wulffs politischen Fehlern beschäftigten? Schließlich hatte er in Fülle Anlass geboten zu Zweifeln, ob er der richtige Mann an der Spitze des Staates war. Die Justiz aber hat andere Aufgaben.

Im Ermittlungsverfahren rief Oberstaatsanwalt Clemens Eimterbäumer die Beamten des Landeskriminalamts Niedersachsen mehrfach zur Räson. Die Staatsmacht sei an „einer anlasslosen Ausforschung ihrer Bürger, sofern keine zureichenden tatsächlichen Anhaltspunkte für verfolgbares Strafunrecht vorliegt", gehindert. An anderer Stelle schrieb Eimterbäumer übereifrigen Ermittlern ins Stammbuch, „bloße Vermutungen ohne ausreichend tragfähige Tatsachengrundlagen" verböten sich in einem rechtsstaatlich fair geführten Verfahren.

Daran gehalten haben sich die Beamten nicht. In den Akten finden sich zahlreiche Beispiele waghalsiger Verdachtskonstruktionen – ausschließlich zulasten der Beschuldigten.

Als Beispiel mag eine Ferienwohnung auf Sylt dienen, die Freunden Groenewolds gehört. Das Ehepaar Wulff verbrachte im August 2008 acht Tage dort. Die Miete, sagt Wulff, habe er Groenewold zur Weiterleitung an die ihm unbekannten Vermieter übergeben; das Geld habe seine Frau zu Weihnachten von ihrer Mutter bekommen. Ist das lebensfremd? „Zwar hätte rechnerisch die Möglichkeit bestanden", sinnierten die Ermittler, „von Frau Wulffs gesamtem Weihnachtsgeld 2007 die während des Aufenthalts auf Sylt anfallenden Minimalkosten zu bestreiten, doch ist es bei lebensnaher Betrachtung wenig glaubhaft, dass der gesamte Betrag siebeneinhalb Monate unangetastet aufbewahrt wird."

Diese „lebensnahe Betrachtung" durch Kriminalbeamte prägt auch die Hauptverhandlung. Anhaltspunkte für eine Korruptionsstraftat fanden und finden sich nicht. Doch „Raum für Spekulationen", wie ein Ermittler sagte, ist allemal.

David Groenewold hat, so seine Darstellung, anlässlich des Besuchs von Wulff und seiner Familie auf dem Oktoberfest 2008 hinter dessen Rücken einen Teil der Hotelkosten des damaligen niedersächsischen Ministerpräsidenten beglichen: 400 Euro Logis plus Kindermädchen. Und er hat im Käfer-Festzelt die Zeche bezahlt, nicht nur für Wulff, sondern für viele andere Gäste auch.

Hotelangestellte bestätigten vor Gericht die Darstellung der Angeklagten, dass bei der Bezahlung am Hoteltresen nicht über die Aufsplittung der Rechnungen gesprochen worden sei. Mehr hatten auch die Beamten des Landeskriminalamts nicht feststellen können.

„Es bleibt aber möglich, dass eine solche Absprache im Vorfeld stattgefunden hat", mutmaßten die Ermittler. Den Hotelbediensteten unterstellten sie, die Unwahrheit gesagt zu haben. Weil „aus hiesiger Sicht" deren Angaben nicht nachvollziehbar seien.

Ein Indiz, dass eine solche Absprache tatsächlich nicht stattgefunden hat, ist, dass Groenewold sogar die Rechnung eines der Personenschützer Wulffs beglich. Wer sollte davon einen Vorteil gehabt haben? Der Mann war perplex, als er 2012 im Zug der Ermittlungen davon erfuhr, denn er hätte die Kosten abrechnen können. Wie übrigens auch Wulff.

Hinweise auf Korruption? Ja!, jubelten die Ankläger. Wulff habe sich doch für das Filmprojekt „John Rabe" beim Siemens-Vorstandsvorsitzenden Peter Löscher verwendet! Zeitnah zu jener „Wiesn-Sause" Ende September, zu der Groenewold einlud.

Der Brief Wulffs an Löscher stammt vom 15. Dezember 2008. Geschrieben wurde er im Anschluss an eine Reise des damaligen

Ministerpräsidenten mit einer Wirtschaftsdelegation nach China. Dabei war, auch gegenüber dem chinesischen Vizepremier Zhang, mehrfach die Rede von jenem Siemens-Mitarbeiter Rabe, der in den dreißiger Jahren Hunderttausende Chinesen vor den nachrückenden Japanern gerettet hatte.

Nicht zu widerlegen ist, dass Wulff den Brief aufgrund eigener Überzeugung schrieb, zumal sich herausgestellt hat, dass Groenewold von dem Bittbrief an Löscher ohnehin keinen Vorteil zu erwarten hatte, weder einen finanziellen noch einen ideellen. Was juckt es die Ankläger.

Die Verteidiger Groenewolds, Bernd Schneider und Friedrich Schultehinrichs, hatten, wie sie sagen, der Staatsanwaltschaft wiederholt angeboten, sich von ihrem Mandanten – einst ein Tausendsassa von legendärer Großzügigkeit, heute ein Mann, der nur noch sarkastisch über seine Lebensumstände spricht – einen Eindruck zu verschaffen. Vergebens. Wo blieb sein Anspruch auf rechtliches Gehör, das jedem Bürger im Rechtsstaat zusteht? Das Bild von der Korruption an der Spitze des Staates und der Wehrhaftigkeit furchtloser Fahnder war zu schön.

Am 19. Dezember 2013 bilanzierte das Gericht, der Bestechungsvorwurf lasse sich weiterhin nicht aufrechterhalten. Außerdem: Wenn Wulff nicht gewusst haben sollte, dass Groenewold ihm am Hoteltresen heimlich einen „Vorteil“ gewährte – wo bleibt dann die „Vorteilsannahme“? Der Vorsitzende Frank Rosenow, der stets erkennen lässt, was er denkt, wollte zum Ende kommen.

Oberstaatsanwalt Eimterbäumer bewegte sich nicht, es ging also weiter. Dafür pflegt nun der Generalstaatsanwalt das laufende Verfahren in den Medien zu kommentieren. So etwas gab es noch nicht einmal bei Kachelmann.

Wulff, der sich durch die Anklage in der Ehre gekränkt fühlt, hat weiterhin ein Wechselbad zwischen Hoffen und Bangen hinzunehmen. Es werden Zeugen über Zeugen aufgeboten: Ermittler, die Stimmung machen, oder Olaf Glaeseker, der frühere Intimus Wulffs, der selbst angeklagt ist und sich entsprechend zurückhaltend gab. Bettina Wulff, Noch-Ehefrau. War von ihr etwa zu erwarten, dass sie ihren Ex als korrupten Strolch darstellt?

Das Ehepaar Burda-Furtwängler. Maria Furtwängler bat vor Gericht, eine Frage stellen zu dürfen: „Was könnte meine Aussage im allerbesten Fall eigentlich zur Klärung beitragen?“ Vielleicht, dass man nicht zum Vergnügen auf die Wiesn geht, sondern nur notgedrungen. Wenn einer wie Wulff kommt zum Beispiel.

Der Vorsitzende, von einer ungewohnt großen Medienöffentlichkeit belauert, ist übervorsichtig geworden. Das Revisionsrisiko vor Augen, gibt die Kammer den Anträgen der Staatsanwaltschaft so weit wie möglich statt. Sollte es zu Freisprüchen kommen, wird es heißen, der Rechtsstaat habe gesiegt. Es wäre ein beschämender Sieg.

Zwei Jahre nach seinem Rücktritt als Staatsoberhaupt wurde Wulff, 54, am 27. Februar 2014 vom Vorwurf der Vorteilsannahme erwartungsgemäß freigesprochen. „Es gibt schlicht keine schlagkräftigen Beweise“, sagte der Vorsitzende Rosenow. Groenewold war Vorteilsgewährung auch nicht nachzuweisen. Trotz Freispruchs glückte beiden die Rückkehr in ein Leben im Rampenlicht nicht. Groenewold, schwer erkrankt und von finanziellen Einbußen belastet, starb 2019 im Alter von 46 Jahren.

In der Falle

Uli Hoeneß' Spiel mit den Gesetzen des Rechtsstaats

SPIEGEL 12/2014, 17. MÄRZ 2014

„Die Stunde null ist der 17. Januar 2013, 8.15 Uhr. Da begann die Rückkehr des Herrn Hoeneß zur Steuerehrlichkeit." Goldene, weil bestechend einfache Worte eines Strafverteidigers am Anfang seines Plädoyers, plakativ zugespitzt auf das scheinbar unwiderlegbar Wesentliche des Falls. Die Überschrift gleichsam.

Doch die Sache ist alles andere als einfach. Sie fängt bei der hochkomplizierten Materie an, die heutzutage nur noch eine Handvoll Spezialisten beherrscht. Und sie endet bei einem sich bis zuletzt selbst überschätzenden Delinquenten, für den es zeitlebens nichts anderes gab als das Gewinnen und das Bestimmen darüber, was er für wahr und gut und richtig hält und was nicht.

Bis zum 14. März 2014, 10.05 Uhr, dem Tag des Urteils. Da war die Rückkehr des Uli Hoeneß zur Steuerehrlichkeit in vollem Gange. Und mit ihr kamen das böse Erwachen und der Absturz. Es ist vorbei.

„Hochmut kommt vor dem Fall", lautet das alttestamentliche Wort aus dem „Buch der Sprichwörter". Hoeneß ist nicht mehr das Gesicht des FC Hollywood. Er ist nicht mehr der Chef, der Verein braucht ihn wohl auch nicht mehr. Wenn er sie vielleicht auch noch nicht realisiert, so spürt er, der Bauchmensch, doch die Niederlage. Er verlor das Spiel mit den Gesetzen des Rechtsstaats, der stärker ist als er. Denn er hatte sich auch vor Gericht auf den Kampf um Sieg oder Niederlage eingelassen und gemeint, die Regeln von Recht und Gesetz selbst bestimmen zu können. Das musste schiefgehen.

Wer auch nur einmal Steuern hinterzieht, etwa weil er Schwarzgeld ins Ausland schafft, begibt sich in eine fatale Lage: Er kann nicht mehr steuerehrlich werden. Die Straftat verfolgt ihn wie ein Schatten. Denn fortan begeht der Steuerpflichtige jedes Jahr mit seiner Steuererklärung eine weitere Straftat. Es summiert sich, bei Hoeneß von 2003 bis 2009. Kommt die Steuerfahndung dem Hinterzieher auf die Schliche, dann wird es unter Umständen sehr teuer oder auch noch ungemütlich, wenn eine Freiheitsstrafe droht. Alternative: Der Steuersünder zeigt sich selbst beim Finanzamt an. Dann hat er die Chance, wenigstens straffrei davonzukommen. Die Hürden dafür aber sind hoch.

Gleichzeitig gehört zu den Prinzipien des Rechtsstaats, dass niemand sich selbst belasten muss, auch nicht der Steuerhinterzieher. Der Staat muss ihm nachweisen, dass er sich gesetzeswidrig verhalten hat. Der einzige Weg aus diesem Widerspruch führt über die strafbefreiende Selbstanzeige. Mit ihr wird die Bereitschaft des Steuerhinterziehers honoriert, seine Verfehlung freiwillig zu offenbaren, die zu verbergen sein gutes Recht wäre. Es ist also ein Geschäft auf Gegenseitigkeit.

Der Präsident des Bundesfinanzhofs Rudolf Mellinghoff hat in einem Interview mit dem Bayerischen Fernsehen den Gesetzgeber kritisiert. Wenn der Steuerpflichtige schon zur Selbstanzeige gelockt werde mit dem Versprechen der Straffreiheit, dann müsse „sie auch handhabbar und praktikabel sein“. Denn selbst wenn sich der Steuerhinterzieher hervorragend beraten lasse, bei der Selbstanzeige aber „dann den kleinsten Fehler macht, dann ist er sozusagen in die Falle getappt“. Dann ist die Selbstanzeige nicht wirksam und der Steuerpflichtige genauso strafbar wie der, der von den Fahndern erwischt wurde.

Der vom Rechtsstaat Bezwungene und sein Beistand, der dem Rechtsstaat dient – Uli Hoeneß und Hanns Feigen. Zwei Männer etwa gleichen Alters, gleichen Selbstbewusstseins, ähnlich erfolgreich. Machtmenschen. Doch wo Hoeneß maßlos erscheint, unreflektiert, vom Instinkt geleitet und seinen Emotionen ausgeliefert – und daher jetzt am Ende –, ist Feigen nüchterner Stratege, souverän, unabhängig, furchtlos. Er hält sich zurück, solange es ihm geboten scheint, was sich dann auch in seiner leicht gebeugten Körperhaltung ausdrückt. Bisweilen rückt er etwas von der Anklagebank ab, begibt sich also in den Hintergrund. Aber kaum richtet er sich auf und greift zum Mikrofon, gehört die Aufmerksamkeit ganz ihm.

Feigen stellt Thesen auf, als wären sie in Stein gemeißelte Gesetze: „Wann ist eine strafbefreiende Selbstanzeige wirksam? Wenn der Steuerpflichtige nicht länger hinterziehen will. Die Offenlegung der Steuerquelle ist hier erfolgt am 17. Januar 2013, 8.15 Uhr. Was danach kam, ist ohne Belang.“ Eine Selbstanzeige kenne keine Formvorschrift. Die Motivlage des Steuerpflichtigen sei egal. Es sei kein großer Unterschied zwischen einer wirksamen Selbstanzeige und einer, die ein paar formale Fehler aufweise. Der Gesetzgeber messe der Rückkehr zur Steuerehrlichkeit schließlich eine überragende Bedeutung zu. Wer widerspricht? Der Richter in seinem Urteil.

Feigen korrigiert, blafft, er nimmt sich die Freiheit, seinem Mandanten selbst in öffentlicher Hauptverhandlung über den Mund zu fahren, wenn dieser meint, die Linie verlassen und sie selbst bestimmen zu dürfen. Der Chef auf der Anklagebank im Münchner Justizpalast war nicht Hoeneß, sondern der Herr in der schwarzen Robe an seiner Seite.

Feigen hatte erkannt, dass sich in diesem Fall eine sogenannte Konfliktverteidigung, die meist nicht viel mehr als Krawall ist, verbietet. Anträge stellen, die den Vorsitzenden womöglich ärgern, weil sie absehbar unergiebig sein würden? Aktionen für die Galerie? Bei Feigen nicht.

Denn der natürliche Feind im Saal, das weiß ein erfahrener Strafverteidiger wie Feigen, ist nicht der Staatsanwalt, schon gar nicht einer wie Achim von Engel, ein womöglich netter, juristisch aber eher konventionell denkender Mann. Er fiel im Hoeneß-Prozess vor allem dadurch auf, dass er die Anklage wie auch sein Plädoyer fast tonlos nuschelnd und damit wenig eindrucksvoll vortrug. Der Feind, oder besser: der Gegner, selbst wenn dessen Ton noch so verbindlich sein mag wie bei Rupert Heindl, ist der Vorsitzende. Gerade einer wie Heindl. Kaum vorstellbar, dass seine Mitrichter ihm widersprechen.

Heindl ist nicht nur pro forma der Chef am Richtertisch. Ein Kahlkopf, ein Kopfmensch, analytisch denkend, offen und festgelegt zugleich, nicht gerade bekannt für überschießende Gnade. Knochenhart, staubtrocken, wenn es sein muss ein Erbsenzähler. Er hat Humor, versteht aber keinen Spaß. Er misst mit dem Zentimetermaß im Kopf.

Heindl und Feigen, beide blendende Juristen, respektieren einander, auch wenn der Strafverteidiger Heindls Feststellung, die Selbstanzeige Hoeneß' sei unwirksam, für gewagt hält. Heindl: „Sie ist unwirksam, nicht weil ein Steuerberater eine Zahl vergessen hat, sondern weil mit den von Herrn Hoeneß vorgelegten Zahlen gar keine Selbstanzeige erstattet werden konnte." Es sei nämlich offengeblieben, „ob von wenigen Euro oder von 70 Millionen auszugehen ist". Steuerhinterziehung sei außerdem ein Vorsatzdelikt. Und, Hoeneß direkt ansprechend: „Wie Sie vielleicht noch selbst glauben wollen – freiwillig haben Sie die Selbstanzeige keineswegs abgegeben! Sie waren getrieben von der Angst vor Entdeckung!"

Es gibt noch keine höchstrichterliche Rechtsprechung zur Frage, ob eine missglückte oder fehlerhafte Selbstanzeige strafrechtlich in jedem Fall gleich zu bewerten sei. Und es ist noch nicht entschieden, welche strafmildernde Wirkung einer fehlgeschlagenen Selbstanzeige beizumessen sei. Die von Feigen vorgetragene These, es komme vor allem auf den ernsthaften Willen des Steuersünders an, zur Ehrlichkeit zurückzukehren, steht (noch) nicht im Gesetz. Wiegt dieser Wille geringer als eine formale Richtigkeit? Falls ja: Kann die Strafwürdigkeit eines Delinquenten vom Geschick seines Steuerberaters abhängen? Während die Gerichte früher Selbstanzeigen großzügig honorierten, ist inzwischen eine Tendenz zur Erschwernis unübersehbar. Hoeneß dürfte der erste Angeklagte sein, der nach einer fehlgeschlagenen Selbstanzeige zu einer Freiheitsstrafe ohne Bewährung verurteilt wurde. Allerdings dürfte er auch der erste sein, der Beträge in derart schwindelnder Millionenhöhe hinterzogen hat.

Wie es bei guten bayerischen Richtern oft zu beobachten ist, fällt bei aller Strenge am Ende das Ergebnis so aus, dass zwar keiner so richtig zufrieden ist, jeder eine andere Meinung dazu hat, aber alle auf ihre Weise damit zurechtkommen. Feigen hatte im Plädoyer anklingen lassen, wie schwer sich Hoeneß und seine Familie im vergangenen Jahr mit der Ungewissheit taten, was auf sie zukommen werde. Da schaute Heindl auf und sah einen Anklagten, der wie ein Bub dasaß und sich auf die Lippen biss.

Später, im Urteil, kanzelte er ihn noch ein wenig ab: „Sie hatten viele Jahre Zeit! Sie haben nichts getan, sondern auf Zeit gespielt! Es war Ihnen klar, dass die Aufarbeitung der Steuerunterlagen keine Arbeit von wenigen Wochen sein würde. Erst nach einem Hinweis des Gerichts, dass eine Selbstanzeige ohne Vollständigkeit der Unterlagen hinfällig sein würde, kamen von Ihnen die letzten Dokumente aus der Schweiz – und die waren kaum auswertbar." Hoeneß' Schädel wurde rot und röter. Und am Ende ordnete Heindl auch noch die Fortdauer des – außer Vollzug gesetzten – Haftbefehls an. Da blieb nur noch der Schlussstrich, selbst wenn er sicher weh tat.

Franz Beckenbauer, der immer zu allem etwas weiß, sagte in „Bild": „Er ist für mich kein Betrüger und kein schlechter Mensch. Nur halt in vielen Dingen – wie ich auch – ein Schlamperl." Hoeneß hat viele Freunde, die ihn nicht fallenlassen werden. Solche und solche.

Hoeneß wurde am 13. März 2014 wegen Steuerhinterziehung in sieben Fällen schuldig gesprochen und zu einer Freiheitsstrafe von drei Jahren und sechs Monaten verurteilt – zwei Jahre weniger, als die

Staatsanwaltschaft gefordert hatte. Nach Verbüßung der Hälfte wurde er vorzeitig entlassen. Die Staatsanwaltschaft hatte in der Anklage eine Schadenssumme von 3,5 Millionen Euro angenommen. Bereits am ersten Verhandlungstag korrigierte Hoeneß diese Summe selbst um 15 Millionen Euro nach oben. Doch auch dieser Betrag hatte nicht lange Bestand. Am Ende hielten Gericht und Verteidigung einen Schaden von 27, 2 Millionen Euro für „sachgerecht".

Eulenspiegel oder Künstler

Wolfgang Beltracchi: Der größte Kunstfälscher-Skandal der Nachkriegszeit

Spiegel 43/2011, 24. Oktober 2011

War das nun schnöder banden- und gewerbsmäßiger Betrug – oder nicht doch eher eine im Grunde sympathische Verfehlung mit dem Flair aufregender Genialität? Ein ästhetisches Ärgernis, gewiss, aber mit Niveau, geht es doch um Malerei, um die Kunst der klassischen Moderne und jene astronomischen Summen, die auf einem irrationalen Markt Köpfe und Herzen verwirren. Man müsste beinahe ein Held sein, wollte man hier jeder Verlockung widerstehen. Immerhin dies ist dem Hauptangeklagten Wolfgang Beltracchi, 60, zugutezuhalten.

Gerhard Richter, der in London mit einer Retrospektive in der Tate Modern gefeiert wurde, kommentierte die Summe von zwölf Millionen Euro, die das Auktionshaus Christie's für eines seiner Gemälde von 1982 („Kerze") erzielt hat, kopfschüttelnd mit den Worten: „Das ist genauso absurd wie die Bankenkrise – unverständlich, albern, unangenehm." Richter hatte in den Jahren 1982 und 1983 25 solcher Kerzenbilder gemalt. Er gilt als teuerster lebender deutscher Maler. Kaisers neue Kleider.

Beltracchi, geborener Fischer aus Höxter in Westfalen, ist weder Held noch vermutlich ein solches Genie, dass er es auf legale Weise in diese Spitzenliga geschafft hätte. Teil des überhitzten Kunstmarkts wurde er nur als Fälscher, der zwar auch Millionen kassierte, aber eben nicht unter eigenem Namen. Hätte er die Bilder, die er in der Manier von Max Pechstein, Max Ernst, André Derain, Kees van Dongen, Fernand Léger oder Heinrich Campendonk und anderen malte, mit „Beltracchi, hommage à …" und der richtigen Jahreszahl signiert, vielleicht hätte er sich auch damit einen Namen gemacht. Aber wohl nicht einen so spektakulären.

Nun aber sehen ihn die Feuilletonisten in einer Reihe neben berühmten Fälschern der Kunstgeschichte wie Elmyr de Hory, dessen Biografie vermutlich genauso falsch ist wie seine falschen Picassos, oder Han van Meegeren, der im vorigen Jahrhundert vor allem Vermeers malte. Nachdem Hermann Göring eines seiner Gemälde erworben hatte und van Meegeren sich nach dem Krieg dem Vorwurf der niederländischen Behörden ausgesetzt sah, nationales Kulturgut ins feindliche Ausland verkauft zu haben, gestand er. Es war ja kein echter Vermeer.

Zunächst glaubte man ihm nicht. Frühere Warnungen einzelner Kunsthändler, bei diesen Bildern handle es sich um Fälschungen, waren als von Neid motiviert abgetan worden. Nun aber war die Aufregung groß, denn die Werke hingen in den berühmten Sammlungen, auch im Amsterdamer Rijksmuseum. Die Öffentlichkeit feierte van Meegeren bald als Volkshelden, der sowohl die Nationalsozialisten als auch die einheimische Geld- und Bildungsaristokratie vorgeführt und die Kunstexperten hereingelegt hatte. 1947 wurde er zu einer milden Freiheitsstrafe von einem Jahr Gefängnis verurteilt.

Ist Kunstfälschung also doch eher ein Kavaliersdelikt denn eine gemeine Straftat und jener Maler ein Star, der nicht bloß kopiert wie der Geldfälscher, sondern neue Meisterwerke schafft? Oder sind Gemälde heute nichts weiter als Geldanlagen, deren Wert sich daran bemisst, wie viele Leute sie haben wollen? Und für einen echten Pechstein gibt es natürlich (doch noch) mehr Interessenten als für einen echten Beltracchi. Hängt der Wert von Kunst nicht mehr von ihrer eigenen Qualität ab, sondern vom Judiz eines sogenannten Experten? Und tritt Schaden dann ein, wenn ein Staatsanwalt sagt, das Bild sei falsch?

Im Saal 7 des Kölner Landgerichts, wo seit dem 1. September 2011 der Prozess gegen Beltracchi, seine Frau, seine Schwägerin und einen Bekannten aus der Krefelder Kneipenszene, genannt „Otto“ oder „Graf Otto“, stattfindet, ist die Stimmung meist gehoben. Der Hauptangeklagte tritt mit der Attitüde des opulenten Malerfürsten auf, der sich nicht mit kleingeistigem Bestreiten aufhält, im Gegenteil. Er kann gar nicht abstreiten. Selbstverständlich hatte er, und nur er, die Ideen, die Fähigkeiten, das Potential. Selbstverständlich war er der Motor. Nur er war auf die Legende der kunstsinnigen Großväter gekommen („Sammlung Jägers“ und „Sammlung Knops“), die angebliche Meisterwerke der „entarteten Kunst“ gesammelt und vor den Nazis versteckt hatten.

Beltracchi formuliert originell, spricht vom „Malen fremder Bilder“. Er hat neue Bilder gemalt, Bilder, die seiner Meinung nach im Œuvre des jeweiligen Künstlers fehlten. Er hat bisweilen vielleicht sogar besser gemalt, als jene es gekonnt hätten. Beltracchi zählt die Voraussetzungen dafür auf und lässt keinen Zweifel an seinem Können aufkommen: Man müsse zu kopieren und zu restaurieren verstehen und über naturwissenschaftliche sowie kunsthistorische Kenntnisse verfügen. Und man müsse wissen, wie der Kunstmarkt ticke und wo „die Gier am größten“ sei.

Er sagt: „Ich entwickelte eine besondere Gabe des Sehens, um die Malweise des Malers zu verinnerlichen“ und schildert seine Verblüffung, wie unglaublich leicht es gefallen sei, die falschen Bilder Kunstexperten von Rang, Händlern und Galeristen als echte zu verkaufen.

Der Vorsitzende der 10. Großen Strafkammer des Landgerichts Köln Wilhelm Kremer ist für diesen Prozess ein Glücksfall. Er ist ein Richter mit der Fähigkeit, uneitel und entspannt zu verhandeln. Ein Mann mit Sinn für Ironie und einem feinen Gespür für Absurdes. Er verliest genüsslich die Zeugenaussage von Marc Blondeau, dem Kunsthändler aus Genf, der einst Chef von Sotheby’s Frankreich war. Es geht um den Verkauf gefälschter Max-Ernst-Bilder wie „La Horde“ und „La Mer“, bei dem Max-Ernst-Spezialist Werner Spies eine Rolle spielte. Spies ist Professor und doppelter Doktor. Der Vorsitzende zitiert immer wieder die Titel, wie sie in der Aussage vorkommen. Einmal wird dabei aus dem Doppeldoktor bei ihm sogar ein dreifacher: „Professor Doktor Doktor Doktor Spies und ich waren bereits nach kurzer Zeit einstimmig der Meinung, dass es sich um ein großartiges Bild von Max Ernst handelt,“ liest er vor.

Auf seiner „Internetinformationsseite“ präsentiert Beltracchi inzwischen ein Selbstporträt samt Hand mit Pinsel im Stil alter Meister vor dem Hintergrund eines Höllensturzes nackter Leiber, dahinter Gitterstäbe als Hinweis auf seine gegenwärtige Situation. Gefallene Engel und Götter gibt es in diesem Stück tatsächlich in Fülle.

Ritterlich stellt er sich vor seine Frau, die immer in seinem Schatten stand, sagt Sätze wie: „Das Kennenlernen meiner Frau veränderte mein Leben innerhalb eines Tages.“ Ohne ihn wäre sie nie mit dem Gesetz in Konflikt geraten, wirbt er. Die Herzen des Publikums fliegen ihm zu.

Oder: „Geld allein hat mich nie wirklich interessiert. Ich hatte immer einen unkonventionellen Lebensstil. Dieser wurde mit zunehmendem Geld teurer.“ Da lächeln die Zuhörer, das kennt man.

Dass alle vier Angeklagten peinlich darauf achten, in ihren Geständnissen nicht den Verdacht aufkommen zu lassen, sie hätten als Bande gehandelt, wofür mindestens drei Mitglieder nötig wären, ist nicht zu überhören. Denn ein anderer Eindruck hätte unschöne Auswirkungen auf Verjährungsfristen.

Die Staatsanwaltschaft aber tut sich mit solch taktischen Beteuerungen schwer. Denn umfassende Geständnisse waren die Voraussetzung für jene Verständigung vor Prozessbeginn, die den zu verhandelnden Stoff erst handhabbar machte. Von da an ging es nur noch um 14 von 55 oder noch mehr gefälschten Bildern, wofür die Angeklagten auf Strafen zwischen zwei und sechs Jahren hoffen durften.

Man muss kein Freund von Absprachen sein, um hier ihre Zweckmäßigkeit für alle Beteiligten zu erkennen. Der Justiz blieben eine langwierige Aufklärungsarbeit sowie unabsehbar hohe Kosten erspart. Und wem hätten um ein Drittel höhere Freiheitsstrafen, wie sie die Kammer im Auge hatte, genützt?

Fasziniert sei sie von ihrem Mann gewesen, gesteht Frau Beltracchi vor Gericht, und wie sie es sagt, klingt es nicht nach Taktik. Problematischer ist es bei ihrer Schwester. Dass diese für den Transport dreier Gemälde von Südfrankreich, wo die Beltracchis lebten, nach Paris mit 100 000 Euro entlohnt wurde, in Unkenntnis angeblich, dass ihr Schwager der Maler war – schwer vorstellbar. „Sie kamen aus einfachen Verhältnissen", sagt der Vorsitzende, „da fragt man doch mal! Oder haben Sie gedacht: Augen zu und durch?"

Ihr Geständnis klingt mager und spröde. Doch wer weiß, in welche private Zwickmühle sie sich von dem Augenblick an begeben hatte, als sie sich auf die Unterstützung ihres Schwagers und vor allem ihrer Schwester einließ? Da kommt manchmal vieles zusammen, was Außenstehenden nicht zugänglich ist.

Das Gericht hat Mühe mit ihrer Verhaltenheit. Dass Otto nicht nur auf Veranlassung Beltracchis, sondern durchaus auch auf eigene Faust vermittelte und kassierte, leuchtet eher ein. Doch dann fängt das Gericht an, sich mit den Erlösen der Bilderverkäufe zu befassen. Und den vielen Konten, etwa in Andorra, auf denen Euro, Schweizer Franken, Yen und britische Pfund lagen. Hunderttausende hier, Millionen dort. „So ging dat hin und her", sagt der Vorsitzende und wiegt den Kopf. Ganz so uninteressiert war man am Geld offenbar doch nicht.

Beltracchi kennt Otto seit 1984. Gemeinsame Geschäfte machte man schon lange miteinander. „Und als Sie geheiratet haben – haben Sie da zu Ihrer Frau gesagt: Nu seh'n wir mal zu, dass ein bisschen Knete reinkommt?", fragt der Vorsitzende. Beltracchi sucht nach einer

Antwort. „Im Grundsatz wusste Ihre Frau doch, dass es den Otto gab und dass der verkaufte!“ Also doch eine Bande? Den Vorsitzenden überzeugt ein durchgehend paarweises Vorgehen nicht. Wer bekam wofür wie viel? Und wo ist das Geld jetzt? Fragen über Fragen, auf die es in diesem Prozess keine Antworten gibt.

Der Vorsitzende rechnet den Angeklagten vor, sie hätten in zehn Jahren rund acht Millionen Euro „verdient“, das seien 800 000 Euro pro Jahr. Alles weg? Er wendet sich an Frau Beltracchi: „Ich frag jetzt Sie nach den Konten, weil Ihr Mann ja eher der Künstler ist.“ Beltracchi fällt ihm ins Wort: „Wir wissen doch gar nicht, was die in Andorra mit dem Geld gemacht haben!“ Man sei pleite. Komplett pleite.

Kurz vor Ende der Beweisaufnahme kommt es beinahe zum Eklat. Die Staatsanwaltschaft will weitere Schriftstücke in die Hauptverhandlung einführen, um zu beweisen, dass es zwischen den Angeklagten doch bandenmäßig enge Verbindungen gegeben habe.

Am nächsten zur Richterbank sitzt der Kölner Strafverteidiger Reinhard Birkenstock. Der Vorsitzende Kremer und er verständigen sich wortlos. Sie sind eine Generation, sie kennen und schätzen sich. Birkenstock hatte die Verständigung eingefädelt, Kremer stimmte ihr mit seiner Kammer zu. Und nun, auf der Zielgeraden, kommt die Staatsanwaltschaft daher.

Über Staatsanwältin Kathrin Franz entlädt sich ein Gewitter. Kremer droht grollend, das Verfahren neu aufzurollen: „Entweder wir haben Absprachen, oder wir machen alles rückgängig. Dann verhandle ich bis zu meiner Pensionierung den Fall Beltracchi.“

Doch es geht noch mal gut. Die Staatsanwaltschaft hält sich an die Absprache. Es gibt ja auch gute Argumente dafür: Ohne Geständnisse hätte die Sache vielleicht erst nach Jahren aufgeklärt werden können. Oder man hätte für teures Geld in die Schweiz oder nach Andorra reisen müssen, um Zeugen zu vernehmen, von denen mancher vielleicht aus Angst vor der Antwort nichts Genaues mehr wissen will. Also: sechs Jahre für Beltracchi, fünf für Otto, vier für Frau Beltracchi und zwei Jahre für die Schwester. Und die Außervollzugsetzung aller Haftbefehle.

Der Verteidigung bleibt da nur noch, für etwas weniger als die verabredeten Höchststrafen zu werben. Herrn Beltracchi, sagt Birkenstock, komme es darauf nicht an. Er stehe zu dem, was er getan habe. Das Urteil wird keine Überraschung sein.

Was aber wird bleiben vom größten Kunstfälscherskandal der Nachkriegszeit? Beltracchi versichert, mit dem Fälschen im großen Stil sei es heute generell vorbei, da kaum noch Bilder der klassischen Moderne gleichsam aus dem Nichts auftauchen könnten. Die „Frankfurter Allgemeine" will seine Bilder im Museum sehen; schon die Erfindung der Legende „Sammlung Jägers" hält das Frankfurter Feuilleton für ein Kunstwerk.

Mit dem Malen wird Beltracchi wohl nicht aufhören. Der Prozess hat ihn bekannt gemacht. Jetzt könnte er beweisen, dass er nicht nur ein Eulenspiegel ist. Sondern ein Künstler, ein echter.

Beltracchi, der heute mit seiner Frau in der Schweiz lebt, verbüßte bis 2015, dann wurde er vorzeitig entlassen. Über seine Arbeit sagte er dem Magazin „Stern": „Das letzte Bild, ein kleines Porträt, habe ich gespendet. Es wurde auf einer Auktion für einen wohltätigen Zweck versteigert und brachte 180 000 Euro ein. Porträts von Einzelpersonen liegen so zwischen 100 000 und 200 000 Euro. Große Gemälde kosten auch schon mal über 300 000 Euro. Aber ich male nicht viel. Nur noch vier Porträts im Jahr."

Eine Leiche erschossen?

Kirch-Erben gegen die Deutsche Bank

Spiegel 51/2012, 17. Dezember 2012

Manchmal sagt der Ort etwas aus über die Sache, die dort verhandelt wird. Hier ist es die oberste Etage, der Speicher, der dem Oberlandesgerichts München fast zwei Jahre lang als Schauplatz diente für die Aufarbeitung einer der größten Pleiten der deutschen Nachkriegsgeschichte – der inzwischen zehn Jahre zurückliegenden Insolvenz des Medienimperiums von Leo Kirch. Dort, wo sich einst vermutlich Mäuse an modrigen Aktenbergen gütlich taten, standen als Beklagte die Deutsche Bank und Rolf-Ernst Breuer, von 1997 bis 2002 Vorstandssprecher des Geldinstituts in Frankfurt am Main, ein Mann also aus dem vormaligen Spitzenmanagement. Die Kirch-Seite verlangt Schadensersatz in Milliardenhöhe. Auch das ist oberste Etage.

Inzwischen wurde dieser Anspruch vom 5. Zivilsenat als „dem Grunde nach" gerechtfertigt bezeichnet. Das heißt, die Schadenshöhe ist noch unbekannt, sie muss erst noch errechnet werden. Der Senat will zwei Gutachter dazu beauftragen. Ein Schelm, wer denkt, es werde am Ende nur um Peanuts gehen. Die Kirch-Leute beglückwünschen sich schon freudig. Es gibt Geld! Auch das noch. Ein jeder Tag ist zurzeit für die Deutsche Bank schwärzer als der vorige.

Links im Saal also die nonchalanten Deutsch-Banker und ihre Berater, die sich hinter den Anwälten der Großkanzlei Hengeler Mueller drängten. Man trug, ob mit oder ohne Robe, Frankfurter Uniform: Anthrazit oder Schwarz, hellblaues Hemd und rosa Krawatte aus teuerster Seide. Oder silberblau. Und man operierte in geschliffenen Schriftsätzen nach mathematischer Logik: Wenn x gleich a und y gleich b, dann ist c gleich – ja was? Nichts bedeutete es. „In München kann man das Verlieren wieder lernen", sagte einmal ein renommierter Wirtschaftsanwalt aus dem Norden.

Häufig stand Breuer vorn aufrecht wie ein Heerführer. Er hatte das berüchtigte Interview gegeben anlässlich des Weltwirtschaftsforums in New York 2002, als er gegenüber Bloomberg TV auf die unerwartete Frage nach weiterer Finanzhilfe für den taumelnden Medienriesen Kirch sagte: „Was alles man darüber lesen und hören kann, ist ja, dass der Finanzsektor nicht bereit ist, auf unveränderter Basis noch weitere Fremd- oder gar Eigenmittel zur Verfügung zu stellen." Dieser

Satz, der nach Auffassung der Bank nur zusammenfasste, was damals jeder Interessierte wissen konnte, soll Kirch in den Ruin getrieben haben.

Für die klagende Gegenseite ist Breuer seither, über den Tod des Patriarchen Kirch hinaus, der gewissenlose Zerstörer eines einmaligen Lebenswerks und überdies die Inkarnation von bankentypischer Geldgier und Skrupellosigkeit. Die Brauen meist hochgezogen, die Augen nur einen Spalt offen, den Mund verkniffen, stand Breuer unbewegt da, bis alle sich auf Wunsch des Gerichts setzen mussten. Nahm er einen Schluck Wasser, so tat er dies wie einer, der es nicht gewohnt ist, aus Plastikflaschen zu trinken.

Dieser Front gegenüber und jenseits eines unsichtbaren, gleichwohl nicht überbrückbaren Grabens das bayerische Lager. Peter Gauweiler, weißes Hemd, weiße Krawatte, weißes Haar, weißer Schnurrbart, fast verschwindend zierlich neben seinem Kanzleipartner Wolf-Rüdiger Bub. Ein Anwaltsduo, wie von Ludwig Thoma oder Lion Feuchtwanger erfunden: hocherfahren, intellektuell wendig, mit Lust an hinterhältigem Taktieren, politisch vernetzt bis in höchste Kreise, wissenschaftlich ausgewiesen und auch noch einnehmend leutselig. Ein Heimspiel. Bavarität eben, wie Gauweiler sich auszudrücken pflegt.

An der Stirnseite des Raums die drei Richter. Nicht nur im Sprachduktus und physiognomisch dem bayerischen Lager nahe der Vorsitzende Richter Guido Kotschy mit dem Berichterstatter Andreas Harz, beide einst in der Wolle gefärbte Staatsanwälte. In einigem Abstand daneben Beisitzerin Christa Schwegler.

Kotschy versuchte erst gar nicht, seinem Naturell wenigstens den Anschein von Neutralität zu verleihen. Aus seiner Abneigung gegen die Welt der gläsernen Bankentürme und Marmorfoyers sowie dieser Anwälte aus dem Reich des Mammon machte er keinen Hehl. Wie das Verfahren ausgehen würde, war schon am ersten Sitzungstag zu ahnen.

Man habe „alles nochmals sorgfältig betrachtet“, sagt Kotschy. Aber die Sache mit der „inneren Tatseite“, also den Beweggründen Breuers für seine Äußerung, die schätze man eben ganz anders ein als die Herren von der Bank. Die Feststellungen des Landgerichts München I in der Sache – unbeachtlich, sein Urteil wurde aufgehoben. Die Feststellungen des Bundesgerichtshofs – nicht minder unbeachtlich. Denn: „Wir haben hier mehr Erkenntnisse, wir haben eine größere

Beweisaufnahme gemacht, es wurde mehr vorgetragen, wir hatten eine größere Aufklärungspflicht." Übersetzt: Wir haben alles besser gemacht. Bei einem solchen Gericht rennt ein Beklagter gegen eine Wand aus Gummi.

Das Verfahren hatte von Beginn an keinen guten Weg genommen und erschien am Ende gänzlich verfahren. Die Richter waren offensichtlich fest entschlossen, Breuers Darstellung nicht zu folgen, er sei damals in New York auf eine Frage nach Kirch nicht vorbereitet gewesen, seine Formulierung sei als „ein Unfall" anzusehen. Ein verbaler Ausrutscher? Nein, Kotschy wusste es besser.

Er kanzelte Breuer ab wie einen Schulbuben. Der Beklagte sei unglaubwürdig. „Was Sie uns hier anbieten, ist einfach nicht plausibel." Wie unter dem Mikroskop zerlegte Kotschy Breuers Worte Satz für Satz. „Dass die Äußerung eine willentliche war, daran kann es keinen Zweifel geben." Das sehe man aus dem Text. „Da lässt sich nicht erkennen, dass irgendetwas herausgerutscht wäre. Auch keine intellektuelle Fehlleistung, ein Versprecher – aber auch Falscheinschätzungen schließen wir aus. Sie waren intellektuell voll auf der Höhe zu diesem Zeitpunkt. Sie waren sich bewusst, voll bewusst der Frage: Kann ich auf solche, muss ich auf solche Fragen antworten, oder darf ich darauf nicht antworten." Der Richter kennt sich aus in Breuers Kopf.

Jeder gewiefte bayerische Richter sieht, was er braucht. Und findet dies dann auch. Kotschy fand den Vorsatz, den Schaden, die Kausalität, die Haftung.

Er unterstellte Breuer, ein wirtschaftliches Interesse am Niedergang von Kirch gehabt zu haben. „Und wenn man das sieht und dann Ihre Äußerung hernimmt, dann ist die Schlussfolgerung die, dass Sie, wenn auch die Sache relativ ungewöhnlich ist, auf diese Art und Weise ins Geschäft kommen wollten." Mit anderen Worten: Kirch sollte fertiggemacht werden, auf dass er sich bei der Sanierung ausgerechnet jener Bank anvertraue, sich also unter ihren „Schutzschild" begebe, die ihm den Todesstoß versetzt haben soll. Ist das nachvollziehbar?

Kotschy und sein Berichterstatter denken strafrechtlich. Lange Zeit arbeiteten sie auf einen Vergleich hin. Denn der hätte sie vor dem Gang einer oder beider Parteien nach Karlsruhe zum Bundesgerichtshof bewahrt, wo die Kirch-Seite vermutlich keinen Heimvorteil hätte. Als mit dem Strafrecht Vertraute versuchten sie, die Sache ins Deliktische zu treiben. „Hier ist ein Ansatz für Paragraf 826 BGB (Bürgerliches Gesetzbuch) gegeben“, sagte der Vorsitzende mehrfach, also die sittenwidrige vorsätzliche Schädigung eines anderen.

Diese These hatte überdies den Vorteil, dass die Staatsanwaltschaft München daraus einen Anfangsverdacht gegen mehrere ehemalige Vorstandsmitglieder der Deutschen Bank, darunter Josef Ackermann, ableiten konnte – wegen angeblich versuchten Prozessbetrugs, weil sie als Zeugen zugunsten Breuers und der Deutschen Bank falsch ausgesagt haben sollen. Woher wusste die Staatsanwaltschaft dies? Gab es eine Anzeige? Nein. Saß ein Staatsanwalt im Saal, als diese Zeugen auftraten? Nein. Richtig: In der Zeitung stand's. So arbeiten Staatsanwaltschaften nicht oft.

Hat Breuers Interview nun einen Millionenschaden bewirkt oder einen in Milliardenhöhe? Das Gericht hantierte in den Vergleichsverhandlungen mit schwindelerregenden Summen, als handle es sich tatsächlich um Peanuts. Aber wer soll eines Tages auf einer Aktionärsversammlung solche Beträge durchwinken? Wer hätte in Kauf genommen, dass man möglicherweise viel zu viel gezahlt hat? Und: Hätte sich die Bank darauf eingelassen – käme das nicht einem Geständnis gleich? Probleme über Probleme.

Die Banken haben wahrlich keinen guten Ruf zurzeit. Wer ihnen sittenwidriges Verhalten unterstelle, also eines, das „gegen das Anstandsgefühl aller billig und gerecht Denkenden verstößt“, so heißt es in der Kommentierung, darf mit Beifall rechnen. Die jüngsten Hiobsbotschaften über Razzien und Festnahmen sprechen ihre eigene Sprache. „Erschossen hat mich der Rolf“, sagte Medienprofi Leo Kirch einst. Das sitzt bis heute.

Breuer habe allenfalls auf eine Leiche geschossen, sagen seine Anwälte und forderten das Gericht auf, sich das Interview mal wegzudenken. „Alles wäre so abgelaufen, wie es abgelaufen ist“, stellten sie fest. Spätestens von Ende 2001 an sei es aus gewesen mit dem Kirch-Imperium. Gauweiler und Bub schüttelten den Kopf.

„Wenn man von einem Sachverhalt ausgeht, wie wir ihn sehen“, sagt der Vorsitzende – ja, dann kommt man ohne weite Umwege zu einem Urteil, gegen das Rechtsmittel nicht zugelassen werden. Der Bank bleibt dann nun nur noch die Nichtzulassungsbeschwerde beim BGH.

Zwölf Jahre lang überzog Kirch die Deutsche Bank mit Schadenersatzklagen und Strafanzeigen. 2014 einigten sich beide Seiten in einem außergerichtlichen Vergleich, die Bank zahlte den Kirch-Nachfolgern mehr als 900 Millionen Euro. Doch die strafrechtlichen Ermittlungen gingen weiter. 2015 landete die Causa, in der nun wegen des Verdachts eines Prozessbetrugs verhandelt wurde, vor einem Münchner Strafgericht.

„Ein Freispruch, wie er sich gehört" im Strafprozess gegen die Deutsche Bank

Spiegel-Online, 25. April 2016

Von Rechts wegen gibt es nicht den erst-, zweit- oder drittklassigen Freispruch. Sondern Freispruch ist Freispruch, auch wenn die Gerichte vor allem in mündlichen Urteilsbegründungen gern Unterschiede machen

Der Freispruch aller Angeklagten im Deutsche-Bank-Strafprozess – voran Jürgen Fitschen, Co-Chef des Geldinstituts und seine Vorgänger Rolf-Ernst Breuer und Josef Ackermann – ist einer, „wie er sich gehört". So sagte es der Vorsitzende der 5. Strafkammer des Landgerichts München I, Peter Noll, als er nach fast einem Jahr intensiv geführter Hauptverhandlung das Urteil des Gerichts verkündete. Also ein Freispruch bester Art.

Allenthalben Erleichterung bei den Angeklagten, wenn dieses Urteil am Ende auch keine Überraschung war. Ackermann ging, nach kurzer Verabschiedung von den einstigen Kollegen und den Verteidigern, als erster. Kaum lächelnd, eher kopfschüttelnd verließ er rasch das Gebäude. Nach befreitem Smalltalk stand ihm offenbar nicht der Sinn.

Zuvor hatte er sich noch einmal im letzten Wort an die Staatsanwaltschaft gewandt: Sie habe ihre Einstellung gegenüber der Bank und deren Vorstand im Plädoyer unumwunden deutlich gemacht und die Funktion des Vorstandsvorsitzenden nicht nur als Makel, sondern sogar als „strafschärfendes" Merkmal bezeichnet, kritisierte er. Eine derartige Äußerung sei doch befremdlich: „Ein solches Statement deckt sich nicht mit meinem Rechtsverständnis von einem zur Objektivität verpflichteten Amt", sagte er.

Von Breuer hingegen schien eine Last abgefallen zu sein. Erstmals fand er auch am Gespräch mit den einstigen Weggefährten wieder

Gefallen, um sich dann aber sogleich wieder hinter fest verschränkten Armen und grimmiger Miene zu verschanzen. Fitschen, jetzt einen etwas unbeschwerteren Abgang aus der Bank vor Augen, war die Befreiung aus den Klammern der Justiz anzumerken.

Ein Jahr lang hatte er den Ladungen des Gerichts Folge leisten, endlose Vorträge der Staatsanwaltschaft über sich ergehen und sich nachsagen lassen müssen, er habe vor Gericht „rumgeeiert", anstatt sich zu angeblichen Missetaten seiner Kollegen zu bekennen. In diesen Zeiten, in denen die Bank um Vertrauen bei ihren Kunden ringt, hätte er wohl andere Aufgaben zu erfüllen gehabt.

Dass den Bankern der angeklagte Prozessbetrug nicht würde nachzuweisen sein, ließ das Gericht bereits erkennen, als die Staatsanwaltschaft noch einmal die Büros in Frankfurt hatte durchsuchen lassen wollen auf ihrer Jagd nach irgendeinem Beweis gegen die Angeklagten. Die Kammer lehnte dieses Gesuch ab, da es am Nachweis einer Straftat ihrer Auffassung nach fehlte; das Gesuch sei „ins Blaue hinein" gestellt, rügte der Vorsitzende.

Darauf suchte die Staatsanwaltschaft beim Münchner Oberlandesgericht um Hilfe nach, vergeblich. Die Oberrichter stellten sich klar hinter die Auffassung der Strafkammer.

Noll sprach in der Urteilsbegründung immer wieder die Angeklagten namentlich an: „Sie, Herr Dr. Breuer, waren ja von dem Medienunternehmer Leo Kirch verklagt worden wegen Ihres unseligen Interviews am 3. Februar 2002 in New York, als Sie spontan sagten, dass Kirch, ‚nach allem, was man darüber lesen kann', nicht mehr kreditwürdig sei. Dafür sollten Sie mehr als zwei Milliarden Euro Schadensersatz zahlen."

Im Urteil des 5. Zivilsenats des Oberlandesgerichts vom 14. Dezember 2012 war Breuer der Falschaussage bezichtigt worden, weil er der These dieses Senats widersprach, die Bank habe Kirch zerschlagen wollen, um anschließend ein gewinnbringendes Rekonstruierungsmandat von ihm zu bekommen. „Wenn ein Senat so etwas feststellt, dann bleibt der Staatsanwaltschaft gar nichts anderes übrig, als dem nachzugehen", sagte Noll. Ob die Hauptverhandlung allerdings ein Jahr habe dauern müssen und nicht früher hätte beendet werden können, stehe dahin. Aber: „Überdruss ist keine strafprozessuale Kategorie."

Auf diese fast salvatorisch klingende Vorbemerkung folgte die Auseinandersetzung mit der Staatsanwaltschaft. Sie sei einfach „der über allem schwebenden These des Oberlandesgerichts" gefolgt, rügte Noll, die Bank habe um jeden Preis ein Mandat von Kirch haben wollen. Und daher habe Breuer auch angeblich absichtlich in dem Interview Kirchs Bonität infrage gestellt, um dessen Imperium zu zerschlagen. Die Beweisaufnahme habe aber beides nicht bestätigt. „Nichts spricht dafür, dass dergleichen geplant war." Im Gegenteil.

Ein Strafgericht habe, anders als ein Zivilgericht, die Unschuldsvermutung zu wahren, so Noll. Es könne nicht sagen: Wir glauben einfach nicht, was die Beklagten vortragen. Strafrichter müssten wie die Aussagepsychologen von der sogenannten Nullhypothese ausgehen. Das heißt: Eine Aussage ist so lange richtig, bis sie widerlegt werden kann. „Ich muss die Beweise, die vorgelegt werden, erst einmal im Lichte vermuteter Unschuld ansehen", sagte Noll. „Wir haben ein Terabyte Akten ausgewertet und nicht eine einzige Notiz gefunden, die eine Absprache unter den Angeklagten belegt. Kein Zeuge hat von einer Absprache gewusst. Sollen wir nun schlussfolgern: Da alle Angeklagten ungefähr das Gleiche sagen, ist das sicher die Unwahrheit?"

Für den Laien schwer verständlich ist, dass hier zwei Gerichte – das Strafgericht mit dem Vorsitzenden Noll und der Senat des Oberlandesgerichtes mit dem Vorsitzenden Guido Kotschy – zu ganz unterschiedlichen Ergebnissen in ein und demselben Fall kommen. Hielt Kotschy Breuers Interview für abgefeimte Taktik zugunsten der Bank, wofür er den Begriff der „vorsätzlichen sittenwidrigen Schädigung" erfand, sagt Noll: „Wir haben keinen Anhalt gefunden, dass Herr Breuer ein doppeltes Spiel spielte. Die zentrale These des Oberlandesgerichts hat sich nicht bestätigt."

Was die Staatsanwaltschaft an angeblichen Belegen für versuchten Prozessbetrug vorgelegt habe, lasse sich auch ganz anders lesen, nämlich als normale Geschäftsvorgänge. So seien etwa allerlei Szenarien und Ideen von Mitarbeitern durchgespielt worden, wie sich die Bank im Fall einer Kirch-Pleite verhalten könnte – „wobei man die Konkurrenz unter den Mitarbeitern nicht unterschätzen darf", so Noll. „Das heißt aber nicht, dass der Vorstand davon Kenntnis bekam oder sich diese Ideen zu eigen gemacht hat."

Was ist die Wahrheit? Die Bank hat an die Kirch-Erben zwar nicht zwei Milliarden, aber doch Hunderte Millionen Euro gezahlt, freiwillig angeblich beziehungsweise unter dem Druck der eisernen Oberstaatsanwältin Christiane Serini, um die Sache endlich zu bereinigen. Ein Schuldeingeständnis? Nach dem Freispruch nicht. Ein Zuschauer schadenfroh: „Immerhin saßen die Fünf ein Jahr lang auf der Anklagebank!“

VII

Auf der Suche nach der eigenen Wahrheit

Spätfolgen

„Ausgestanden ist die Sache nicht"

Nachlese zu den legendären Wormser Missbrauchsprozessen

Spiegel 9/2005, 28. Februar 2005

Sie galten als die „größten Missbrauchsprozesse der deutschen Rechtsgeschichte", die drei Verfahren vor dem Landgericht Mainz, in denen von 1994 bis 1997 ein angebliches Massenverbrechen in Worms verhandelt wurde. 25 Erwachsene sollten sich an 16 Kindern vergriffen haben: Worms I, Worms II, Worms III. Die Urteile bedeuteten für die zunächst in Siegesgewissheit taumelnde Staatsanwaltschaft eine der bittersten Niederlagen, die eine Anklagebehörde je hinzunehmen hatte. Die Mainzer Ankläger erlitten einen totalen Zusammenbruch auf der Walstatt, von dem sie sich jahrelang nicht erholten: Alle Angeklagten wurden freigesprochen.

In der Frühphase von Worms I, als das Bild der Schande noch tonnenschwer auf den Angeklagten lastete, hielt eine Großmutter von fünf der als missbraucht abgestempelten „Opfer" der voreingenommenen Prozessführung nicht mehr stand. Am letzten Sitzungstag vor ihrem Herztod brach die Frau im Gerichtssaal zusammen, und die Staatsanwältin herrschte sie an, sie solle sich nicht so anstellen.

Zur Erinnerung: Auslöser der Prozesse war ein erbitterter Familienstreit um das Sorgerecht für zwei Kinder, deren Eltern sich hatten scheiden lassen. Man kämpfte mit allen Mitteln gegeneinander, schließlich auch mit der Wunderwaffe: dem Vorwurf sexuellen Kindesmissbrauchs.

Im SPIEGEL (7/1995) wurde damals die Entstehung der Katastrophe nachgezeichnet, und es wurden die Personen benannt, die sie zu verantworten hatten: neben den zerstrittenen Familien zwei hochproblematische Kinderärzte, die Missbrauchsspuren fanden, wo nichts zu finden war. Die Strafverfolger verließen sich in ihrem Eifer auf Psychologen, die fernab jeder Wissenschaft gutachteten, galt es doch, einen imaginären Pornoring ungeahnten Ausmaßes hochgehen zu lassen. Sie verließen sich auf eine unprofessionelle Kinderschützerin, die sich der unter dem Familienzwist leidenden Kinder bemächtigte und sie in den Umgang mit anatomisch korrekten Puppen einweihte; die die Kinder regelrecht verhörte, Namen abfragte, die insistierte und wiederholen ließ, bis die Kinder alle Personen nannten, die sie kannten.

Zweifel beschlichen niemanden. Es war die hohe Zeit der blinden, dilettantischen Jagd auf jedermann, dem sich das Prädikat Kinderschänder anhängen ließ. Eine Lawine an Festnahmen brach los.

Zur gleichen Zeit, November 1994, als Worms I begann, wurde vor dem Landgericht Münster im Montessori-Prozess schon seit zwei Jahren gegen einen Kindergärtner verhandelt, der angeblich sexuellen Missbrauch getrieben hatte. Mehr als 750 Handlungen wurden ihm vorgeworfen, darunter die absurdesten und aberwitzigsten. 26 Monate saß der Mann in U-Haft, 121 Sitzungstage verstrichen, bis er im Mai 1995 endlich freigesprochen wurde.

1994/1995 waren die Lehren aus dem Montessori-Prozess in der Justiz noch nicht Allgemeingut. Noch ließen sich die wissenschaftlichen Erkenntnisse zur Beurteilung der Glaubhaftigkeit von Aussagen und zur Suggestibilität von Kleinkindern, wie sie der Kieler Psychologe Günter Köhnken für das Gericht in Münster herausgearbeitet hatte, sowie die Gefahren laienhafter Aufdeckerei ignorieren, wenn man sie ignorieren wollte. Ozeane lagen da noch zwischen Münster und Mainz.

Zehn Jahre danach könnte man zufrieden sein: Der Rechtsstaat siegte letztlich doch. Es gibt Standards für Gutachter, und Anklagen wie in Münster oder Mainz sind heute eher unwahrscheinlich.

Dem Vorsitzenden Richter Hans Lorenz, der Worms II und III leitete, ist immer noch Respekt zu zollen für seine Worte in der letzten Urteilsbegründung, als seine Kammern einen wirklich umfassenden, stabilen Überblick über die Irrungen und Wirrungen des Falls gewonnen hatten: „Den Massenmissbrauch von Worms hat es nie gegeben."

Lorenz hat sich damals im Namen der Justiz bei den Angeklagten entschuldigt für die Fehler, die so viele Menschen ins Unglück rissen. 1999 bilanzierte er in der „Deutschen Richterzeitung" die Monsterprozesse: „Über sechs Millionen Mark haben die Verfahren gekostet, Entschädigungszahlungen für erlittene Untersuchungshaft noch nicht eingerechnet. Alle Urteile, 650, 1350 und 1520 Seiten stark, sind rechtskräftig. Die Revisionen von Staatsanwaltschaft und Nebenklägern sind längst zurückgenommen. Doch ausgestanden ist die Sache damit nicht."

Die einst Angeklagten und ihre Kinder hätten an den Folgen noch immer zu leiden. „Gemeinsam sind sie Opfer von Fehlern und Fehleinschätzungen geworden, denen sich heute beileibe nicht alle stellen, die sich aufrichtigerweise dazu bekennen müssten", so Lorenz. „Viele der Angeklagten waren knapp zwei Jahre lang in Untersuchungshaft, ihre Kinder in Heimen. Zerstörte Familien, ruinierte Existenzen, materielle Not, Kinder, die für sexuell missbraucht gehalten wurden, zum Teil noch gehalten werden, Eltern, die einen oft aussichtslosen Kampf um die Wiederherstellung ihrer verlorenen Ehre kämpfen."

Prophetische Worte: Denn das Leid ist nicht weniger geworden, noch immer gibt es Verantwortliche, die sich vor dem Eingeständnis drücken, furchtbar geirrt zu haben. Noch immer gibt es Kinder, die für missbraucht gehalten werden, ja nicht nur das: die sich selbst dafür halten. Noch immer sind da Eltern, denen man die Ehre, die zu beanspruchen sie alles Recht der Welt haben, verweigert. Noch immer Inkompetenz, Borniertheit, Starrsinn.

Sonja H. (Name geändert), Mutter zweier Söhne und einer Tochter, gehört zu den Freigesprochenen aus Worms I. Sie lebt heute von ihrem Mann getrennt, auch er war angeklagt. Sie versteht, dass er es nach dem Prozesshorror in der Ehe nicht mehr aushielt, gab es doch nur ein Thema: Warum? Warum wir? Warum unsere Kinder?

Wäre Sonja H. nicht eine so starke und besonnene Frau, sie hätte ihr Ziel aufgegeben: Sie will ihre Tochter wiederhaben.

Den Tag, an dem man ihr alle drei Kinder wegnahm, trägt sie wie ein Brandzeichen im Herzen: Es war der 12. Dezember 1993. Da kamen sie nachmittags, als sich die Familie gerade zum Weihnachtsmarkt aufmachte: ein Staatsanwalt, einer vom Jugendamt, eine sogenannte Kinderschützerin und mehrere Polizeibeamte. Sie verlangten die Herausgabe der Kinder, weil die „geschädigt" seien.

Geschädigt? Sonja H. las die Papiere durch, die man ihr in die Hand drückte – und wollte sofort in die Kinderklinik fahren, um zu beweisen, dass ihre Kinder nicht „geschädigt" sind. Man ließ sie nicht.

Die Kinder schrien, wehrten sich, klammerten sich weinend an die Mutter. Der Vater durfte sie bis zum Auto begleiten. Wohin werden wir gebracht? Papa! Der Vater versuchte zu beruhigen: Seid brav, wir holen euch gleich wieder heim. Was man eben so sagt als Vater, der noch an den Rechtsstaat und an einen Irrtum glaubt.

Seitdem haben die Eltern H. ihre Jüngste, damals vier Jahre alt, nicht mehr gesehen. Es sind jetzt elf Jahre.

Sonja H. weiß nichts von ihrer Tochter. Sie kann sie nicht besuchen, nicht anrufen. Sie weiß nicht, wie es ihrem Mädchen geht, ob es gesund ist, was die Schule macht. Jede Art von Kontakt ist unmöglich. Der letzte Brief, den sie an die Tochter schrieb, kam ungeöffnet zurück mit der wütenden Aufschrift: „!!Lass mich in Ruhe du Kinderficker!! Zurück an Absender!" Sonja H. weiß nur, dass ihre Tochter sie hasst.

Den Kampf um die Buben, die seinerzeit in ein anderes Heim kamen als ihre kleine Schwester, haben die Eltern H. gewonnen. Seit 1999, nach fünfeinhalb Jahren Heimaufenthalt, sind sie wieder zu Hause. Es war ein bis an die Grenzen des Erträglichen treibender Kampf. Sonja H.: „Nach dem Freispruch sagte man mir im Jugendamt: Geben Sie Ihre Schuld zu, dann sehen Sie Ihre Kinder binnen einer Stunde."

Ohne Mithilfe der Jungen hätte der Kampf wahrscheinlich noch länger gedauert. Der Große aber, damals zwölf Jahre alt, ganz Sohn seiner tapferen Mutter, schrieb heimlich ans Wormser Amtsgericht, er und sein Bruder wollten bitte endlich nach Hause.

Daraufhin wurde 1998 eine erste Begegnung unter Aufsicht gestattet, zunächst mit dem Älteren, der seiner Mutter gleich in die Arme flog, dann mit dem Jüngeren, der zum Wieder-Kennenlernen erst mal angeln gehen wollte. „So sind wir halt an den Rhein gefahren, mein Mann und ich, und aus der anderen Richtung kam das Auto mit den Psychologen und dem Buben. Dann haben wir vier Stunden lang in strömendem Regen geangelt. Und dann wollte er mit uns gleich heimfahren. Das durfte er natürlich nicht." Das Misstrauen gegenüber den Eltern, die man nach wie vor für Täter hielt, war immens.

Sonja H.: „Doch wir konnten sie dann besuchen, sie kamen an den Wochenenden, und so lief alles ganz harmonisch."

Ganz anders bei der Tochter, die mit fünf weiteren Kindern aus den Worms-Prozessen in einem kleinen Heim namens „Spatzennest" im pfälzischen Ramsen unterkam, das 1993 noch leer stand.

Nach Abschluss der Strafprozesse kehrten die meisten Kinder der Freigesprochenen mehr oder auch weniger rasch, wie etwa die H.-Buben, wieder zu ihren Eltern zurück oder verließen die Einrichtung, in der sie untergebracht worden waren. Nur die sechs Kinder blieben, wo sie waren.

Das „Spatzennest" verdankt seine Entstehung genau jenen Fehlern und Fehleinschätzungen der Justiz, die Richter Lorenz in der „Richterzeitung" aufzählte. 1993 traf einen jungen Sozialpädagogen, der gerade mit der Ausbildung fertig geworden war, das große Los. Er hatte ein Haus gemietet und suchte mit einer Kollegin eine Anstellung: „Wir hatten eine Konzeption vor Augen – so ein Mittelding zwischen Heim und Pflegefamilie, wo es konstante Beziehungen gibt und keinen Schichtwechsel", sagte er als Zeuge vor Gericht. Es fehlten ihm nur die passenden Kinder.

Und siehe da: Plötzlich gab es Kinder. Fieberhaft wurden Ende 1993 Plätze gesucht, um die angeblichen Missbrauchsopfer unterzubringen. Ob sie in das Konzept des Sozialpädagogen passten, in dem Eltern so gut wie nicht vorkommen, egal. Es dauerte nicht lange, da lebten die sechs Kinder mit dem Betreuerpaar wie in einer Familie zusammen. Ihre leiblichen Eltern saßen ja in Haft.

Damals hielt der Heimleiter es für geboten, und die Justiz lieferte ihm dafür alle Argumente, die Kinder vor ihren Angehörigen zu schützen. Er ließ sich in die Rolle eines Ermittlers drängen und glaubte, unerfahren, wie er war, alles, was ihm die Kinder zuflüsterten. Dann aber kamen nach und nach die Freisprüche, und alle Eltern beantragten unverzüglich die Wiederherstellung des Kontakts zu ihren Kindern. Psychologische Gutachten zur Umgangsregelung wurden eingeholt.

Gegenüber einem Sachverständigen sagte der Heimleiter 1998, er gehe fest davon aus, alle Eltern hätten „Dreck am Stecken", ja, er lasse sich die Hand dafür abhacken. Als er gehört habe, dass Richter Lorenz „die freispricht und dann noch dazu sagt, die wären unschuldig ... Dann hat es bei mir klapp gemacht, und da ist der Rechtsstaat dann für uns gestorben gewesen".

Seine längst unangemessen enge Bindung an die sechs Kinder und deren Bindung an ihn ließen eine andere Sicht nicht mehr zu. Es gab auch keinen, der ihm ins Wort oder in den Arm gefallen wäre und gewarnt hätte, Eltern zu spielen.

Obwohl die Psychologieprofessoren Burkhard Schade, Max Steller und Marie-Luise Kluck in allen drei Prozessen überzeugend dargelegt hatten, dass die Aussagenflut der Kinder mit größter Wahrscheinlichkeit auf suggestive Befragungen von voreingenommenen Erwachsenen zurückzuführen sei und obwohl die Angeklagten rechtskräftig freigesprochen waren – das Jugendamt Worms, das der Fehlentwicklung im „Spatzennest" mit den sechs Kindern hätte entgegenwirken müssen, focht dies nicht an: „Wir sind anderer Ansicht, da wir aufgrund der Aussagen und des Verhaltens der Kinder zu einer anderen Einschätzung kommen", hieß es 1997 in einem Schreiben an das Amtsgericht. So unverblümt äußern sich die Verantwortlichen heute nicht mehr. Die Fakten aber sprechen weiter diese Sprache.

Jahrelang klammerten sich Jugendamt und Heimleiter an die hochproblematische mündliche (!) Urteilsbegründung im Prozess Worms I. Denn diese Kammer mit dem Vorsitzenden Jens Beutel, damals im Wahlkampf als Mainzer Oberbürgermeister-Kandidat engagiert, sprach zwar frei. Doch Beutel sagte auch: „Die Kinder müssen geschützt werden vor diesen Eltern. Und damit müssen diese Eltern leben."

Es war ein Freispruch allerletzter Klasse, Tribut offensichtlich an die grüne Wählerschaft, deren Stimmen Beutel brauchte. Im schriftlichen Urteil liest es sich nämlich durchaus anders: „Die Kinderaussagen sowie die sonstigen Beweismittel und Indiztatsachen waren nicht ausreichend, um die Kammer von der Schuld der Angeklagten zu überzeugen." Gegen einen Freispruch kann man sich nicht wehren, selbst wenn der im Gerichtssaal noch so räudig klingt. Die Amtsrichter, die über den Aufenthalt der Kinder zu entscheiden hatten – von den Eltern bedrängt, vom Jugendamt gewarnt –, sie blieben zurückhaltend. Oder untätig.

Der Koblenzer Rechtsanwalt Franz Obst, der Sonja H. in Mainz verteidigte und sich bis heute um die Rückführung der Tochter bemüht, wirft dem Amtsgericht „Hinhaltetaktik und Nachlässigkeit ohne Ende" vor. „Das Verfahren dümpelt seit Jahren vor sich hin. Ergebnis ist, dass es nun heißt, das Kind könne man nicht mehr aus seiner gewohnten Umgebung herausnehmen. Das Jugendamt hat über Jahre seine Pflichten grob verletzt, und das Amtsgericht scheint die Sache aussitzen zu wollen, bis die Kinder volljährig sind."

Die Sache, die vor Jahren schon roch, stinkt inzwischen gewaltig. Als die Eltern H. im Jahr 2000 erneut den Umgang mit ihrer Tochter beantragten, zog das Gericht schließlich den Bielefelder Psychologen Professor Uwe Jopt hinzu.

Und der ist entsetzt. Er versuchte, unterstützt von seiner Mitarbeiterin Katharina Behrend, mit den sechs „Spatzennest"-Kindern zu reden: „Sie saßen stuporös da. Allenfalls bissige, eiskalte Zurückweisungen, wie auswendig gelernt, kamen von ihnen. Kein Kind war auch nur zu einem Minimalkontakt mit den Eltern oder einem Elternteil bereit, in welchem Rahmen auch immer. Ihre Empathielosigkeit war unheimlich, ja wahnhaft."

Nicht einmal Fotos, als sie noch klein waren, interessierten diese Kinder. Sie wollen kein Geschenk von ihren Eltern, keinen Brief, keinen Gruß. Sie wollen nichts wissen, nichts hören, auch nicht von ihren Geschwistern. Das Thema „Eltern" ist für sie nach Jopts Eindruck massiv bedrohlich.

Sogar das jüngste Heimkind, das 1993 erst geboren wurde, hasst seine Eltern und hält sie für verabscheuungswürdige Monster. Dabei kennt es sie gar nicht. Auf die Frage, was denn damals geschehen sei, antwortete die Elfjährige stereotyp wie die anderen Kinder: „Steht alles in den Akten."

Laut Jopt hält das Jugendamt im Einvernehmen mit dem Heimleiter dieses Verhalten wegen des früheren Missbrauchs für verständlich. Von wegen Wächteramt des Staates: „Es ist natürlich eine Katastrophe, dass die fachliche Zuständigkeit vom Erstverdacht an bis heute in den Händen derselben Personen liegt", sagt der Gutachter.

Man habe den Kindern ihre Ur-Instinkte wegdressiert. Ihr Hass sei nicht Folge sexueller Misshandlung, sondern resultiere aus den Bedingungen, unter denen sie seit elf Jahren leben.

1997 schon riet ein Gutachter zu therapeutischer Behandlung der auffallenden kindlichen Ängste. Während in anderen Heimen dies geschah und Kontakte zu den Eltern angebahnt und begleitet wurden, tat sich in der kleinen Einrichtung mit den sechs Kindern nichts. Begründung: Die Kinder wollen nicht. „Es handelt sich hier um das Ergebnis eines Konditionierungsprozesses durch die Betreuenden", sagt Jopt. Das Fatale daran sei, dass die Betreffenden nicht merkten, welchen Einfluss sie auf die Kinder ausüben. Es fehle, und das gelte für viele der Personen, die mit der Herausnahme von Kindern aus Familien befasst seien, an Fachkompetenz.

„Man darf davon ausgehen, dass für alle Kinder die Trennung von den Eltern mit extremen seelischen Belastungen verbunden war. Sowohl ihre plötzliche Herausnahme aus der Familie als auch das anschließende Verschwundenbleiben von Mutter und Vater entgegen anderslautenden Versprechungen mussten von traumatischer Wirkung für sie gewesen sein. Ein solcher Eingriff – das ist eine Erkenntnis der Bindungsforschung – wird von Kindern meist als gravierendes Trauma erlebt. Wenn sie erkennen, dass ihre Gegenwehr gegen diesen Gewaltakt erfolglos bleibt, geben sie irgendwann resigniert auf", so Jopt.

Eine der Lehren aus dem Montessori-Prozess in Münster lautete: Es gibt nicht nur die Kategorien Wahrheit und Lüge bei Kinderaussagen, wenn es um Missbrauch geht; es ist möglich, dass Kinder erzählen, etwas erlebt zu haben, was sie tatsächlich nicht erlebt haben – und dabei dennoch nicht lügen, weil sie nicht mehr zwischen der Realität und dem, was ihnen suggeriert wurde, unterscheiden können.

Die Wormser Prozesse erteilten weitere Lehren, und auch sie gelten für unzählige, weniger spektakuläre Sorge- und Umgangsrechtsfälle: In einer solchen Phase völliger Hilflosigkeit und Verzweiflung sind Kinder besonders anfällig für eine „Öffnung" gegenüber jenen Erwachsenen, die sich als Bezugspersonen anbieten. Eine so rabiate, vorschnelle Herausnahme aus der Familie, wie sie den Kindern von Sonja H. widerfuhr, bildet den Nährboden dafür, die Meinungen, Einstellungen und Wertungen der neuen Bezugspersonen zu übernehmen. Als der Heimleiter des „Spatzennestes", die sogenannte Kinderschützerin, die Staatsanwältinnen, die Ärzte, die Psychologen vermittelten: Ihr armen Kinder, ihr seid missbraucht von euren Eltern – was hatten die Vier- und Sechsjährigen dem entgegenzusetzen? Die älteren Kinder widersprachen vehement, dann schlossen auch sie sich an.

Ein Axiom der Lernpsychologie lautet, dass alles Gelernte auch wieder verlernt werden kann. Die sechs Kinder, für die Missbrauch durch die Eltern zur schrecklichen subjektiven Gewissheit geworden war, hätten also längst in einen der Konditionierung der Eltern als Monster genau entgegengesetzten Lernprozess eintreten müssen. Es hätte ihnen längst gesagt werden müssen: Wir haben einen furchtbaren Fehler gemacht. Eure Eltern sind gar keine Kinderschänder. In euren Familien gab es damals viel Streit, deswegen seid ihr zu uns gebracht worden, weil man dachte, dass es euch nicht gut geht zu Hause. Diesen Irrtum müssen wir alle korrigieren.

Doch wie hielten es der Heimleiter und das Wormser Jugendamt? Sie versicherten den sechs Kindern seit mehr als einem Jahrzehnt, dass ihr Wille von niemandem angetastet und dass niemand sie aus ihrer „Familie" vertreiben werde.

Kinder, die sich vor den Eltern so ängstigen wie die Kinder aus dem Sechser-Heim, sind nach Jopts Auffassung psychisch höchst auffällig, seelisch schwer gestört und dringend behandlungsbedürftig. Eine derart pathologische Realitätsverzerrung sei „vergleichbar den irrealen, teils wahnhaften Visionen, wie sie von Jugendlichen bekannt sind, die Gehirnwäschen von Jugendsekten ausgesetzt waren".

Obwohl die Professoren Schade, Steller und Hans-Ludwig Kröber vor Jahren schon vor Langzeitfolgen von Missbrauchssuggestionen und ihrer autosuggestiven Weiterentwicklung warnten, obwohl das Jopt-Gutachten vorliegt, obwohl es Ratschläge enthält, wie das irreale Elternbild der sechs „Spatzennest"-Kinder vielleicht noch revidiert werden kann – es rührt sich nichts. Als der SPIEGEL um eine Stellungnahme zu den Erkenntnissen des Gutachters bat: keine Reaktion.

„Ich bin zornig ob der Kenntnislosigkeit in Behörden und Beratungsstellen, bei Kindertherapeuten und Familienrichtern", sagt Jopt. „Es kann doch nicht sein, dass ein Jugendamt Freisprüche einfach ignoriert."

Nach Jopts Auffassung müsste die deformierende Betreuung schleunigst beendet werden. „Das sind heute psychisch missbrauchte Kinder." Sie müssten dringend „an ihre Identität wieder andocken" und zu ihren Wurzeln zurückfinden, damit sie als potentielle Eltern von morgen nicht mit einer lebenslangen Lüge beschwert würden. Sie müssten getrennt werden und ihre Rolle als bedrohte Schützlinge des Heimleiters aufgeben. „Sonst haben sie kaum eine Überlebenschance."

Robert, der Älteste im „Spatzennest", sagte zu Jopt, als der ein unverbindliches Treffen mit den Eltern vorschlug: „Wenn Sie das versuchen, können Sie mich anschließend vom nächsten Baum abschneiden."

Als er 18 wurde, musste Robert, er war zuckerkrank, das Heim verlassen. Er sollte zur Ausbildung nach Mainz ziehen, er wollte Kinderpfleger werden. „Doch er kam mit der Selbständigkeit und seiner Krankheit nicht zurecht", berichtet die Sozialarbeiterin Hiltrud Bohlen, die sich als Vormund um seine Umsiedlung kümmerte. „Eine Woche nach dem Umzug hatte er noch nicht mal die Zahnbürste ausgepackt. Und die Dusche war unbenutzt. Er war mit fast allen Dingen des täglichen Lebens überfordert."

Drei Tage nur besuchte Robert die Schule in Mainz, dann kam er in komatösem Zustand ins Krankenhaus. Und zurück in die Nähe der „Heimeltern".

Am 27. September 2004 ist er gestorben. Gefunden hat ihn der Heimleiter. Sonja H., Roberts Tante, entdeckte in seinem Nachlass

Fotos aus dem Heim, auf denen sie ihr Kind erkannte. Es zerriss ihr fast das Herz.

Diese Bilder – in einer Familie mag es solche Intimität geben. Für ein Heim sind etliche, auf denen die Kinder nicht bekleidet oder in zweideutigen Posen gezeigt werden, befremdend. „Wir wären nicht aus der Haft entlassen worden, hätte man so etwas bei uns gefunden", sagt Sonja H.

Das wahre Ausmaß der Tragödie um die sechs Kinder, die im „Spatzennest" jahrelang gleichsam einer Gehirnwäsche unterzogen worden waren, trat zutage, als der Heimleiter Stefan Sch. 2008 und 2011 vom Landgericht Kaiserslautern wegen sexuellen Missbrauchs von Kindern und Schutzbefohlenen verurteilt und ein lebenslanges Berufsverbot ausgesprochen wurde. Nun war klar, warum er in den neunziger Jahren als Zeuge vor den drei Kammern des Mainzer Landgerichts so vehement die Eltern der angeblich missbrauchten Kinder beschuldigt hatte: Mit seinem Konzept der familiengleichen Langzeitunterbringung von Kindern war es ihm möglich gewesen, seine pädophilen Neigungen ungehindert auszuleben – unter den Augen des Jugendamtes und der ahnungslosen Gerichte.

Keine Wurzeln, keine Identität

Spiegel 45/2011, 7. November 2011

Hätte von jenen jungen Frauen, die seit dem Kleinkindalter bis fast zur Volljährigkeit von Stefan Sch. abhängig waren, nur eine einzelne Vorwürfe gegen ihn erhoben – es hätte als Ausnahme gelten können. Auch der Gedanke, diese eine könnte sich etwas ausgedacht haben oder wolle sich aus welchem Grund auch immer an ihm rächen, wäre zumindest nicht ganz absurd gewesen. Doch Sch. wird nicht nur von dieser einen jungen Frau beschuldigt. Es sind mehrere. Es ist eine ganze Reihe.

Ein Komplott? Recht unwahrscheinlich.

Die jungen Frauen wären weniger glaubwürdig, wenn jede eine andere Geschichte über Sch. erzählte. Oder wenn sie ihn sturzflutartig, inflationär und mit Belastungstendenz bezichtigten. Doch auch das trifft nicht zu. Die jungen Frauen haben anscheinend alle Ähnliches erlebt. Was sie unabhängig voneinander berichten – zögernd, voller Scham, weinend, hin- und her gerissen zwischen Loyalitätsgefühlen, Angst und Abscheu –, es geht immer wieder um das Gleiche.

Der Sozialpädagoge Stefan Sch., 44, stand schon einmal wegen ähnlicher Vorwürfe vor Gericht. Nur damals waren diese nicht so gravierend und vor allem weniger eindeutig. 2008 verurteilte ihn das Landgericht Kaiserslautern wegen sexuellen Missbrauchs von Kindern in Tateinheit mit sexuellem Missbrauch von Schutzbefohlenen zu einer Freiheitsstrafe von einem Jahr. Dazu wurde ein drei Jahre währendes Berufsverbot in der Jugendarbeit verhängt. Die milde Strafe erklärt sich dadurch, dass die Übergriffe während einer Ferienfreizeit in Österreich im Jahr 2007 nur in fünf Fällen – angeklagt waren 21 – eindeutig als Straftaten identifiziert werden konnten. Andere musste das damalige Gericht zu Sch.s Gunsten als vielleicht gerade noch medizinisch notwendig werten.

Sch. war bei dem Ferienaufenthalt der einzige Mann neben acht Betreuerinnen gewesen. Trotzdem kümmerte ausgerechnet er sich intensiv um die Intimpflege der Mädchen, untersuchte und wusch sie eigenhändig und „half" beim Eincremen. Unter dem Vorwand, sie seien gesundheitlich angeschlagen, ließ er einzelne Mädchen in seinem Zimmer übernachten. Der Herbergsvater, dem diese Betriebsamkeit, wenn es um Medizinisches bei Mädchen ging, merkwürdig vorkam, erstattete Anzeige.

Es folgten Festnahme, Untersuchungshaft, weitere Ermittlungen – und das Aus für das Kinderheim „Spatzennest" im pfälzischen Ramsen, das Sch. Anfang der neunziger Jahre zusammen mit seiner späteren Ehefrau konzipiert hatte. Was ihm damals vorschwebte – offiziell – war eine Langzeiteinrichtung, in der Kinder unter familienähnlichen Bedingungen bis zum Erwachsenenalter aufwachsen sollten.

Der Kardinalfehler damals war, dass man dem Berufsanfänger Sch. innerhalb weniger Tage sieben Kinder ins Haus setzte, die ihren Eltern im Vorfeld der berüchtigten Wormser Prozesse vor dem Landgericht Mainz wegen angeblich massenhaften Kindesmissbrauchs überfallartig weggenommen worden waren. Es gab niemanden, der es für möglich gehalten hätte, die verdächtigten Väter und Mütter, Onkel und Tanten könnten eines Tages freigesprochen werden, wie es dann geschah. Sch. weist heute triumphierend darauf hin, ihre Verurteilung zu langen Freiheitsstrafen habe „bei allen Fachleuten" schon festgestanden, ehe die Prozesse überhaupt begonnen hätten. Für diese unprofessionelle, in hysterischer Verblendung getroffene Entscheidung, die Kinder dauerhaft ins Heim zu stecken, hat keiner der Verantwortlichen je einstehen müssen.

2007 wurde das „Spatzennest" geschlossen. Sch. verschwand. Er sei „ins Exil" gegangen, nennt er es. Einzelne Heimkinder waren schon volljährig, andere wurden es bald.

Plötzlich waren sie allein und auf sich gestellt. Wohin nun? Zu ihren Müttern? Zu ihren Vätern? Einige Eltern wollten ihre Kinder sofort zurückhaben – und mussten feststellen, dass da schwierige junge Menschen kamen, zu denen sie keinen Zugang fanden. Sie waren sich fremd, gegenseitig. „Meinen Sohn Kevin habe ich vor acht Wochen zurückbekommen", sagte eine Mutter in der polizeilichen Vernehmung ratlos. „Er ist jetzt 18 Jahre alt." Da stand ein junger Mann, den sie nicht kannte, und er kannte sie nicht.

Die Kinder aus dem „Spatzennest", vor allem die Wormser, haben keinen Boden unter den Füßen. Sie erinnern sich nicht mehr an ihr früheres Zuhause und wissen nicht, ob ihnen dort etwas angetan wurde oder nicht. Vielleicht war da ja doch etwas, fragen sich einige.

„Als dann die Täter freigesprochen wurden", sagt Sch. heute, habe er weiter daran geglaubt, dass die Eltern „schuldig sind an diesen Kindern". Entsprechend verhielt er sich. Im „Spatzennest" habe es geheißen, die Eltern, das seien „Dreckschweine und Arschlöcher", und wer Kontakt zu denen wolle, der habe „verschissen", berichten ehemalige Heimkinder. Sch. bestreitet dies.

Zu der Tragik des Falls gehört, dass diese jungen Menschen ohne Wurzeln, ohne Identität nun zum zweiten Mal ihre Familie verloren haben. Denn trotz der Übergriffe, die Sch. angelastet werden, sahen sie in ihm eine Art Vater, an dem sie hingen und dem sie dankbar waren.

Keine der jungen Frauen wollte ihn anzeigen. Sie schwiegen, um zu vergessen. Nur Jacqueline, das jüngste der Wormser Kinder, das 1993 im Alter von sechs Monaten ins „Spatzennest" gekommen war, vertraute sich 2009 einer Tante an, der ersten Vertrauensperson für sie außerhalb der Pseudofamilie in Ramsen. Die Tante ging sofort zur Staatsanwaltschaft.

Es ist drei Frauen zu verdanken, dass nun erstmals sichtbar wird, was von Worms blieb: der ermittelnden Kripo-Beamtin Jeanette Schmitt, die mit viel Einfühlungsvermögen und beruhigender Zuwendung die jungen Frauen vernommen hat; der Sachverständigen Petra Retz-Junginger, die mit ihrer aussagepsychologischen Sachkunde dem Gericht eine große Hilfe war; und der Kaiserslauterner Staatsanwältin Daniela Herzog, der Sachbearbeiterin und Anklagevertreterin.

Seit Mai verhandelt die 1. Große Jugendschutzkammer des Landgerichts Kaiserslautern mit dem Vorsitzenden Richter Manfred Holler erneut gegen Sch., und jetzt sind die Vorwürfe greifbarer. Aber auch das ganze Elend von Kindern kommt zum Vorschein, die als Erwachsene Zeugnis ablegen sollen über das, was ihnen einst wohl angetan wurde.

In kindlicher Naivität hatten sie für „normal" gehalten, was immer und immer wieder geschehen sein soll. Und heute nun sollen sie exakt Zeit und Ort und Details benennen zwecks Konkretisierung der Art und Zahl der Übergriffe. „Eine solche sprachliche Eindeutigkeit können Sie angesichts des Entwicklungsstandes und des zurückhaltenden Äußerungsstils der Zeuginnen nicht erwarten", erklärte Psychologin Retz-Junginger dem Gericht. Sie sehe angesichts der Aussageentstehung keinen Grund, am Wahrheitsgehalt der Angaben zu zweifeln, selbst wenn die Aussagequalität im Einzelfall nicht sehr hoch sei.

„Da stand eine junge Frau vor mir", berichtete Jeanette Schmitt als Zeugin, „sehr verhalten, sehr ängstlich und völlig unvorbereitet. Durch ihre Halbschwester hatte sie von den Ermittlungen gehört und dass bei dieser früher auch was war. Sie war fürchterlich erschrocken darüber, denn sie dachte, sie sei die Einzige gewesen. Man tauschte sich unter den jungen Mädchen ja nicht aus. Anderen erging es genauso." Jede dachte offenbar, sie allein sei die Schönste, die Liebste, der „Goldspatz" im „Spatzennest". Die Kinder stritten sich darum, wer bei Sch. schlafen durfte – bis sie, älter geworden, merkten, „wie krank das alles war" und wie perfide sie anscheinend in Abhängigkeit gehalten und manipuliert worden waren.

Es geht den jungen Frauen gar nicht so sehr um die Übergriffe, die Vorwürfe des Unter-die-Schlafanzughose-Fassens, des Manipulierens und Massierens, was Sch. als „Vertrauensübung" ausgab. Nur die Juristen interessiert, ob der Täter „drin" oder „dran" war, denn das ist rechtlich ein Unterschied. Für die emotional bedürftigen Kinder war entscheidend, auf welche Weise sie sich in dem abgeschotteten System die Gunst dessen erwerben und erhalten konnten, der das Sagen hatte. Und das war Sch.

Staatsanwältin Herzog plädierte fulminant. Über vier Stunden beschrieb sie eine „pseudopädagogisch erotisierende Beziehung" des Angeklagten zu Mädchen im vorpubertären Alter und die Folgen des Versagens jener Aufsichtsbehörden, die ihm stets beste Zeugnisse ausgestellt hatten. Als die Staatsanwältin dann eine Freiheitsstrafe von neun Jahren und ein lebenslanges Berufsverbot forderte, war es einen Moment lang ganz still im Saal. Die Wormser Tragödie war plötzlich fassbar, in Worte gefasst.

Sch. bestreitet von jeher alle Vorwürfe. Er habe immer sein Bestes gegeben. Die Anschuldigungen seien frei erfunden. Fünf Stunden, das hat er angekündigt, will er in eigener Sache plädieren. Wie er sie schildert, erscheinen die Zeuginnen als Diebinnen, Herumtreiberinnen und Schlampen, die ja schon als kleine Kinder vor Gericht gelogen hätten.

Auf die Frage des Vorsitzenden, ob er noch einmal Kinder bei sich aufnehmen würde, sagte er: „Wenn man mit Herzblut mit jungen Menschen arbeitet, dann begibt man sich in Lebensgefahr. Mein Rat ist: Finger weg, vor allem, wenn man ein Mann ist!" Richtig: Finger weg.

Stefan Sch. wurde am Ende dieses zweiten Prozesses zu einer Freiheitsstrafe von fünf Jahren und acht Monaten verurteilt.

Daschners Sündenfall

Muss der ehemalige Polizeivizepräsident wegen Folterandrohung bestraft werden?

Spiegel 49/2004, 29. November 2004

Es war die letzte Chance für Magnus Gäfgen. Die allerletzte Gelegenheit, ein wenig von dem Stigma loszuwerden, das ihm seit seiner grauenvollen Tat anhaftet. Er hätte nur sagen müssen: Ich, ich allein habe gefoltert. Ein Kind nämlich und eine Familie. Ich habe diese Familie tagelang mit meinen Lügen, mit falscher Hoffnung gequält. Dagegen wiegt der Gesetzesverstoß, den man Herrn Daschner und dem Kriminalbeamten E. hier vorwirft, nichts. Ich bin es, der nicht wiedergutzumachendes Unrecht begangen hat, nicht die Polizisten.

Er schafft es nicht. Sein Auftritt als Zeuge vor der 27. Strafkammer des Landgerichts Frankfurt gerät zu einer grotesken Veranstaltung. Da sitzen der Kriminalhauptkommissar Ortwin Ennigkeit, 51, und der ehemalige Frankfurter Polizeivizepräsident Wolfgang Daschner, 61, wegen des Vorwurfs der Nötigung beziehungsweise Verleitung zur Nötigung im besonders schweren Fall auf der Anklagebank – und der wegen Mordes an dem elfjährigen Jakob von Metzler rechtskräftig verurteilte Zeuge Gäfgen beschreibt emotionslos seine „innere Geschocktheit und Bestürztheit", die von ihm damals durch das angeblich ruchlose Vorgehen der Polizei Besitz ergriffen habe.

Der psychiatrische Sachverständige Norbert Leygraf, der Gäfgen kurz nach der Tat begutachtet hatte, sagte vor dem Frankfurter Landgericht im Juni 2003: „Die Rolle des smarten Studenten war mit der Festnahme zerbrochen. Heute ist er fixiert auf die Unvereinbarkeit der Tat mit seinem Selbstbild als dem lieben, netten, jungen Mann. Er wurde bestärkt in dem Gedanken, die Tat passe gar nicht zu ihm. Dies hat er begierig aufgenommen. So ist ihm die Erkenntnis kaum noch möglich, doch nicht so nett zu sein. Der Weg einer schrittweisen inneren Selbstkorrumpierung bleibt dadurch im Dunkeln. Prognostisch ist es ungünstig, wenn auch die Tataufarbeitung nur mit einer Maske geschieht." Gäfgen neige dazu, sich in Rollen hineinzuleben.

Inzwischen hat sich der heute 29 Jahre alte Strafgefangene in der Rolle des Opfers perfekt eingerichtet – Opfer einer verbrecherischen Polizei, die ihm am 1. Oktober 2002, am Tag nach der Festnahme, Gewalt androhte. Nicht nur Gewalt – Folter!

Als dies dreieinhalb Monate später publik wurde – Gäfgen hatte bis dahin nichts von Bedrohung oder Folter gesagt, nicht einmal seinem Anwalt, obwohl es Gelegenheiten gegeben hätte („Man hätte mir ja nicht geglaubt") –, begann eine zuweilen quälende öffentliche Diskussion über die Frage, ob die Polizei, um ein Kind aus akuter Lebensgefahr zu retten, im äußersten Notfall zu Zwangsmaßnahmen greifen darf. Die Unantastbarkeit der Menschenwürde wurde zitiert als allerhöchstes der höchsten Güter im Rechtsstaat. Das Wort „Folter" schlug jeden Einwand zugunsten des Kindes tot.

Ist es Niedertracht oder die Unfähigkeit, sich in andere einzufühlen, wenn Gäfgen behauptet, die Polizei habe ihn bedrängt, je weiter die Zeit vorrückte, das Versteck der Leiche des Kindes preiszugeben? Es ist wenig glaubhaft. Gäfgen widerspricht damit sämtlichen Kriminalbeamten, die als Zeugen die fieberhaften, über die Grenzen der Belastbarkeit weit hinausgehenden Bemühungen schildern, Jakob noch lebend zu finden. Worum ging es denn sonst? „Um die Aufklärung", sagt Gäfgen kühl. Den schnellen Fahndungserfolg also.

Er fällt sogar seinem Anwalt Hans Ulrich Endres in den Rücken. Im Dezember 2002 stand in einer Reportage über Endres' „schwierigstes Mandat" im Berliner „Tagesspiegel", Gäfgen sei von einem Vernehmer angedroht worden, dass man mit ihm auf den Flur gehe und ihm die Zähne einschlage. Wieder eine andere Version. Erfunden? Von wem?

Das Gericht und die Verteidigung der angeklagten Polizeibeamten, Eckart Hild und Lutz Simon, stellen dem notorischen Lügner Gäfgen eine Fülle unbequemer Fragen. Was soll die Androhung von Zwang, wenn es angeblich nur noch um die Leiche des Kindes ging? Diente die Foltergeschichte nicht doch dazu, vom „Fall Gäfgen" abzulenken und daraus einen „Fall Daschner" zu machen? Warum das lange Schweigen? Verteidiger Simon fragt den Zeugen ab: „Trifft es zu, dass Sie wahrheitswidrig sagten…?" Der Verteidiger fragt mehr als 20-mal. Und meist muss Gäfgen antworten: Es trifft zu.

Dabei kommt es für das Gericht nicht darauf an, dass und wie oft Gäfgen gelogen hat. Doch jeder im Saal spürt, in welchen Konflikt die Beamten durch sein Verhalten hineingetrieben wurden. Den Tatbestand – die Anordnung, Zwang anzudrohen, dann „unter ärztlicher Aufsicht durch Zufügung von Schmerzen (keine Verletzungen) erneut zu befragen" – hat Daschner in einem Vermerk vom selben Tag niedergelegt. Unbestritten ist auch, dass Ennigkeit als damaliger

Dienststellenleiter Gäfgen gedroht hat – nach seiner Darstellung nur nicht so, wie das angebliche Opfer es beschreibt.

Der Beamte Ennigkeit: „Ich sagte ihm, von der Behördenleitung/ Einsatzführung ist angedacht und wird vorbereitet, ihm unter Zufügung von Schmerzen (Anwendung unmittelbaren Zwangs) oder durch Beibringen eines Wahrheitsserums dazu zu bringen, Einzelheiten zu nennen, um das Leben des Kindes zu retten, sofern er weiter schweigt oder falsche Angaben macht."

Ist das „Folter"? Ja, sagt ein Teil der Wissenschaft. Die Drohung komme ihr gleich, weil sie sonst ins Leere ginge. Wie schwer wiegt sie aber gegen die Verzweiflung, die in jener Nacht die Kriminalbeamten nach und nach ergriff, als Gäfgen herumdruckste und log und sich wand und log und wieder log? Jedes Mal wurde das Konzept umgeworfen, wurden neue Einsatzbefehle erteilt, dann wieder Kommando zurück, wieder etwas anderes. Die Wohnungen unbescholtener Bürger wurden von vermummten SEK-Beamten gestürmt, es gab Festnahmen, Schocks, traumatische Erinnerungen. Als Gäfgen um 0.45 Uhr damit kam, das Kind befinde sich lebend in einer Hütte am Langener Waldsee, rückten an die 1000 Mann aus, um jeden Stein umzudrehen. Man fand in einer Hütte einen blutigen Kinderschlafplatz. Jakob lebt also vielleicht doch noch!

„Appelle an mein Gewissen haben nichts gebracht", sagt Gäfgen als Zeuge vor Gericht, „ich wusste ja, dass das Kind tot war." „Hat Sie das nicht berührt?", fragt die Vorsitzende. „Doch, schon", antwortet Gäfgen, „aber ich wusste vom Studium her, dass ich das Recht hatte, die Aussage zu verweigern."

Zu Psychiater Leygraf, der ihn an fünf Tagen im November 2002 untersucht hatte, sagte Gäfgen damals, er habe seine „ganze Geschichte" erzählen wollen, doch das sei an jenem Abend nicht gegangen. Hätte er den Auffindeort genannt, hätte sich niemand mehr die Mühe gemacht, ihn zu verstehen. Er habe gewusst, dass er nur Ruhe bekomme, wenn er den Namen von Mittätern (die es nicht gab) nenne und den Aufenthaltsort von Jakob. Am nächsten Morgen habe er dann gesagt, man brauche nicht weiter zu suchen.

Kein Wort von Bedrohung oder gar Folter. Gäfgen scheint der erste Gefolterte zu sein, der erst im Nachhinein, durch einen Vermerk seines Folterknechts, erfuhr, dass er anscheinend gefoltert worden war.

Brechen die Dämme des Rechtsstaats, wie es oft heißt, wenn Daschner nicht oder nur symbolisch bestraft werden sollte? Bedarf die Rechtsverletzung der Polizisten schon aus generalpräventiven Gründen einer strengen justiziellen Reaktion? Müssen Beamte gebändigt und Bürger vor ihrer Willkür geschützt werden? Das ist die Kernfrage des Prozesses.

Die Polizeizeugen vermitteln ein beruhigendes Bild. Einige Beamte haben dem Vizepräsidenten widersprochen, andere waren „perplex" und irritiert ob der Anordnung, wieder andere haben sie einfach nicht umgesetzt. Alle waren sich im Klaren, dass man sich in Richtung Grenze zwischen Gesetz und Moral bewegte.

Ein Beamter warnte, das gute Bild seiner Leute in der Öffentlichkeit aufs Spiel zu setzen. Der Polizeipsychologe schlug vor, Jakobs damals 15-jährige Schwester Elena mit Gäfgen zu konfrontieren. „Sie war doch genau das, was der wollte – hübsch, reich, aus besten Kreisen. Vielleicht hätte sie ihn ja geknackt", sagt ein Polizeizeuge.

Hat irgendeiner derer, die Daschners „Folterandrohung" für rechtsstaatsgefährdend halten, überlegt, was man dem Mädchen damit aufgebürdet hätte? Es bestand kein Zweifel, dass Gäfgen höchstwahrscheinlich Alleintäter war. Sein Opfer kannte ihn. Jakob, wenn er denn noch lebte, war höchstwahrscheinlich bereits dreieinhalb Tage ohne Nahrung. Ein langsamer, qualvoller Tod durch Verdursten, Unterkühlung, Ersticken oder Verhungern wurde stündlich wahrscheinlicher. Sollte eine 15-Jährige abwenden können, was erfahrenen Kripobeamten nicht gelang? Und was wäre gewesen – hätte Jakob noch gelebt –, wenn Elena Gäfgen nicht „geknackt" hätte und der Junge deshalb gestorben wäre? Hat der Herr Psychologe darüber einmal nachgedacht?

Vieles klingt wohlfeil – in der Theorie. Vor dem Tabubruch Daschners sprachen sich Rechtsgelehrte wie der große Claus Roxin, nur ein Beispiel, noch unbefangen für Gewaltanwendung oder Drohung etwa im Falle von Nothilfe aus, von Folter war da aber noch nicht die Rede (1997): „Wenn eine Mutter ihr Kind verhungern lässt, ist also derjenige durch Nothilfe gerechtfertigt, der sie mit Gewalt oder Drohung (Paragraf 240) zur Versorgung des Kindes zwingt." War das Schweigen und Lügen Gäfgens aber etwas anderes als ein durch Unterlassen erfolgender Angriff auf das Opfer? Der Kommentar von Schönke/Schröder (2001), ein anderes Beispiel: Bei Garantenstellung ist Nothilfe möglich, der Nothelfer darf den Angreifer nötigen.

Dagegen wird jetzt, nach dem Sündenfall Daschner, eingewandt, gerade die Staatsgewalt könne sich nicht auf solche Rechtfertigungsgründe berufen, weil die Verletzung der Menschenwürde des Gefolterten kein angemessenes Mittel des Staates sei, die Gefahr abzuwenden. Das bedeutet aber letztlich, dass das Opfer dann, wenn nur noch die Polizei helfen kann, am schutzlosesten ist.

Die Rechtsordnung sollte gerechte Lösungen – nicht unbedingt gleich ein Gesetz – für jeden Fall bereithalten. Bei aller Liebe zum abstrakten Prinzip: Der Staat kann milde auf die Grenzverletzung Daschners reagieren. Deutschland wird deshalb nicht zum Folterstaat, und das Folterverbot wird nicht aufgeweicht, wenn dieser Fall mit Augenmaß behandelt wird. Daschners Schicksal, die öffentliche Diskussion, die Vorverurteilung, sind Warnung genug.

Das Frankfurter Landgericht verurteilte Daschner am 20. Dezember 2004 wegen Verleitung zu schwerer Nötigung zu einer Geldstrafe auf Bewährung. Die Stresssituation und Daschners Vermerk werteten die Richter als strafmildernd. Die disziplinarrechtlichen Ermittlungen wurden eingestellt. Auf seinen Posten kehrte er nicht zurück. Der damalige hessische Innenminister Volker Bouffier machte ihn stattdessen zum Chef des Präsidiums für Technik, Logistik und Verwaltung der hessischen Polizei. 2008 ging Daschner in den Ruhestand. Über seine Verurteilung äußerte er sich öffentlich nur im 2011 erschienenen Buch „Um Leben und Tod“ seines ehemaligen Mitarbeiters Ennigkeit. Dort schreibt er im Nachwort: „Am 20. Dezember 2004 starb Jakob von Metzler zum zweiten Mal – einen juristischen Tod –, als die Frankfurter Justiz sein Recht auf Leben, Menschenwürde und Freiheit geringer wertete als das Wohlbefinden seines Entführers und Mörders.“

„Habe ich etwa gelogen?"

Michael Buback im Prozess gegen die ehemalige RAF-Terroristin Verena Becker

Spiegel 48/2010, 29. November 2010

Der Eklat lag in der Luft. Und die war schon immer schlecht in der berüchtigten, eher einem Schlachthaus denn einem Gerichtssaal ähnelnden Mehrzweckhalle des Hochsicherheitsgefängnisses Stuttgart-Stammheim. Auch die Stimmung dort war noch nie besonders kommunikationsfreundlich. Im kalten Neonlicht wurde vor Jahrzehnten schon geschrien, gehöhnt, beleidigt, als man RAF-Mitglieder verurteilte. Diese Vergangenheit wird der Ort nicht los.

Die Schlachten von damals sind längst geschlagen. Doch was in der vergangenen Woche im Prozess gegen die einstige RAF-Terroristin Verena Becker passierte, das war noch einmal das unversöhnliche, das abweisende, eisige Stammheim. Nur die Fronten verliefen anders.

Worte voller Empörung, kaum beherrschte Erregung. Der Nebenkläger springt auf. Die Mikrofone verzerren jedes Wort. Aktenordner knallen auf die Tische. Dann stürmt Michael Buback, Sohn des von der RAF ermordeten Generalbundesanwalts Siegfried Buback, wutentbrannt aus dem Gerichtssaal. Auf niemals mehr Wiedersehen, so sah es jedenfalls aus.

Für Buback, 65, ist die Beantwortung der Frage, wer seinen Vater am 7. April 1977 in Karlsruhe erschossen hat, jetzt, da sich seine hauptamtliche Hochschullehrtätigkeit als Professor für Technische und Makromolekulare Chemie an der Universität Göttingen dem Ende zuneigt, zu einer neuen Lebensaufgabe geworden. Er will die Wahrheit wissen, die eindeutige, beweisbare, wie er sie aus den Naturwissenschaften kennt.

Entdeckt er in einer chemischen Versuchsanordnung einen Fehler, kann für ihn das Ergebnis nicht stimmen. Doch Juristen und Ermittler haben ihre eigenen Regeln. Ihre Wahrheiten, selbst wenn sie fehlerhaft zustande kamen, müssen deshalb noch lange nicht falsch sein. Diese Welt ist dem Professor ein Rätsel.

Staatsanwälte, Verteidiger und Richter sprechen auch eine andere Sprache. Sie denken anders. Sie würdigen Beweise anders. Der Naturwissenschaftler hilft ihnen höchstens bei der Erforschung der Wahrheit. Sie haben keine Formeln, Tabellen und Messgeräte zur Hand.

Sie ringen um etwas, was der reinen Wahrheit allenfalls nahekommt. Iudex non calculat, der Richter rechnet nicht.

Für Buback ist Verena Becker die Todesschützin. Er hat seit 2007, seit der Diskussion über eine Begnadigung Christian Klars, mit zunehmender Verbissenheit versucht, auf eigene Faust die einzige, ihm schlüssig erscheinende Wahrheit zu ermitteln. Er hat ein ganzes Buch darüber geschrieben, was an den Ermittlungen in seinen Augen unzulänglich, fehlerhaft und nicht nachvollziehbar ist. Da er viele Ungereimtheiten fand, die er als Chemieprofessor nicht versteht, machte er sich seinen eigenen Reim. Und je länger er dies tat, desto enger wurde sein Blickwinkel.

Die Bundesanwaltschaft hat Verena Becker am 6. April 2010 nicht nur wegen Beihilfe, sondern wegen Mittäterschaft am Buback-Mord angeklagt, trotz einer dünnen Beweislage. Sohn Buback sieht darin nicht das Bemühen, keinen der an den Terroranschlägen Beteiligten davonkommen zu lassen. Der Begriff Mittäterschaft bedeutet ihm nichts, obwohl die Strafandrohung nicht anders ist als bei Täterschaft. Für ihn ist Täter, wer geschossen hat. Dies will er gerichtlich bestätigt haben.

Wenn ein Kind verschwindet, ist die Ungewissheit, was ihm geschehen ist, für die Eltern meist schwerer zu ertragen, als die Gewissheit, dass das Kind tot ist. Vielleicht ist es auch für einen Sohn eher zu ertragen, wenn er weiß, wer genau den Vater mit eigener Hand gemordet hat. Buback treibt dies um, lässt ihn nicht ruhen.

Zwar wurden mit Knut Folkerts, Christian Klar und Brigitte Mohnhaupt 1980 und 1985 drei RAF-Mitglieder schon als Buback-Mörder verurteilt. Doch der Name jener Person, die auf dem Sozius der Suzuki-Maschine saß, die damals in Karlsruhe an der Kreuzung Linkenheimer Tor/Moltkestraße von hinten an den Mercedes des Generalbundesanwalts heranfuhr und in den Wagen schoss, ist unbekannt geblieben. Es gibt diesen und jenen Verdacht, Gewissheit jedoch nicht.

Bubacks eigenes Bemühen um Aufklärung des ersten Verbrechens jener Schreckensserie im Jahr 1977 wurde anfangs mit Respekt, Mitgefühl und Verständnis begleitet, auch von der Bundesanwaltschaft. Dort arbeiten heute Staatsanwälte, die sich ihrer in einem Rechtsstaat nur begrenzten Möglichkeiten, die einzige und letzte Wahrheit zu finden, bewusst sind. Nicht, dass man sich abgefunden oder resigniert hat. Man akzeptiert aber das Schweigerecht eines Angeklagten, das

Auskunftsverweigerungsrecht eines Zeugen, der sich sonst selbst belasten würde. Von der Besessenheit eines Kurt Rebmann bei der Verfolgung der RAF ist nichts mehr zu spüren.

Der 6. Strafsenat des Oberlandesgerichts Stuttgart, der gegen Verena Becker seit dem 30. September 2010 verhandelt, gibt dem Nebenkläger Buback viel Raum. Der Vorsitzende Hermann Wieland kommt dessen höchst persönlichem Anliegen nach Genugtuung und Aufklärung der Situation an jenem Gründonnerstagmorgen 1977 weit entgegen. Der ganze erste Teil des Becker-Prozesses ist allein dem Tatablauf gewidmet, obwohl der mit dem Anklagevorwurf nichts zu tun hat.

Verena Becker ist nicht als Schützin angeklagt, sondern weil sich, als im April 2008 wieder Ermittlungen in Sachen Buback aufgenommen wurden, der Verdacht verstärkt hatte, dass sie maßgeblich an der Entscheidung für das Attentat und an Planung und Nachtatphase beteiligt war. Die Bundesanwaltschaft sieht in der Gesamtschau einige Hinweise für eine Mittäterschaft. Der Bundesgerichtshof hingegen distanzierte sich in seinem Beschluss vom 23. Dezember 2009 von dieser Auffassung. Ob Mittäterschaft oder Beihilfe, wie sie der Bundesgerichtshof annimmt – es ist wohl eine Frage der Bewertung.

Vorerst geht es also in Stammheim um Tatortzeugen. Man braucht sie nicht für die Klärung der Schuld Verena Beckers. Aber für Michael Buback.

Es war in der Hektik nach dem Anschlag, dem der oberste Ankläger der Republik mit seinen zwei Begleitern zum Opfer gefallen war, fieberhaft ermittelt worden. Zeitweise ging es drunter und drüber. Landes- und Bundeskriminalamt schalteten sich ein. Der Ermittlungsbereich war immens, die Angst vor weiterem Terror nicht minder. Da passieren mehr Fehler, als ohnehin in jedem Ermittlungsverfahren geschehen. Da wurde nicht jede Vernehmungsnotiz wie ein förmliches Protokoll abgefasst. Unterschriften fehlen. Doch damals brauchte man erst einmal Hinweise auf die Täter, nicht Unterschriften.

Buback ficht das nicht an. Er kann nicht mehr zurück. Er bewertet Ermittlungsergebnisse auf seine Weise. Gutachten von Sachverständigen ignoriert er. Allein seine Überzeugung will er durchsetzen. Doch je länger der Prozess dauert, desto abwegiger erscheint, was Buback der Bundesanwaltschaft unterstellt – das angebliche Einverständnis mit einer „schützenden Hand“, die die Angeklagte vor Strafverfolgung bewahrte, das schmutzige Spiel hinter den Kulissen auf Kosten der Hinterbliebenen und was es an monströsen Manipulationsgerüchten zur Strafvereitelung noch mehr gibt. Ein Bundesanwalt Joachim Lampe, ein Horst Herold sollen gesagt haben: Hände weg von Becker?

Die heutigen Zeugenaussagen, wer damals geschossen haben soll, sind bisweilen grotesk. Wer wirklich etwas gesehen hatte, hat viel davon vergessen. Doch einige derer, die damals nichts oder nur wenig sahen, wissen heute umso mehr.

Zum Beispiel Bubacks Lieblingszeugin, eine 65 Jahre alte ehemalige Angestellte der Versorgungsanstalt des Bundes und der Länder, deren Gebäude sich in der Nähe des Tatorts befinden. Was sie 1977 zu Protokoll gab, unterscheidet sich kaum von Beobachtungen auch anderer Zeugen, die während der Frühstückspause ans Fenster eilten, als sie Schüsse hörten. Heute behauptet die Frau, sie allein habe genau sehen können, wie das Motorrad den Mercedes umrundete, davonfuhr und nach dem Wenden auf einem Grünstreifen mindestens dreimal wieder zurückkehrte. Jedes Mal sei von neuem geschossen worden.

Seltsam nur, dass sich damals an der von ihr jetzt beschriebenen Stelle keine Patronenhülsen fanden. Auch einen Grünstreifen gab es dort noch nie.

„Der Fahrer war relativ groß, mindestens einen Kopf größer als die Person dahinter“, sagt die Zeugin. „Diese Person auf dem Soziussitz sah aus wie eine Frau. Da bin ich mir sicher. Das sieht man an den Oberschenkeln!“ Wie das? Die Zeugin beharrt auf ihrer Meinung. Früher habe es keine so großen Frauen mit so langen Oberschenkeln gegeben, fährt sie fort. „Solche Oberschenkel haben nur Männer.“ Das verstehe einer.

Keiner der bisher gehörten Zeugen hat ein mehrfaches, langsames Umkreisen des Mercedes mit dem Motorrad „in einer 45-Grad-Neigung“ gesehen. Keiner beschrieb je ein Zurückkehren der Täter.

Michael Buback geht nach dem Zeugenauftritt dieser Frau strahlend auf sie zu. „Danke!“, sagte er, „Sie waren großartig!“ Und beim Abschied vor dem Gebäude küsst er sie auf beide Wangen.

Den Eklat aber löst ein Zeuge aus, der damals elf Jahre alt war. Er hatte sich an Buback gewandt in der Hoffnung, mit anderen Tatortzeugen in Kontakt zu kommen. Denn er frage sich, ob ihn jemand am Ort des Attentats gesehen habe. „Ich will wissen, ob das nicht Einbildung war“, sagt er als Zeuge vor Gericht.

Dieser Mann will die Person auf dem Sozius „verkehrt herum" – also Rücken an Rücken mit dem Fahrer, die Waffe in Helmhöhe schwingend, stadtauswärts fahrend – beobachtet haben.

Der angriffslustige Bundesanwalt Walter Hemberger überlässt nach dieser Zeugenaussage vorsichtshalber der Oberstaatsanwältin Silke Ritzert das Wort: „Gegenstand dieses Verfahrens ist die Schuldfeststellung von Frau Becker und nicht, irgendwelchen Zeugen bei der Aufarbeitung ihrer psychischen Probleme zu helfen", sagt sie. „Der Zeuge hat nichts Relevantes gesehen. Rücken an Rücken! Das ist an Absurdität nicht zu überbieten. Er hat dies dem Nebenkläger zur Kenntnis gebracht, und der schrieb an die Bundesanwaltschaft, jener Zeuge meine, eine ‚zierliche Frau' habe auf dem Soziussitz gesessen. Das aber hat der Zeuge nie gesagt. Trotzdem benennt ihn der Nebenkläger als einen seiner 18, 19, 20 oder 21 Zeugen, die angeblich eine Frau sahen."

Die Staatsanwältin wird laut: „Wie die Wahrheit hier mit Füßen getreten wird! Was Herr Buback hier an uns geschrieben hat, ist …" Buback springt auf: „Wollen Sie behaupten, dass ich lüge? Was muss man sich hier alles bieten lassen? Das ist unerhört! Was soll ich noch machen? Verschwinden? Habe ich etwa gelogen?"

Bubacks Rechtsbeistand Ulrich Endres versucht kurz, die Situation zu retten. Zu spät. Er kann den Mandanten nicht bremsen. Es ist nichts mehr zu retten.

Die Angeklagte und ihre Verteidiger Walter Venedey und Hans Wolfgang Euler sitzen wie erstarrt. Sie schweigen.

Der Senat, der den Saal während dieser Szene verlassen hat, kehrt zurück. Die Bank der Nebenkläger ist jetzt leer. „Wir haben unterbrochen, um die Wogen zu glätten, und jetzt sind die Wogen nicht mehr da", resümiert der Vorsitzende trocken. Frau Ritzert bedauert. Aber Vorwürfe, dass die Bundesanwaltschaft wissentlich Beweismittel verfälscht habe, die könne man nicht hinnehmen.

Welcher Weg führt aus diesem tragischen Konflikt heraus? Verena Becker ist eine unauffällige Frau, die vor bald 40 Jahren nicht nur das Leben anderer, sondern auch ihr eigenes zerstörte. Ihr Gesicht zeichnen die Spuren dieser Vergangenheit. Was hat ihr die RAF gebracht? Vielleicht wäre es doch noch ein Zeichen von Größe, wenn sie sich aufraffte zu sagen, wo sie am 7. April 1977 gewesen ist.

Verena Becker wurde 2012 wegen Beihilfe zu dem Attentat zu einer Freiheitsstrafe von vier Jahren verurteilt. Zweieinhalb Jahre davon wurden ihr wegen einer früheren Verurteilung als bereits verbüßt angerechnet. Die Revisionen von Verteidigung und Nebenklage – letztere hatte eine Verurteilung wegen Mittäterschaft angestrebt – wurden vom Bundesgerichtshof als unbegründet verworfen.

Lebenslang freigesprochen

Die Justiz bleibt einem Vater die Antwort auf den Mord an seiner Tochter schuldig

Spiegel 18/2015, 25. April 2015

Manchmal stimmt die Welt nicht mehr. Da wird ein Angeklagter trotz schwerwiegender Indizien vom Vorwurf des Mordes freigesprochen, und dann stellt sich heraus, dass er wohl doch der Täter war. Widerfährt den Angehörigen des Opfers nun Genugtuung? Nein. Die Gerechtigkeit weicht dem Recht, das den mutmaßlichen Täter schützt. Hinterbliebene haben dies hinzunehmen. Oder doch nicht?

Der Täter hatte die 17-Jährige entsetzlich zugerichtet. Das Mädchen war vergewaltigt worden, bei der Obduktion der Leiche stellten die Rechtsmediziner eine frische Defloration fest. Danach muss der Täter mit einem wahrscheinlich zweischneidigen Messer auf sein Opfer eingestochen haben: zweimal in die Brust durch den Herzbeutel bis in die Herzkammer und die Lunge hinein; siebenmal in die Hüfte, wobei Bauchdecke, Leber und Nieren durchstoßen wurden. Zweimal drang das Messer durch den linken Arm des Mädchens, das sich nach Meinung der Rechtsmediziner verzweifelt gewehrt hat.

Schließlich muss der Mann der Sterbenden die Kehle durchgeschnitten haben. Der Hals war bis zur Wirbelsäule durchtrennt, eine tiefe, klaffende Wunde von 22 Zentimeter Länge reichte von einem Ohr zum anderen. Feingewebliche Untersuchungen bestätigten die Annahme der Ermittler, dass das Gewaltgeschehen mit diesem Halsschnitt endete.

Die Spuren deuteten darauf hin, dass das Mädchen sich gerade wieder anzog, als der Täter zustach. Es hatte ohne Schuhe zu fliehen versucht. An den Sohlen seiner Strümpfe klebte frischer Schmutz.

Viel mehr weiß man nicht über die letzten Stunden der Frederike von M. Sicher ist nur, dass ihr junges Leben irgendwann in der Nacht des 4. November 1981 in einem Waldgebiet in der Nähe von Hambühren endete, etwa zehn Kilometer von Celle entfernt, wo ihre Leiche vier Tage später entdeckt wurde.

Wie es zu der Tat gekommen war, ist bis heute ungewiss. Wahrscheinlich traf die Schülerin der 11. Klasse des Kaiserin-Auguste-Viktoria-Gymnasiums in Celle mit dem Täter zusammen, als sie in den Abendstunden als Anhalterin in sein Auto stieg. Denn bis 19.30 Uhr hatte sie noch an einer Chorprobe der Stadtkantorei teilgenommen und war anschließend mit einem anderen Mädchen mitgegangen, von dem sie sich 20 Pfennige zum Telefonieren lieh. Danach wollte sie sich auf den Heimweg machen.

Wollte sie jemanden anrufen, der sie abholen sollte? Vermutlich. Denn Frederikes Heimatort war mit öffentlichen Verkehrsmitteln abends häufig nicht mehr zu erreichen. In der Nähe der Leiche fand die Polizei zwei Groschen – möglicherweise das nicht verbrauchte Telefongeld.

Frederike sei ein zurückhaltendes, verträumtes Mädchen gewesen, sagten damals Zeugen aus. Sexuelle Beziehungen seien für sie noch nicht infrage gekommen. Das habe sie sich für den Mann ihres Lebens aufsparen wollen. Mit der Mutter und der älteren Schwester habe sie oft über das Trampen gesprochen. Sie habe nur in Autos mit Celler Kennzeichen einsteigen wollen. Mit Ausländern wollte sie grundsätzlich nicht mitfahren, auch nicht mit mehreren Männern. Sollte ein Fahrer anzüglich werden, wollte sie versuchen, ihn durch Reden von seinem Vorhaben abzubringen.

Was aber geschah an jenem Abend? Wann traf die Schülerin auf ihren Mörder? Wo verging der sich an ihr? Rechtsmediziner schätzten die Zeitspanne zwischen Vergewaltigung und Tod auf rund eine halbe Stunde. Was passierte in dieser Phase?

Als dringend tatverdächtig gilt heute der mittlerweile 56 Jahre alte Arbeiter Ismet H. Er lebt seit 1978 in Deutschland und wohnte damals in Celle bei seinem Bruder. Der Aufenthaltsort des Verdächtigen in Deutschland ist der Polizei bekannt.

Die Brüder entstammen einer armen, kinderreichen Bauernfamilie aus dem Osten der Türkei und gehören der Glaubensgemeinschaft der Jesiden an. H. hat keine abgeschlossene Schulbildung und schlug sich, da er kaum lesen und schreiben konnte, in seiner Heimat als Hilfsarbeiter durch. Nach Deutschland kam er als Asylbewerber, weil er sich, wie er angab, durch Großgrundbesitzer unterdrückt gefühlt habe. Vorübergehend soll er in einem Geschäft in Wietze gearbeitet haben.

Frederike von M. kannte H. wohl nicht, als sie zu ihm ins Auto stieg. Ob sie lange hatte warten müssen, ehe sie mitgenommen wurde, konnte nicht geklärt werden. Auch nicht, ob sie zunächst vielleicht mit einem anderen Fahrer mitgefahren war. Dass die Polizei Verdacht gegen H. schöpfte, lag an Reifenspuren, die bis auf zwei Meter an den Leichenfundort heranführten und dann zurück auf eine Landstraße. Die Polizei suchte damals nach einem BMW 1602. Denn vor allem Reifen dieses Autotyps wiesen jene Spurweite, das Profil und die Laufflächenbreite wie die Spuren am Tatort auf. H. fuhr einen solchen BMW. Und sein Fahrzeug trug ein Celler Kennzeichen.

Die Spurensuche ergab noch mehr Belastendes. An der Kleidung Frederikes, auch an ihrer Unterwäsche, fanden sich drei Fasertypen, die in Farbe, Form, Querschnitt, Durchmesser und Material mit den Textilien in H.s Wagen – über dem Teppichboden lagen dort Teile eines Läufers mit orientalischem Muster – übereinstimmten. Auch Fasern von den Sitzfellen sowie von Sitzkissen auf der Beifahrerseite, der Rückenlehne und des Kopfstützenfells wurden am Pullover, an der Hose und der Unterwäsche der Getöteten gefunden.

H. bestritt, mit der Tat etwas zu tun zu haben. Er glaube, sagte er in einer richterlichen Vernehmung, jemand belaste ihn zu Unrecht. Denn am Abend des 4. November sei er zu Hause gewesen. Dafür benannte er Verwandte und einen Nachbarn als Zeugen, die zu Besuch gewesen seien. Allerdings verweigerten die Verwandten später vor Gericht die Aussage, und der Nachbar wusste nichts von einem Besuch am 4. November. Zudem scheiterte der Versuch von H.s Bruder, einen weiteren Nachbarn zu der Aussage zu bewegen, er habe das Auto an jenem Novemberabend gegen 20 Uhr vor dem Haus stehen gesehen.

H. hatte also kein Alibi, seine Angaben stellten sich als unwahr heraus, und die Spuren erzählten eine andere Geschichte.

Folglich klagte ihn die Staatsanwaltschaft beim Landgericht Lüneburg, Zweigstelle Celle, im März 1982 wegen Vergewaltigung und Mordes an. Am 1. Juli 1982 verurteilte ihn das Lüneburger Schwurgericht zu einer lebenslangen Freiheitsstrafe.

Die Kammer, die sich gründlich mit den Einwänden der Verteidigung gegen die Beweiskraft von Fasern auseinandersetzte, stützte ihre Überzeugung auf „die ungewöhnliche Kombination von sieben verschiedenen Faserspuren", die es ausgeschlossen erscheinen lasse, „dass zur Tatzeit im Celler Bereich ein anderes Fahrzeug existierte, das eine völlig identische Textilausstattung wie das des Angeklagten aufwies".

Nach erfolgreichem Revisionsantrag der Verteidigung hob der Bundesgerichtshof am 25. Januar 1983 dieses Urteil auf und verwies den Fall nach Stade. Die dortigen Richter sprachen H. im Mai 1983 frei und billigten ihm Haftentschädigung zu. Sie waren von seiner Schuld nicht überzeugt.

„Die Beweisaufnahme hat keinerlei Hinweis dahin ergeben", heißt es in diesem Urteil, „dass sich der Angeklagte zum Tatzeitpunkt am Tatort befunden hat." Ein Reifensachverständiger, dessen Gutachten im ersten Prozess nicht berücksichtigt worden war und der beim Stader Gericht „den Eindruck sicheren Sachverstandes" hinterlassen hatte, konnte keine Übereinstimmung der Spuren am Tatort mit den Reifen an H.s Fahrzeug feststellen. Den Fasern an Frederikes Kleidung komme „kein überragender Beweiswert" zu, urteilten die Richter, wenn auch die Kombination aller Faserspuren „ein starkes, für einen Kontakt sprechendes Moment" darstelle.

Der Vater Frederikes, Hans von M., glaubte an die Richtigkeit des Stader Urteils. Vom ersten Prozess in Lüneburg habe er so gut wie nichts mitbekommen, sagt er heute, da er damals wegen eines körperlichen und seelischen Zusammenbruchs nach der Tat monatelang in einer psychiatrischen Klinik behandelt wurde. Die Zweifel des Stader Gerichts an H.s Täterschaft leuchteten ihm ein. „Ich war überzeugt, dass ein anderer meine Tochter getötet hat. Danach fragte ich mich jahrelang bei jedem Zeitungsbericht über eine Vergewaltigung, ob dieser Täter auch Frederike auf dem Gewissen hat."

Der gewaltsame Tod seines Kindes und die Ungewissheit, wer die Tat begangen hat, warfen den Mann aus der Bahn. Bis heute treibt es ihn um, dass der Täter seit mehr als 30 Jahren auf freiem Fuß ist. M., diplomierter Sozialarbeiter, verlor seine Arbeit. Seine Gesundheit und Leistungsfähigkeit sind für immer beschädigt. Der Gedanke, dass sich zwar das Recht durchgesetzt hat, die Gerechtigkeit aber auf der Strecke geblieben ist, lässt ihn nicht einmal jetzt zur Ruhe kommen, da er nun nahezu sicher weiß, wer der Täter ist.

Jahrzehntelang hatte der Vater akribisch jeden Fortschritt in der Kriminaltechnik verfolgt. So bekam er mit, dass dank der DNA-Analyse inzwischen so manche Straftat selbst nach Jahrzehnten noch aufgeklärt werden kann. Unterstützt vom niedersächsischen Innenministerium erreichte er es schließlich, dass die Spuren im Fall seiner Tochter noch einmal, und zwar nach den heutigen Methoden untersucht wurden.

2013 endlich die Nachricht, wer der Mörder sein könnte: der Tatverdächtige der ersten Stunde und letztlich Freigesprochene Ismet H.

„Ich war so erleichtert, dass ich geweint habe!", sagt M. „Die quälende Unsicherheit war zu Ende."

Im Kriminaltechnischen Institut des Landeskriminalamts Niedersachsen hatte man bei einer neuerlichen Analyse der Asservate herausgefunden, dass sich an einer Binde der Getöteten eine „sekretverdächtige Anhaftung" befand, mit der sich ein männliches DNA-Muster bestimmen ließ. Bei den Asservaten befanden sich auch noch Haare H.s. Deren DNA-Muster war identisch mit der männlichen DNA-Spur in Frederikes Binde. H. ist also mit großer Wahrscheinlichkeit der Vergewaltiger. Und vermutlich auch der Mörder.

Wären die Ermittlungen gegen H. seinerzeit eingestellt worden, läge die Sache einfach. Dann würde aufgrund der neuen Erkenntnisse wieder ermittelt, denn Mord verjährt nicht. Dem Verdächtigen könnte der Prozess gemacht werden.

Doch H. ist rechtskräftig freigesprochen, und dies macht die Sache kompliziert.

Der Gesetzgeber wollte offenbar, sagt der Anwalt des Vaters, Wolfram Schädler, dass ein Freigesprochener sich darauf verlassen darf, von der Justiz nicht mehr wegen derselben Sache belangt zu werden. Aber kann der Gesetzgeber wirklich wollen, dass ein des Mordes dringend Verdächtiger unbehelligt bleibt, nur um des viel beschworenen Begriffs der „Rechtssicherheit" willen? Lässt sich damit noch argumentieren, wenn ein Vater den mutmaßlichen Mörder seiner Tochter zur Rechenschaft gezogen wissen will?

Hans von M. ist kein Kohlhaas, der um der Gerechtigkeit willen selbst zum Verbrecher wurde. Er begehrt nicht auf, ist kein Querulant. Er erwartet nur, dass der Rechtsstaat ihm das gewährt, was der einem Opfer oder einem Hinterbliebenen schuldet: Gerechtigkeit. Er verlangt, dass das Unrecht, das an seiner Tochter begangen wurde, gesühnt wird.

Doch das Recht ist nicht immer identisch mit dem, was das Rechtsgefühl des Einzelnen meint. Schon die Wiederaufnahme eines Verfahrens zugunsten eines womöglich fälschlich Verurteilten stößt bei der Justiz erfahrungsgemäß auf vehementen Widerstand. Die Wiederaufnahme zulasten eines Freigesprochenen aber ist, mit seltenen Ausnahmen, schier ein Ding der Unmöglichkeit, allein deshalb, weil der freigesprochene mutmaßliche Täter vom Gesetz weitreichend geschützt ist.

Die Staatsanwaltschaft darf H. nicht zu einer neuerlichen Vernehmung laden. Nur die Polizei kann jetzt gerichtsverwertbare Fakten schaffen, indem sie den Verdächtigen in Kenntnis setzt über die neue Situation. Dann kommt es darauf an, wie sich der Betreffende verhält. Neue Beweismittel wie bei der Wiederaufnahme zugunsten eines Verurteilten reichen für eine Wiederaufnahme gegen einen Freigesprochenen nicht aus. H. könnte nur ein neuer Prozess gemacht werden, wenn er gesteht – eine Kuriosität im Strafrecht.

Denn wer gesteht einen Mord, wenn ihm ein Gericht unwidersprochen bestätigt hat, die Tat sei ihm nicht nachzuweisen?

Anwalt Schädler hat als ehemaliger Bundesanwalt den spektakulären Fall „Harry Wörz" bearbeitet, in dem erst ein Zivilrecht den Weg zur Wiederherstellung von Gerechtigkeit bereitete. Auch im Fall M. will er das Zivilrecht bemühen. Er reichte eine Schadensersatzklage beim Landgericht Lüneburg gegen H. ein und verlangt von diesem Schmerzensgeld.

In der Klage heißt es: „Mangels einer anderen Möglichkeit, den Vorwurf gegen den Beklagten gerichtlich – ohne sein Geständnis – untersuchen zu lassen, sowie der Annahme, dass der Beklagte nach wie vor seine Unschuld darlegen wird, geht indessen der Kläger davon aus, dass der Beklagte die Gelegenheit des Zivilverfahrens ergreifen und auf die Einrede der Verjährung verzichten wird."

Denn M. sieht sich hier mit einer weiteren Hürde – logisch fragwürdig – konfrontiert. Mord verjährt zwar nicht. Doch zivilrechtliche Ansprüche aus einem solchen Fall verjähren durchaus, und zwar nach 30 Jahren. So ist es hier.

„Erfährt ein Angehöriger des Opfers erst danach von dem mutmaßlichen Täter", so Schädler, „kommt eine Zivilklage eigentlich zu spät. Denn der Täter könnte diese Verjährung geltend machen und bliebe dann ungeschoren. Allerdings bliebe dann der mit der Klage erhobene schwere Verdacht bestehen, einen Mord begangen zu haben." Beriefe sich H. jedoch nicht auf die Verjährung der zivilrechtlichen Ansprüche, könnte ein Gericht noch einmal die Tatsachen überprüfen, die dem Freispruch einst zugrunde lagen. H. könnte also klären lassen, ob seine Unschuld nach wie vor gilt. Hierauf hoffen der Vater Frederikes und sein Anwalt.

Ein heikles Unterfangen, an das sich kaum ein Jurist heranwagt. Sein Ausgang ist zurzeit völlig offen. Der Gesetzgeber, der sonst mit dem populären Schlagwort des „Opferschutzes" fix bei der Hand ist, hält sich hier bedeckt.

2007 haben Nordrhein-Westfalen und Hamburg einen Gesetzesantrag in den Bundesrat eingebracht mit dem Ziel, die Möglichkeiten der Wiederaufnahme rechtskräftig abgeschlossener Strafverfahren zulasten freigesprochener Angeklagter zu erweitern – eine Reform, die sich angesichts neuer technischer Untersuchungsmethoden aufdrängt.

Doch der Reformeifer erlahmte rasch. Im Mai 2010 wurde die Vorlage dem Rechtsausschuss zur Beratung des Bundestages zugewiesen. Seitdem hat man nichts mehr davon gehört.

Vor dem Landgericht Lüneburg berief sich der Anwalt des Verdächtigen H. darauf, die Schmerzensgeldklage sei verjährt. Das Gericht folgte dieser Argumentation und wies 2015 die Klage ab. Das Oberlandesgericht Celle bestätigte diese Entscheidung. Allerdings stellten die Celler Richter in ihrer Sachverhaltsdarstellung fest, dass H. „die Tochter des Klägers im November 1981 vergewaltigt und anschließend getötet hat". In der Rechtswissenschaft entspann sich daraufhin eine Debatte darüber, ob die straf- und zivilrechtlichen Verjährungsvorschriften in einem solchen Fall nicht synchronisiert werden müssten. Es bestehe gesetzgeberischer Handlungsbedarf, da aufgrund der sich weiterentwickelnden Kriminaltechnik künftig weitere lange zurückliegende ungeklärte Morde aufgeklärt werden und diese dann zivilrechtliche Kompensationsansprüche auslösen könnten. Doch auch diese Debatte geriet schließlich ins Stocken. Der Mord an Frederike von M. ist weiter ungesühnt.

VIII

Am Ende des Weges

Greise Angeklagte

Totschlag aus Geradlinigkeit?

Ein alter Bauer erschießt nach jahrelangem Streit seinen Sohn

Spiegel 20/2015, 9. Mai 2015

Der alte Mann auf der Anklagebank schüttelt energisch den Kopf. Dabei stimmt er dem Richter zu: Ja, so sei es passiert. Ein Ja und Nein zugleich?

Es ist der Tremor des Alters, der dieses Kopfschütteln hervorruft und wegen seiner Uneindeutigkeit manchmal für Irritation im Gerichtssaal sorgt. Aber gerade diese Uneindeutigkeit unterscheidet die Tat, die dem alten Mann vorgeworfen wird, von ähnlichen Delikten. Er hat seinen Sohn erschossen – nicht weil er ein böser Mensch ist. Nicht weil er im Affekt gehandelt hat. Nicht weil er seine Sinne nicht mehr beisammen hat. Warum dann?

Dass es Unrecht war, gibt der Angeklagte ohne Zögern zu. Das gebietet ihm schon seine Rechtschaffenheit. Kopfschüttelnd fügt er hinzu: „Es hat ein Ende haben müssen. Irgendwann ist es einem egal. Wenn nur endlich Ruhe ist. Ich hab selbst nicht geglaubt, dass ich es tu."

Alfred H., Jahrgang 1931, ist Landwirt. Ein schwäbischer Bauer, der es zusammen mit seiner Frau zu Wohlstand und Ansehen gebracht hat. G'schafft von früh bis spät, Schwerstarbeit auf dem Feld, in den Ställen, auf dem Hof. Die Frau pflegte daneben die alte Mutter und zog drei Kinder groß. Nie Urlaub, kaum Freizeit, außer am Sonntag für ein paar Stunden. Hilfe? „Nie. Wir haben alles mit unseren eigenen Händen aufgebaut", sagt der Angeklagte müde.

„So manche Nacht hab ich im Stall verbracht, wenn die Muttersauen abgeferkelt haben und man einen Kaiserschnitt hat machen müssen", erklärt er dem Gericht. Dessen Vorsitzender, der Heilbronner Richter Roland Kleinschroth, nickt: „Ich komm selbst aus der Landwirtschaft und hab schon Schweine gefüttert und gemästet. Wir reden hier auf Augenhöhe."

Ende der Fünfzigerjahre, fährt der Angeklagte fort, seien im Zug der Flurbereinigung Landwirte zur Aussiedlung gesucht worden. 1958 sei er mit seiner Familie auf dem Weißenhof in Löchgau eingezogen. Drei Jahre später habe man das Wohnhaus mit Nebengebäuden für 101 000 Mark gekauft. Anfangs gab es ein Pferd, dann kamen Gerätschaften hinzu. „Wir hatten ja noch Schulden", sagt H. Er zählt die Mähdrescher auf, die Bulldogs, deren PS-Zahlen er noch heute weiß.

„Dann haben wir 2000 Mark aufnehmen können. Am Schluss haben wir alles gehabt, was man braucht."

Es ging bergauf in den Sechzigerjahren, auch bei den H.s. Bald gab es auf dem Hof 200 Tiere, für damalige Verhältnisse eine große Sache. Dann wurde gebaut, modernisiert, weiterentwickelt, sodass jährlich tausend Mastschweine verkauft werden konnten. „Das war ein erstklassiger Vorzeigebetrieb, wirklich", bestätigt ein Nachbar anerkennend.

1993 überschrieben die Eltern den Hof ihrem ältesten Sohn Helmut. „Die Frau war angeschlagen. Da hab ich gesagt, so geht's nicht weiter. Der Helmut hat zwar überall Schwierigkeiten gemacht, aber ich komm mit ihm schon zurecht."

Die Zusammenarbeit auf dem Hof, dachte der Vater, werde seinen Ältesten gewiss auf den rechten Weg bringen. Er baute ihm ein Haus auf dem Weißenhof für 500 000 Mark, „damit alles recht sein soll" und Helmut keine Miete zu zahlen hatte.

„Ich habe ihm lange beigestanden", sagt Alfred H. „Aber irgendwann ging es nicht mehr." Helmut galt von jeher als etwas sonderbar. Aber als er dann den Hof hatte und sich vom Vater nichts mehr sagen ließ, muss es zu einem schleichenden Verfall gekommen sein. Der Sohn kümmerte sich nicht ums Vieh und ließ die Ferkel im Stall verenden, bis das Veterinäramt ihm die Schweinemast untersagte. Er öffnete Briefe nicht mehr, bezahlte Rechnungen nicht. Sein Wohnhaus heizte er nicht und zog die Rollläden nicht mehr hoch. Tagsüber schlief er, nachts geisterte er umher.

„Das größte Problem war", sagt der Vater, „dass er morgens nicht zu arbeiten angefangen hat. Das wurde immer schlimmer. Am Schluss kam er erst gegen halb zwölf in den Stall. Da hatte ich schon alles gemacht, die Tiere und die Feldarbeit. Der hat die Sauen so geschlagen, dass sie aus ihrem Gatter gesprungen sind und wir sie wieder einfangen mussten. Das ist meiner Frau und mir nie passiert!" Der lieblose Umgang Helmuts mit den Tieren schmerzt den Vater noch heute.

„Wir haben unsere Mutter nachts oft schreien gehört", sagt einer der beiden Söhne Helmuts. „Von da an haben wir ihn gehasst." Als die Ehe Helmuts geschieden wurde, zog der kleinere Sohn mit der Mutter weg vom Hof, der größere blieb bei den Großeltern und half, wo er konnte.

2009 klagten Alfred H. und seine Frau auf Rückübertragung des Hofs und verpachteten ihn Stück um Stück. Dies wiederum akzeptierte Helmut nicht. Er hielt sich nach wie vor für den rechtmäßigen Herrn auf dem Weißenhof, trotzig wie ein Kind, das sein Spielzeug nicht hergibt. „Diese ständigen Streitereien", stöhnten die Geschwister, „und diese Hiobsbotschaften. Man wusste nie, was gleich wieder passiert."

Drei Räumungsklagen strengte der Vater an – und kapitulierte jedes Mal: „Den eigenen Bua wirft man doch nicht vom Hof." Die Bank riet, einen Betreuer in finanziellen Dingen einzusetzen. Als der kam, öffnete Helmut nicht die Tür.

Über 20 Jahre zog sich der zermürbende Abwehrkampf des verzweifelnden Vaters gegen den Sohn hin. Helmut, das bestätigten Dutzende Zeugen, muss immer tyrannischer und provokanter geworden sein. Das Lebenswerk des Vaters habe er völlig heruntergewirtschaftet.

„Herr H.", der Vorsitzende wendet sich dem Angeklagten zu und sagt, es komme ja vor, dass ein Vater seinen Sohn umbringe, „aber doch nicht in dieser Altersklasse!" Dann spricht er ihn im Dialekt an: „Es isch doch so – wenn ein 82 Jahre alter Mann seinen 54-jährigen Sohn umbringt, dann muss es dazu eine Vorgeschichte geben." Der Angeklagte schüttelt den Kopf und stimmt dem Richter zu.

Im Nachhinein tue es ihm natürlich leid, sagt der aufrechte Mann. Sein Leben lang hat er sich nichts zuschulden kommen lassen. „Aber niemand hat uns helfen können!" Das Kopfschütteln wird stärker. Der alte Bauer zählt auf, wie oft die Polizei auf dem Hof gewesen sei und wie es jedes Mal geheißen habe: Wir können da nichts machen, das ist eine privatrechtliche Sache. „Das haben wir nicht mehr ausgehalten. Da dachte ich – wenn ich's mach, ist Ruh."

Denn Helmut hatte sich nicht nur zum Menschenfeind gewandelt. Er fing in den letzten Jahren auch an, seine Eltern zu bedrohen, verbal, aber auch gewalttätig. 2011 ging er auf die Mutter mit einem Eisenrohr los. 2013 lief er mit einer Axt hinter dem Vater her und hörte mit seinen Drohungen nicht einmal auf, als die Polizei kam.

Es wurde ihm das Betreten des Hofs untersagt. Er wurde zur Räumung seines Wohnhauses verurteilt. Nichts kümmerte ihn. Aus Angst, dass er dann womöglich den Hof anzündet, verzichteten die Eltern auf eine Zwangsräumung.

„Ich hab nicht gedenkt", sagt der Vater, „dass er krank isch. Er war ein gespaltener Mensch." – „Vielleicht hat man es auch nicht wissen wollen", ergänzt der Vorsitzende, „man will ja nicht, dass das eigene Kind psychisch krank ist."

„Meine Frau sagte immer", fährt der Angeklagte fort, „dass der, wenn er mal Amok läuft, erst seine Frau erschießt und dann sie, seine Mutter. Erst als ich Anzeige erstattet hab, hat er die Tür aufgemacht und gesagt, er schlägt mir, seinem Vater, mit der Axt noch das Hirn raus."

Wer sollte Helmut in die Grenzen verweisen? Die Gemeinde? Die Gerichtsvollzieherin? Der Betreuer? Die Polizei? Der Vorsitzende: „Die muss ja immer die Verhältnismäßigkeit beachten. Manchmal denkt man, da müsste was geschehen, aber es geht halt rechtlich nicht. Die Ober-Ober-Gerichte setzen nicht immer das um, was der Menschenverstand gebietet."

Eine Episode zu Pfingsten 2014 brachte das Fass zum Überlaufen. Wieder einmal war die Mauer eines der vermieteten Wirtschaftsgebäude aufgebrochen worden, in dem Werkzeug lagerte. Der Verdacht fiel auf Helmut, der sich schon mehrfach dort mit Gewalt Zutritt verschafft hatte. Es kam wieder zum Streit, zum letzten.

„Es hat mich halt umgetrieben, ob er schon wieder was gemacht hat", beschreibt der Angeklagte den Abend der Tat. Die Eltern beobachten den Sohn, als der im Garten offenbar Schnittlauch schneidet. Er hatte einen Stock in der Hand. Erst näherte sich ihm der Vater, dann kam die Mutter hinzu. Helmut schrie sie an: „Du Schnalle!" Und zum Vater gewandt: „Dich Zigeuner schlag ich tot!"

Da ging der alte Bauer zurück ins Haus, ins obere Stockwerk, wo in einem unbenutzten Zimmer unter dem Bett ein Repetiergewehr lag.

„War das Gewehr geladen?", fragt der Vorsitzende. „Ja, weil meine Frau sagte: Wenn der nachts kommt, brauchen wir ein Gewehr." – „Haben Sie an dem Abend, als Sie das Loch zugemauert haben, die Polizei gerufen?", will die Beisitzerin wissen. „Ja", sagt der alte Mann. „Die kamen auch und sagten: Das ist Hausfriedensbruch. Dann gingen sie wieder. Das war eine Stunde, bevor ich ihn erschossen hab."

Auf dem Weg zum oberen Stock habe er erst den Gedanken verworfen, das Gewehr zu nehmen. Doch als der Streit draußen immer heftiger wurde, sei sein Entschluss gefallen.

Viermal hat H. geschossen. Ein Schuss ging in die Hausmauer. Es war jetzt nicht mehr sein Sohn, sondern Helmut H., auf den er schoss. Einer der Schüsse riss Helmut das halbe Gesicht weg.

War das nun ein „Mord aus Rechtschaffenheit“, wie jemand aus dem Publikum meinte? Oder eine Tat, die mit fünf Jahren zu ahnden sei, wie die Staatsanwältin beantragte? Oder eine Tat in Bedrängnis, einer Notwehrhandlung ähnlich, die Verteidiger Markus Bessler dem Gericht nahelegte, wofür eine zur Bewährung aussetzbare Strafe ausreiche? Bessler stand dem alten Bauern in einer Weise bei, die nicht in dessen Geradlinigkeit und Aufrichtigkeit eingriff, sondern dem Gericht half, die Vielschichtigkeit des Falls zu begreifen.

Für den Ludwigsburger Psychiater Hermann Ebel hat Alfred H.s Tat „etwas Plausibles“. Er habe noch nie mit einem Angeklagten zu tun gehabt, sagte Ebel, der so offen und geradeheraus darüber gesprochen habe. Schuldminderung? Der Sachverständige fand nichts, was das Gesetz dafür verlangt. Dass er dies bedauerte, war seinen Ausführungen anzumerken.

Das Gericht, die 1. Schwurgerichtskammer des Landgerichts Heilbronn, machte aus der Schwierigkeit, in diesem Fall zu einem gerechten Urteil zu kommen, keinen Hehl. Es verurteilte den alten Mann schließlich wegen Totschlags in einem minder schweren Fall zu einer Freiheitsstrafe von vier Jahren.

„Es fällt uns nicht leicht“, sagte der Vorsitzende zu Alfred H., „einen Mann wie Sie ins Gefängnis zu bringen.“ Denn vier Jahre können für einen 83-Jährigen lebenslang bedeuten.

Am Ende des Weges

Brauchen wir ein Altersstrafrecht?

Spiegel 40/2012, 1. Oktober 2012

Nach 55 Jahren Ehe hat er sie erwürgt. Nicht, weil sie ihm schon lange auf die Nerven gegangen wäre. Auch nicht, weil sie einander bis aufs Blut gepeinigt hätten. Sondern weil er gegen die Hoffnungslosigkeit nicht mehr ankam.

Nach einer unruhigen Nacht half er ihr, auf der Bettkante zu sitzen. Sie klagte erbärmlich, wie fast ständig in letzter Zeit: „Heini, ich will nicht mehr, hilf mir doch endlich!" Es ging ihr sehr schlecht, der Magen, das Schlucken, die Atembeschwerden, die Schmerzen. Sie konnte nicht mehr aufstehen.

Er wollte ihr so gern helfen. Aber wie? Es half ja nichts mehr. Er setzte sich neben sie. Beide schwiegen. Urplötzlich überkam es ihn. Er versetzte ihr einen Faustschlag ins Gesicht, um sie zu betäuben, damit sie vom Sterben nichts merke. Er wollte ihr nicht weh tun. Und da er auch längst nicht mehr so kräftig war wie früher, landete der Schlag nur an ihrem Kinn und machte sie benommen, sodass sie rücklings aufs Bett kippte. Da legte er sich auf sie und drückte zu.

Eine brutale Tat? Oder Ausdruck verzweifelter Hilflosigkeit?

Er ging in die Küche, um sich die Pulsadern aufzuschneiden. Doch das stumpfe Messer drang nicht tief genug ein, er blutete nur wenig. Dann wollte er vom Balkon springen, doch sie wohnten im ersten Stock, und er wäre womöglich nicht tot gewesen. Also auch kein Ausweg. So setzte er sich neben seine Frau und wartete.

Irgendwann rief er die Tochter an, da er sich anders nicht zu helfen wusste, und dann kamen auch schon Polizei und Notarzt. Man brachte ihn vorübergehend in die Psychiatrie. Auf einen Haftbefehl verzichtete die Staatsanwaltschaft.

„Er war sehr schweigsam", erinnert sich ein Polizeibeamter, der als einer der Ersten am Tatort war. „Er saß unbeweglich in sich zusammengesunken da wie eine Skulptur und sagte nur tonlos: ‚Ich war's.'" Aus langjähriger Tätigkeit, so der Beamte, wisse er, dass viele alte Menschen sich jemanden wünschten, der sie erlöse. „Das war eine solche Erlösungstat."

Die Staatsanwaltschaft Mannheim klagte Heinrich Meyer, 82, wegen Totschlags an, begangen im Zustand erheblich verminderter

Steuerungsfähigkeit. Die 1. Große Strafkammer des Landgerichts Mannheim mit dem Vorsitzenden Richter Ulrich Meinerzhagen verurteilte ihn, dem Strafantrag der Anklage folgend, nun zu einer Freiheitsstrafe von zweieinhalb Jahren, wovon drei Monate wegen der langen Verfahrensdauer als verbüßt gelten. Oberstaatsanwalt Stephan Ullrich war da großzügiger und hatte sechs Monate als vollstreckt vorgeschlagen.

Eine angemessene Strafe? Oder ein hartes Urteil, weil es dem Angeklagten womöglich eine Inhaftierung nicht erspart? Oder gar ein Urteil ohne rechten Sinn und Zweck, das den Tatumständen nicht gerecht wird? Es liege der „klassische Fall für Halbstrafe" vor, so der Vorsitzende in der Urteilsbegründung. Auch an einen Gnadenantrag sei bald zu denken.

Meyer hatte nie bestritten. Er beschönigte nichts und redete sich nicht heraus. Die Mutter habe nicht mehr leben wollen, sagte er zur Tochter.

War das nicht Tötung auf Verlangen? Das Gesetz fordere hierfür mehr als nur eine hinnehmende Einwilligung dessen, der sterben will; dieser müsse „aktiv" auf den Täter einwirken, sagte der Vorsitzende. „Die Frau hatte Lebensüberdruss und Verzweiflung geäußert. Aber was wollte sie? Das blieb fraglich. Vielleicht eine effektivere ärztliche Behandlung?"

Man müsse sich klar darüber sein, so Meinerzhagen, was man vom Lebenspartner verlange, wenn man getötet werden wolle. Wenn die Frau wirklich diesen Wunsch gehabt haben sollte, dann hätte sie ihrem Mann erklärt, warum sie so etwas Unerhörtes von ihm verlange. „Es fehlt an Eindeutigkeit und an der Reflexion des Opfers über sein Verlangen. Daher scheidet Tötung auf Verlangen aus." So argumentieren Juristen.

Die Meyers hatten weder eine Patientenverfügung ausgefüllt noch sonst irgendwie für den Ernstfall vorgesorgt. Sie hatten ihr Leben lang ihre Dinge selbst geregelt und sich einst versprochen, anderen nie zur Last zu fallen. Und dass, wenn einer nicht mehr zurechtkomme, der andere ihm helfe. Fremde Hilfe lehnten sie ab. Ambulante Pflege? Frau Meyer wollte keine fremden Leute in der Wohnung. Nur im äußersten Notfall, etwa wenn Spritzen verabreicht werden mussten, kamen wechselnde Kräfte für ein paar Minuten. Kurzzeitpflege? Das hätte Trennung von ihrem Mann bedeutet. Die Tochter? Ihr gegenüber wurde nicht geklagt. „Wir kommen schon zurecht", hieß es.

Die beiden waren lebenslang ausschließlich aufeinander konzentriert. Irgendwann kommt der Zeitpunkt in solchen Beziehungen, von dem an nicht mehr diskutiert werden muss. Da bedarf es nicht einmal eines Blickes, um zu wissen, was der andere will. Nicht jedes Paar tauscht sich „aktiv" zum Thema Tod aus oder gar über die Tötung des Partners – vor allem wenn das Leben ohne den anderen nicht mehr vorstellbar ist und das Ende des gemeinsamen Weges schon in Sicht.

Frau Meyers Leidensweg begann vor 20 Jahren. Da erkrankte sie an vielfältigen Allergien. Dazu litt sie unter Asthma, vertrug aber die Medikamente nicht. Es ging stetig bergab, bis nur noch Cortison etwas Erleichterung brachte. Doch dadurch wurden die Knochen brüchig, ein Wirbelkörper brach ein, die Haut platzte auf, das Lungenvolumen nahm ab. 2010 stürzte die Frau überdies und erlitt einen Beckenringbruch. Übelkeit nahm überhand, die Beweglichkeit ging gegen null, Thrombosen machten ihr zu schaffen. Anzeichen einer Demenz traten auf. Schmerztabletten vertrug sie ebenso wenig wie jene Medikamente, die ihre Leiden heilen sollten. Das ständige Erbrechen entzündete die Speiseröhre. Unerträglicher Juckreiz, Pilzbefall, Verätzungen – hätte sie sich mit Tabletten umbringen wollen, sie hätte sie weder schlucken können noch bei sich behalten.

Als sie sich nicht mehr rühren konnte, schob ihr Mann sie auf einem Bürostuhl durch die Wohnung. Hans Ulrich Beust, ein Verteidiger von selten gewordenem Takt und großer Lebenserfahrung: „Welch eine hilflose Frage des Gerichts – warum man nicht die Geduld hatte, auf Besserung zu warten! Es gab keine Hoffnung auf Besserung oder gar Heilung." Aus der Klinik hatte man die Frau nach wenigen Tagen entlassen, weil nichts mehr zu machen war. Und zu Hause? Da kam der Mann schon mit sich selbst nicht mehr zurecht.

Von einem „ordentlichen Leben" und dem „Muster einer unauffälligen, geordneten Familie" sprach der Staatsanwalt. Jahrelang hatte Meyer korrekt seinen Dienst als Hausmeister bei einer Berufsgenossenschaft versehen, ehe er 1993 Rentner wurde. In den Ferien ging es in den Bayerischen Wald, die Familie wohnte jahrzehntelang in derselben Wohnung, das Leben verlief gleichförmig. In jüngeren Jahren bestand bei Meyer eine Alkoholabhängigkeit, die ihre Spuren hinterlassen hat.

Von 2009 an verschlechterte sich sein Zustand. Er war oft benommen, litt unter Schwindelanfällen, sodass er unsicher wurde beim Gehen. Ein Leberschaden und hirnorganische Abbauprozesse, die die

Reaktions- und Anpassungsfähigkeit minderten, machten sich immer stärker bemerkbar. Er konnte seine Frau nicht mehr unterstützen, ja, er konnte nicht einmal mehr einkaufen. Auch zur Apotheke schaffte er es nicht, um ihre Medikamente abzuholen. Er nahm ab, fühlte sich erschöpft. Wie kraftlos er geworden war, wurde ihm täglich bewusster. Sie hatten keine Zukunft mehr. Er dachte immerzu an den Tod, schwieg aber ihr gegenüber. Denn er macht nicht viele Worte von sich und seinen Gefühlen.

Dass er die Wahrheit sagte, kein Zweifel. Oberstaatsanwalt Ullrich: „Ich bin überzeugt, dass die Frau mit ihrem Leben abgeschlossen hatte und sich alles so zutrug, wie der Angeklagte es schildert."

Im Jugendstrafrecht wird, was das Strafziel und die Strafhöhe angeht, Rücksicht darauf genommen, dass junge Menschen in ihrem Entwicklungsstand *noch nicht* mit Erwachsenen gleichzusetzen sind. Also geht die Rechtsordnung auf eine besondere Weise auf sie ein.

Und bei hinfälligen alten Leuten? Befinden sich nicht viele von ihnen auf dem entgegengesetzten Weg, sodass sie *nicht mehr* mit Menschen im Vollbesitz ihrer geistigen und körperlichen Kräfte gleichzusetzen sind? Bedarf es für sie – analog zum Jugendstrafrecht – nicht eines Altersstrafrechts? Für betagte Angeklagte kann eine Freiheitsstrafe von drei oder vier Jahren einem Lebenslang gleichkommen. Sie müssen auch nicht mehr resozialisiert werden. „Taten wie hier wird es in Zukunft öfter geben", sagte Ullrich.

Das Strafrecht sei durchaus imstande, auch den besonderen Lebensumständen und den körperlich-geistigen Veränderungen alter Menschen Rechnung zu tragen, heißt es häufig. Das mag so sein. Der Heidelberger Psychiater Hartmut Pleines beschrieb einfühlsam und eindrucksvoll, wie sich bei dem über achtzigjährigen Angeklagten „depressive Affektqualitäten ihren Weg nach oben bahnten", wie er die Lebenssituation „mehr und mehr katastrophierend" erlebte und sein Persönlichkeitsgefüge erodierte. Der Tattag sei gleichsam das Ende einer psychopathologischen Entwicklung gewesen. Meyer habe schon noch erkennen können, was das Recht von ihm verlangt; doch seine Steuerungsfähigkeit habe nicht mehr ausgereicht, entsprechend zu handeln.

Ob sich junge Richter in die Lebenswelt von Personen hineinfinden können, die 55 Jahre verheiratet sind und keinen Ausweg aus ihrer Perspektivlosigkeit finden? Wenn ja, dann ist es Glückssache.

„Herr Meyer ist mit den Parametern des Strafrechts nicht zu messen“, sagte Verteidiger Beust. Fraglich sei, ob die Strafjustiz überhaupt die geeignete Instanz sei, einer Tat wie der von Herrn Meyer entgegenzutreten.

Von kleinem Verstand

98-Jährige als Ladendiebin verurteilt

SPIEGEL 49/2015, 28. NOVEMBER 2015

Es ist eine wahre Begebenheit, selbst wenn man sie kaum glauben mag. Sie hat sich in Saarbrücken zugetragen, der Hauptstadt eines kleinen Bundeslandes, wo manche Menschen, wie ein einheimischer Anwalt sagt, auch von kleinem Verstand seien, besonders in der Justiz.

Er zitiert aus einer Anklageschrift der dortigen Staatsanwaltschaft vom 29. Mai: „Am 27. Januar gegen 13.45 Uhr entwendete die Angeschuldigte in den Geschäftsräumen der Firma Galeria Kaufhof GmbH, Bahnhofstraße, 66111 Saarbrücken 2 x Ritter Sport (je 0,99 Euro), 2 x Mon Chéri 5er (je 1,29 Euro) und 1 x Philadelphia Balance (1,69 Euro) im Gesamtwert von 6,25 Euro, um die Ware ohne Bezahlung für sich zu behalten." Zwei Zeilen weiter die Begründung: „Die Staatsanwaltschaft hält wegen des besonderen öffentlichen Interesses an der Strafverfolgung ein Einschreiten von Amts wegen für geboten."

Die Delinquentin hatte nicht Schampus mitgehen lassen oder Kaviar. Nein, nur ein wenig Schokolade und Frischkäse, fettreduziert. Die Staatsanwaltschaft unterstellte, sie habe „die Sachen sich oder einem Dritten rechtswidrig zueignen" wollen.

Nun gibt es Kleptomanen, die ihre Finger nicht von Dingen lassen können, die sie gar nicht brauchen, sondern anschließend wegwerfen oder weggeben. Sie stehlen um des Stehlens willen, weil sie während der Tat ein Lustgefühl oder danach ein Gefühl der Erleichterung verspüren. Jugendliche stehlen bisweilen, um sich innerhalb ihrer Clique hervorzutun. Für sie ist das Klauen eine Art Mutprobe, und wenn sie erwischt werden, wirkt das bei vielen wie ein Warnschuss, künftig besser auf derlei Heldentaten zu verzichten. Darum aber geht es in dem besagten Fall gerade nicht. Die Angeschuldigte ist weder polizei- noch gerichtsbekannt, sie hat sich Zeit ihres Lebens laut Aussage ihres Sohnes nichts zuschulden kommen lassen. Ein pubertierender Teenager ist sie auch nicht.

Die Amtsrichterin, bei der die Sache landete, fragte bei der Staatsanwaltschaft an, ob denn nicht eine Einstellung nach Paragraf 153 a Strafprozessordnung in Betracht kommen könnte. Nein, hieß es bei der Staatsanwaltschaft.

Die Richterin erließ daher auf Antrag der Staatsanwaltschaft einen Strafbefehl und verhängte eine Geldstrafe von 90 Tagessätzen zu je 12 Euro. Offenbar hat die Übeltäterin nicht viel Geld zur Verfügung. Da sie keinen wehrhaften Rechtsanwalt an der Seite hatte, wurde die Entscheidung rechtskräftig. Das bisschen Schokolade plus Frischkäse kostete die Frau am Ende 1080 Euro.

Ein Bagatellfall? Zum Glück ist eine so harte Entscheidung nicht die Regel, sondern die Ausnahme. Aber sie steht doch für die manchmal erschreckende Ignoranz und für das Desinteresse mancher Staatsanwälte und Richter, die meinen, wenn sie sich stur an den Wortlaut des Gesetzes halten, auf weiteres Nachdenken verzichten zu können.

Es gab in der Vergangenheit mehrfach Verfahren, nachdem sich Personen kleine und kleinste Dinge widerrechtlich angeeignet hatten und dafür erst einmal von ihrem Arbeitgeber empfindlich bestraft worden waren. Oft machten sich erst die Obergerichte die Mühe, auch nach Verhältnismäßigkeit und Angemessenheit zu fragen. So wurde etwa im Februar 2008 einer Berliner Kassiererin nach 31 Jahren Tätigkeit in einem Supermarkt fristlos gekündigt, weil sie liegen gebliebene Bons für Pfandflaschen im Gesamtwert von 1,30 Euro eingelöst hatte. Als Fall „Emmely" sorgte die Übeltat monatelang für Furore. Die Sache ging bis zum Bundesarbeitsgericht, das schließlich ein Machtwort sprach.

Ein Bäcker aus Bergkamen hatte Glück. Er bestrich 2009 am Arbeitsplatz ein Brötchen, das er sich gekauft hatte, mit einem firmeneigenen Aufstrich – und wurde fristlos gekündigt. Das Landesarbeitsgericht Hamm stellte die Unwirksamkeit der Kündigung mit der Begründung fest, sie sei schlicht unverhältnismäßig, denn der Aufstrich habe nur einen „äußerst geringen Wert" gehabt.

Im März 2010 legte eine 58 Jahre alte Altenpflegerin in Konstanz sechs Maultaschen beiseite, die für die Bewohner des Heims gedacht waren, aber auf dem Müll gelandet wären, weil sie übrig geblieben waren. Wert: höchstens vier Euro. Der Arbeitgeber beschuldigte die Frau des Diebstahls und kündigte ihr fristlos. Die Sache endete vor dem Landesarbeitsgericht mit einer Abfindung und einer Gehaltsnachzahlung; die Kündigung aber blieb bestehen.

In diesen Fällen ging es um das durch die Tat möglicherweise gestörte Vertrauensverhältnis zwischen Arbeitgeber und Arbeitnehmer. Nicht immer nachvollziehbar im Einzelfall, aber immerhin.

In Saarbrücken aber bestand die Staatsanwaltschaft auf dem „besonderen öffentlichen Interesse“ an einer Strafverfolgung, als ob zu befürchten wäre, dass sonst die Ladentheken von ähnlichen Rechtsbrechern gestürmt würden. Dabei hatte die Diebin vielleicht einfach nur vergessen zu bezahlen. Denn sie ist 98 Jahre alt.

IX

Allen war klar, was geschah

Späte NS-Prozesse

Ein Gebot der Menschlichkeit

Der Prozess gegen John Demjanjuk in München

SPIEGEL 18/2011, 2. MAI 2011

Als am 30. November 2009 in München der Strafprozess gegen John Demjanjuk wegen Beihilfe zum Mord an 27 900 Juden im Vernichtungslager Sobibór begann, standen neben der Frage, ob man dem Angeklagten nicht doch wie üblich eine persönliche Schuld werde nachweisen müssen, um ihn verurteilen zu können, eine ganze Reihe weiterer Zweifel. Zweifel nämlich ob der Legitimität des Verfahrens.

Kann, ja darf man einem ehemals unbedeutenden Wachmann wie Demjanjuk, der seinen Platz auf der untersten Ebene der NS-Mörderhierarchie hatte und dem die Anklage keine konkreten Einzeltaten vorzuwerfen in der Lage war, überhaupt den Prozess machen? Einem Mann, der als Kriegsgefangener der Deutschen 1942 nur zwischen Pest und Cholera wählen konnte: entweder wie Millionen gefangener Rotarmisten elend zu verhungern, zu erfrieren, vom Fleckfieber dahingerafft zu werden – oder sich beim Feind zu verdingen?

Darf man einen gebrechlichen Greis mehr als 65 Jahre später noch vor Gericht zerren, wenn doch, wie die Verteidigung behauptet, so viele Deutsche, die die Judenvernichtung erdacht, organisiert und unvorstellbar grausam durchgeführt hatten, billig davongekommen oder gar ungeschoren geblieben seien?

Und selbst wenn das Gericht zu einem Schuldspruch kommen sollte: Wem nützt Bestrafung noch? Soll sie abschrecken? Will man einen Greis resozialisieren?

Und gibt es überhaupt eine adäquate Strafe für zigtausendfachen Mord? Das deutsche Strafgesetzbuch spricht davon, Mörder sei, wer aus bestimmten Gründen einen Menschen töte – nicht Abertausende. Ist unser Strafrecht also nicht doch nur für alltägliche Kriminalität geeignet, nicht aber für die fabrikmäßige Ausrottung von Millionen Menschen?

Iwan Nikolajewitsch Demjanjuk ist heute 91 Jahre alt. Er leidet am Wetter und unter schwankenden Blutwerten, und schon ein Schnupfen kann ihm lebensbedrohlich werden. Aber er ist nicht jener Halbtote, als der er sich an jedem der bald 90 Verhandlungstage in den Saal rollen und auf eine Krankenliege hieven ließ, auf der er vor sich hindösend verharrte, die Augen versteckt hinter einer schwarzen

Sonnenbrille, sodass man seiner bald vergaß und nur durch das Murmeln der Übersetzerin daran erinnert wurde, dass da am Rand des Prozesses ja noch einer war, der als Angeklagter eigentlich im Mittelpunkt zu stehen hätte.

Es waren nicht die Lichter an der Decke, die ihn blendeten, wie er vorgab, denn die schaltete man eigens für ihn aus. Es waren jene Männer und Frauen, deren Eltern, Schwestern und Brüder von den Trawnikis, den überwiegend ukrainischen Hilfswilligen in Sobibór, in die Gaskammer geprügelt wurden. Sie anzusehen, weigerte er sich.

Dabei zogen die Nebenkläger in ihrer Dankbarkeit dafür, dass dieser Prozess die Aufmerksamkeit endlich auch auf das Lager Sobibór gelenkt hatte, alle Blicke auf sich. Die wenigsten wollten Rache und Vergeltung. Viele schlossen sich dem Strafantrag der Staatsanwaltschaft – eine Freiheitsstrafe von sechs Jahren – an. Wichtiger war ihnen, dass die Erinnerung nicht verblasst. Dass niemals mehr vom „vergessenen" Vernichtungslager Sobibór die Rede sein werde.

Demjanjuk wurde am 3. April 1920 in einem Dorf in der Ukraine geboren, wo er sich, wie kolportiert wird, während der Hungersnot unter Stalin von Ratten und Rinde habe ernähren müssen. Als junger Mann kam er an die Front und bald in deutsche Gefangenschaft. Wieder ging es ums schiere Überleben. Da Ukrainer im Gegensatz zu anderen Kriegsgefangenen von den Deutschen als „nützlich" geschätzt wurden, fiel die Wahl leicht.

Ein weiterer Einwand gegen die Legitimität des Prozesses: Hat der Angeklagte, der als vermeintlicher „Iwan der Schreckliche" von Treblinka in Israel siebeneinhalb Jahre in Haft saß, fünf davon in der Todeszelle, nicht schon genug gebüßt? In den Vereinigten Staaten saß er überdies zehn Monate lang in Auslieferungshaft, in Deutschland befindet er sich seit dem 12. Mai 2009 in U-Haft. Das sind insgesamt rund zehn Jahre hinter Gittern.

Das Etikett „Iwan der Schreckliche" – der Schlächter von Treblinka, der Frauen die Brüste abschnitt und Männern die Ohren –, traf auf Demjanjuk nicht zu. Seine Verbitterung rührt auch daher, dass die Amerikaner ihn offenbar im Wissen darum 1986 trotzdem an Israel auslieferten, wo ihn ein Todesurteil erwartete.

Wenn er auch nicht Iwan der Schreckliche war, so ist er doch derjenige geblieben, den man dafür hielt. Das Prädikat klebt an ihm bis heute, weil es ihn aus dem Heer der Trawnikis heraushebt und deren Gräueltaten ein Gesicht gibt.

Jetzt, nach eineinhalb Jahren Verhandlungsdauer in München, sind die Fragen nach der Legitimität des Prozesses beantwortet, und nur Verteidiger Ulrich Busch wird nicht müde, diese weiterzubestreiten. Niemand wirft Demjanjuk vor, er habe nicht sein Leben retten wollen dürfen, als er sich von der SS rekrutieren ließ. Aber er hätte sich, als ihm klar wurde, dass seine Arbeit darin bestand, Menschen ermorden zu lassen, daran nicht länger beteiligen dürfen. So sehen es Staatsanwaltschaft und Nebenklage.

Freilich, es klingt vielleicht wohlfeil, wenn ein junger Staatsanwalt wie der Münchner Sitzungsvertreter Hans-Joachim Lutz dem Angeklagten vorhält, warum er denn nicht geflohen sei wie andere Trawnikis auch. Er habe doch die Möglichkeit gehabt, das Lager zu verlassen. Man weiß inzwischen, auch das ein Ergebnis dieses Verfahrens, dass keineswegs jeder Flüchtling, der gefasst wurde, mit Liquidierung zu rechnen hatte.

In welcher Bedrängnis war er denn? Hat er sich bewusst für das Unrecht entschieden? Es ist nichts bekannt darüber. Bis auf drei von Busch verlesene Erklärungen, in denen Demjanjuk sein Schicksal unter Stalin, in Nazi-Deutschland und Israel beklagte, schwieg er. Er schilderte nicht eigene Not, sondern verweigerte wie ein starrsinniger Alter, der er ja auch ist, jede vernünftige Teilnahme an dem Prozess. Er wollte nichts erklären. Er rang nicht um Verständnis, erkannte keine Schuld an und äußerte keine Reue.

So stellte denn der Kölner Rechtslehrer und Organisator der Nebenklage Cornelius Nestler in seinem Schlussvortrag lapidar fest: „In kriegerischen Zeiten gibt es nicht die Alternative, keinen Gefahren ausgesetzt zu sein. Praktisch jeder junge Mann in Europa im Jahr 1943 konnte und musste Soldat sein, mit hoher Gefahr für das eigene Leben. Ist es in dieser historischen Situation zumutbar, das Risiko einzugehen, sich den Partisanen anzuschließen, bis die Rote Armee kommt, oder sich nach Hause durchzuschlagen?“ Die Antwort versteht sich von selbst.

Warum blieb Demjanjuk ein halbes Jahr lang in Sobibór? Wir wissen es nicht. Man darf allerdings aufgrund der zahlreichen Dokumente wie Dienstausweisen, Transport- und Verlegungslisten, Ausrüstungslisten, Dienststellenkorrespondenzen und dergleichen, die in

München dem Gericht vorgelegt und sachverständig geprüft wurden, unterstellen, dass er tatsächlich dort war und den Wachdienst verrichtete – und damit den Mordbetrieb am Laufen hielt.

Man muss Verteidiger Busch nicht mögen. Man kann ihn kritisieren wegen seines gebetsmühlenhaften Vorbringens fernliegender, widerlegter oder unbewiesener Argumente. Wegen seiner fruchtlosen Ablehnungs-, Aussetzungs-, Aufhebungs- und Beiziehungsanträge, der Beweisanträge ins Blaue hinein, die in die Hunderte gingen und nur Zeit verschlangen. Wegen seiner unkontrollierten Ausbrüche gegen den Vorsitzenden Richter Ralph Alt, dem er das Leben wirklich nicht leicht machte, gegen die Nebenklage, ja sogar die Angehörigen der Opfer. Doch angesichts der Fülle von Dokumenten, die den buchhalterischen Wahnsinn der Vernichtungsmaschinerie und die Nähe seines Mandanten dazu belegen, verteidigte Busch mit dem Rücken an der Wand. Er wusste, dass er keine Chance hatte, und kämpfte trotzdem. Dafür muss er sich nicht entschuldigen.

Alles gefälscht? Eine weltweite Verschwörung ausgerechnet gegen Demjanjuk? Viele von Buschs Thesen, die er Woche für Woche vortrug, entbehrten der Logik. Weshalb sollte etwa schon 1948, als man von Demjanjuk noch gar nichts wusste, ausgerechnet dessen Dienstausweise von Verschwörerhand gefälscht worden sein? Und die viele tausend Seiten zählenden NS-Kriegsdokumente über Sowjetsoldaten, die später der Kollaboration verdächtigt wurden – alles erfunden vom sowjetischen Geheimdienst?

Nestler in seinem Plädoyer: „Der Angeklagte hat sie gesehen, die Menschen aus den Niederlanden, die zu dem von der SS vorgegaukelten Arbeitseinsatz im Osten aus den Zügen von Westerbork gestiegen sind, Gesichter voller Hoffnung, Kinder in Erwartung des Neuen, die Angst in den Augen der Skeptischen. Der Angeklagte hat sie gesehen, die Menschen aus den polnischen Ghettos, die nach Jahren der SS-Herrschaft ahnten oder schon wussten, was sie erwartete, und die mit brutaler Gewalt in den Tod getrieben werden mussten, wenn sie nicht schon halbtot ankamen und auf der Rampe auf die Loren geworfen wurden. Der Angeklagte hat sie gesehen, die nackten, hilflosen Menschen auf dem Weg zur Gaskammer, zur Eile angetrieben, und er hat ihre verzweifelten Schreie gehört.“

Die Verantwortlichkeit für solche Taten endet nicht nach ein paar Jahren. Nestler: „Die Strafjustiz und wir als Gesellschaft haben nicht das Recht dazu, erneut zu sagen, da wollen wir nicht mehr hinsehen, so wie es einer verbreiteten Stimmung in Gesellschaft und Justiz unseres Landes in den fünfziger und sechziger Jahren entsprach."

Das Verfahren gegen Demjanjuk sei nicht nur eine Forderung der Gerechtigkeit gegenüber denen, die unter seinen Taten gelitten hätten und noch litten. „Das Verfahren ist auch ein Gebot der Gerechtigkeit für eine Gesellschaft, die sich ihrer Grundwerte gerade auch dadurch versichert, dass bei Verbrechen gegen die Menschlichkeit Verantwortlichkeit nicht etwas ist, das sich mit Zeitablauf erledigt."

Doch eine Frage blieb bis zum Schluss: Warum erst jetzt? Warum fällt der deutschen Justiz erst über ein halbes Jahrhundert nach dem Mord an Millionen Juden ein, dass und wie man auch die Personen zur Verantwortung ziehen kann, die „nur" für das Funktionieren der Tötungsfabriken gesorgt haben?

Es war der Amtsrichter Thomas Walther, der nach seiner Pensionierung für die Ludwigsburger Zentralstelle arbeitete und dabei im Internet auf eine Gerichtsentscheidung stieß, aus der hervorging, dass Demjanjuk Wachmann in Sobibór war. Dem Querdenker Walther ist zu danken, dass die eingefahrene Ludwigsburger Praxis, nur Personen zu verfolgen, denen konkrete Taten nachzuweisen waren, ein Ende fand. Sobibór war ein Lager zur Vernichtung, kein Arbeits- oder Durchgangslager. Folglich, so Walther, leistete jeder dort zumindest Beihilfe zum Mord.

Es war wieder Nestler, der vor dem Münchner Gericht die Geschichte der Strafverfolgung von NS-Verbrechen in Deutschland analysierte: wie Erich Bauer, der „Gasmeister" von Sobibór, nachdem ihn Überlebende auf der Straße in Berlin erkannt hatten, 1950 nach alliiertem Recht wegen „Verbrechens gegen die Menschlichkeit" erst zum Tode verurteilt wurde; später wurde diese Strafe in Lebenslang umgewandelt. Im gleichen Jahr erhielt Hubert Gomerski in Frankfurt am Main ebenfalls Lebenslang.

„Die deutsche Justiz kennt seitdem die Tat. Und sie weiß von den Zeugen, den Überlebenden. Diese können auch die Namen weiterer SS-Männer nennen. Dennoch finden keine weiteren Ermittlungen statt", beschrieb Nestler die damalige Situation. 1966 verurteilte das Landgericht Hagen sechs Angeklagte aus Sobibór, sprach fünf aber frei. „Das Gericht glaubte den Freigesprochenen, dass sie alles ihnen

Mögliche getan hätten, um von Sobibór wegzukommen, und dass sie glaubten, bei einer Befehlsverweigerung in Lebensgefahr zu sein", so Nestler weiter. Wer seine Bedrängnis nachvollziehbar darzustellen vermochte, dem wurde der sogenannte Putativ-Notstand zugebilligt. Nach ukrainischen Trawnikis, die zur Judenvernichtung rekrutiert worden waren, deren Namen und Aufenthaltsorte man nicht kannte, suchte man damals nicht.

Leute wie sie galten, wie Gerichtsurteile aus den sechziger und siebziger Jahren zeigen, als die „letzten Glieder der Kette innerhalb der Mordmaschinerie" (Hamburg 1976), die „im allgemeinen nicht unter Anklage gestellt werde" sollten (Bielefeld 1959). Das Wort von der „ausweglosen Verstrickung militärisch gebundener ‚kleiner Leute' in das damalige Unrechtssystem" (Stuttgart 1973) war Konsens.

Warum wurde so lange weggesehen? Vereinzelt war anlässlich der Demjanjuk-Anklage von einem „juristischen Novum" die Rede. Handelt es sich dabei aber tatsächlich um ein verfassungswidriges „exklusives Einzelpersonengesetz", wie die Verteidigung behauptet? Nach Auffassung Nestlers ist dies eine „ganz, ganz falsche" These. Als Beleg führte er wieder das Urteil des Landgerichts Hagen von 1966 an: „Keinem dieser Angeklagten ist nachgewiesen, eigenhändig Juden umgebracht oder aus eigener Initiative veranlasst zu haben, dass Juden dort umgebracht wurden. Da, wo sie in der Lagerorganisation eingesetzt waren, haben sie allerdings alle das Massenmorden an den Juden durch ihre funktionelle Mitwirkung ursächlich in unmittelbarer Tatnähe fördernd mit ermöglicht." Genau dies wirft man nun 40 Jahre später Demjanjuk vor.

Strafgesetze und ihre Interpretation sind nicht in Stein gemeißelt. Sie ändern sich, folgen dem Zeitgeist und politischen Absichten. Das Gericht in Hagen beantwortete 1966 die Frage, wer Täter sei, mit Blick auf die politische Verantwortung: „Haupttäter der Judenvernichtung waren in erster Linie Hitler, Himmler, Göring, Heydrich …" Selbst wer eigenhändig mordete, konnte nun zum Gehilfen herabgestuft werden und dem Lebenslang entgehen. In dieser Hierarchie des Mordens war für Wachleute kaum noch Raum.

Laut Nestler führte dies zur Konzentration der Ermittlungen auf Exzesstaten und zu jenem „in Ludwigsburg über Jahrzehnte vorherrschenden Mythos, man brauche für die Einleitung von Ermittlungen wegen Beteiligung am Mord zwingend und in jeder historischen

Situation den Nachweis einer unmittelbaren Tötungshandlung". Dies gilt nun nicht mehr.

Einer der bewegendsten Momente in München war, als der greise Nebenkläger Jules Schelvis das Wort nahm. Er sei zur Humanität erzogen worden, sagte er, und wünsche nur einen Schuldspruch. Auf eine Bestrafung des Angeklagten komme es ihm nicht an.

Demjanjuk bestritt bis zu seinem Tod, Aufseher im Vernichtungslager Sobibór gewesen zu sein. Mitte Januar 2020 teilte das NS-Dokumentationszentrum „Topographie des Terrors" in Berlin mit, es seien mehr als 350 Fotos aus dem Besitz des stellvertretenden Kommandanten in Sobibór, Johann Niemann, gefunden worden, darunter auch Bilder von Demjanjuk auf dem Lagergelände sowie Hunderte Fotos der „Aktion Reinhardt", der 1,8 Millionen Juden in dem von Deutschland besetzten Polen zum Opfer fielen.

„Allen war klar, was geschah"

Spiegel 20/2011, 16. Mai 2011

Der Sinn eines Strafprozesses kann auch darin bestehen, dass er überhaupt stattfindet und mit einem überzeugenden Urteil endet. Schrieben wir noch die sechziger oder siebziger Jahre, wäre es zu dem Prozess gegen John (Iwan) Demjanjuk entweder nicht gekommen, trotz damals besserer Beweislage, oder er wäre eingestellt worden mit dem stereotypen Hinweis, dass es sich bei dem Beschuldigten nur um ein Rädchen im Getriebe der NS-Mordmaschine gehandelt oder dass er aus Angst um sein Leben Befehlsverweigerung und Flucht nicht gewagt habe.

Doch inzwischen weht ein anderer Wind durch die deutschen Gerichtssäle. Die heutigen Richter sprechen selbst einen „fremdvölkischen Hilfswilligen", von denen der ukrainische Kriegsgefangene Demjanjuk laut Anklage von 1942 an einer gewesen war, nicht automatisch von Verantwortung frei. Sie sehen in ihm nämlich nicht jenen dressierten Diensthund der SS, der bloß seinem Überlebensinstinkt folgte, wenn er Juden in die Gaskammer des Vernichtungslagers Sobibór trieb, sondern einen Menschen, den die Wahlfreiheit zwischen Gut und Böse vom Tier unterscheidet. „Allen war klar, was geschah“, sagte der Vorsitzende Richter Ralph Alt in seiner Urteilsbegründung.

Dieser Wind lässt aufatmen. Als sich einige der grau gewordenen Kinder und Geschwister jener in Sobibór zu Tausenden umgebrachten Opfer am 30. November 2009 vor dem Landgericht München an einem als „Sammelzone Demjanjuk“ ausgewiesenen Platz trafen, waren ihre Gesichter gezeichnet von einem Leben, das den Wunsch nach Gerechtigkeit nicht erfüllt hatte.

Sie waren in einem Hotel in der Dachauer Straße untergebracht. Dachau – auch da gab es ein K, eines, das weltweit mit dem Holocaust identifiziert wurden. Vor Gericht hatten sie als Zeugen ihre Berechtigung zur Nebenklage nachzuweisen, was sie pflichtschuldigst taten. Sie zeigten das einzige Foto vor, das sie noch von der Mutter hatten, oder die zerschlissene Geburtsurkunde oder sonst ein Dokument, das sie als Personen auswies, deren Wurzeln von den Deutschen ausgerottet worden waren.

Wenn der Demjanjuk-Prozess nur das eine Ergebnis gehabt hätte, diesen Menschen ihre Beklemmung zu nehmen, er hätte schon seinen Zweck erfüllt. Einige der Hinterbliebenen haben sich bis Prozessbeginn geweigert, deutschen Boden zu betreten. Manche haben jahrzehntelang keine deutschen Produkte mehr gekauft oder flogen nicht mit der Lufthansa. Sie ertrugen es nicht, Beethovens Neunte unter Furtwängler anzuhören oder eine Wagner-Oper. Das Ungeklärte und nicht Beendete schnürten ihre Gedanken ein.

Als gegen Prozessende der Schwurgerichtssaal im Justizzentrum an der Nymphenburger Straße belegt war und das Demjanjuk-Verfahren in einen kleineren Saal hätte ausweichen müssen, wurde die Hauptverhandlung in den alten Justizpalast am Stachus verlegt – an einen Ort, an dem Sophie und Hans Scholl und andere 1943 zum Tode verurteilt worden waren. Die Nebenkläger empfanden es als Ehre, dort ihre Plädoyers vortragen zu dürfen.

Befreit lächelnd betraten sie den Gerichtssaal. Sie umarmten sich – nicht, weil Rache süß ist, sondern weil sie sich nun einer großen Familie, einer Gemeinschaft zugehörig fühlen, wie einer von ihnen sagte, in der sie ihre innere Freiheit wiedergefunden haben. Nun können sie mit der Vergangenheit abschließen.

Sie drückten deutschen Journalisten die Hand, bedankten sich herzlich bei Justizbediensteten, die sich ihrer fürsorglich angenommen hatten. Einer der Nebenkläger berichtete, wie er jetzt mit offenem Blick durch die Stadt zu gehen imstande sei. Eine ältere Dame war im Museum gewesen und hatte die Oper besucht. Eine andere will wiederkommen und vielleicht an Folgeprozessen teilnehmen. Sie habe ihre Identität gefunden, sagte sie, weil sich das Münchner Gericht so akribisch bemüht habe, die Umstände und Hintergründe des Mordes an ihren Eltern aufzuklären.

Die Bedeutung des Demjanjuk-Prozesses wäre aber nur unzulänglich beschrieben, beschränkte man ihn auf die Wirkung, die er bei den Hinterbliebenen der Sobibór-Opfer erzeugte. Er hat auch eine historische Dimension. Denn er bedeutet eine Zäsur.

Der Denkansatz des ehemaligen Amtsrichters Thomas Walther, der als Spiritus Rector des Prozesses gelten darf, hat in manches von der Gewohnheit umnebelte Juristenhirn wieder Klarheit gebracht. Es ist nämlich keine neue Erkenntnis, dass das Jahrtausendverbrechen nicht nur die Sache Hitlers und Görings und einiger Exzesstäter war. Das Unsägliche bedurfte unzähliger Helfer, die sich ebenfalls schuldig gemacht haben. Vielleicht wollte man diese Hunderttausenden nicht einsperren, sondern vergaß ihrer lieber. Wie man so vieles vergaß. Damit ist es nun vorbei.

Anders als die von Rechtskenntnis freien Boulevardmedien störten sich die Nebenkläger weder an der Höhe der Strafe noch an der Aufhebung des Haftbefehls gegen den 91 Jahre alten staatenlosen Angeklagten. Sie wissen: Er trägt an seiner Schuld lebenslang, im Gefängnis und außerhalb.

John Demjanjuk wurde am 17. März 2011, es war der 93. Verhandlungstag, zu einer Freiheitsstrafe von fünf Jahren wegen Beihilfe zum Mord an mehr als 28 000 Menschen verurteilt. Er kam in ein Pflegeheim in Bad Feilnbach, wo er ein Jahr später, am 17. März 2012, starb. Das Urteil wurde nicht mehr rechtskräftig.

Justitia zittert

Das Scheitern der Frankfurter Justiz, die für Auschwitz zuständig war

SPIEGEL 30/2005, 18. JULI 2005

Welche Strafe ist angemessen? Wäre eine andere richtiger gewesen? Es gibt keine Antwort.

Der Vorsitzende Richter Franz Kompisch hat mit seiner Kammer in Lüneburg vier Jahre gegen Oskar Gröning verhängt. Vier Jahre wegen Beihilfe zum Mord an 300 000 Menschen? Der Angeklagte ist 94 Jahre alt. Da zählen die Jahre anders.

Justitia ist unsicher. Sie zittert. Welche Strafe ist gerecht? Dennoch ist das Urteil ein Meilenstein in der Rechtsgeschichte. Alles Rechnen und Vergleichen ist hier fehl am Platz. Es geht um die Überlebenden und darum, was dieser Auschwitz-Prozess für sie bedeutet. 72 Nebenkläger schlossen sich in Lüneburg an. Sie haben jahrzehntelang darauf gewartet, dass ein deutsches Gericht sie anhört und Auschwitz als Verbrechen an der Menschheit verurteilt.

Feierlich gekleidet und fiebernd vor Erregung brachten sie ihre Klagen vor. Der heute 86 Jahre alte Max Eisen erinnert sich an die SS an der Rampe als einer „furchterregenden Meute mit Totenköpfen an der Mütze“. „Raus, raus! Schneller, schneller! Weiter, weiter!“ Das Brüllen der Uniformierten im Licht der Scheinwerfer und das wütende Bellen der Hunde haben die Überlebenden noch im Ohr. Manche kennen von der deutschen Sprache nur „raus, raus, schneller, schneller“.

Der Angeklagte wusste davon nichts, als er im Alter von 20 als Berufswunsch angab, Zahlmeister bei der Waffen-SS zu werden. Er hielt die SS, sagt er vor Gericht, für eine „zackige Truppe, die immer vorne mitmischt und ruhmbedeckt zurückkommt“. Zu denen habe er gehören wollen. „Endlich mal die Polacken verhauen und Frankreich! Dafür habe ich meine Arbeit bei der Sparkasse aufgegeben.“

Aber lange hielt die Euphorie nicht an. Die Nazis schickten ihn nach Auschwitz, wo aus ihm einer von jenen wurde, die für die reibungslose Abwicklung des in der Menschheitsgeschichte einzigartigen Massenmords sorgten.

„Wenn die Juden Feinde des deutschen Volkes sind“, so erklärt er seine damalige Einstellung, „dann müssen sie halt ausgerottet werden.

Das haben wir für vernünftig gehalten. Dass es dann solche Ausmaße annahm, haben wir nicht gewusst."

Gröning kommt das Verdienst zu, aus der Hölle von Auschwitz keinen Hehl gemacht zu haben. Er sagte Holocaust-Leugnern, wie viele Menschen dort umgebracht wurden, 1,1 Millionen mindestens, und wie sie getötet wurden. Und warum.

Von Mai bis Juli 1944 kam im Rahmen der „Ungarn-Aktion" Viehwaggon um Viehwaggon mit insgesamt mehr als 400 000 ungarischen Juden an. 2600 bis 4000 Personen in einem Zug, Schlag auf Schlag. Fotos wurden aufgenommen und in Berlin als Leistungsnachweis der SS für den perfekten Ablauf der Vernichtung vorgelegt. Auf einem Bild der Rampe ist im Hintergrund ein Gepäckberg zu erkennen.

Gröning hat die Rauchschwaden gesehen, und er hat den Geruch von verbranntem Menschenfleisch gerochen, der den Krematorien entströmte. Er hat die Schreie der Mütter gehört, die mit ihren Kindern im Arm oder an der Hand ahnungslos zu den angeblichen Duschräumen gegangen waren, bis sie merkten, dass es dort kein Zurück mehr gab. Er wusste, dass das Gepäck, auf das er an der Rampe zu achten hatte, sofort „verarbeitet" werden musste, ebenso die Menschen. Der nächste Zug wartete schon auf die Einfahrt ins Inferno.

Ein Sachverständiger berichtete von der Wirkung von Zyklon B und der Atemnot, den Krämpfen „wie bei epileptischen Anfällen". Todeskämpfe, die eine halbe Stunde dauerten. Manche Toten waren so ineinander verhakt, dass sie mit Äxten auseinandergeschlagen werden mussten.

In Auschwitz war Gröning Angehöriger der „Häftlingsgeldverwaltung". Er zählte die Devisen und verwahrte den Schmuck der Deportierten, manchmal eingenäht in Kleidung oder in Körperöffnungen versteckt. Doch er tat nicht nur das.

Von „klassischer Rotation" sprach der Historiker Stefan Hördler vor Gericht, als er die Organisation des Rampendienstes schilderte. Im Sommer 1944 wurde jeder gebraucht. Damit gelang es später vielen SS-Leuten, sich zu exkulpieren. Ich habe ja nur die Lastwagen zu den Öfen gefahren. Ich habe nur das Zyklon B bestellt. Ich habe nur, ich war nur. „Ich war eher ein Zuschauer am Rande", sagt Gröning. „Ich wurde nur hingestellt, um auf die Koffer aufzupassen." Nur?

Im Dezember 1943 heiratete er die Verlobte seines in Stalingrad gefallenen älteren Bruders, eine hauptberufliche BDM-Führerin. Im

September 1944 kam sein ältester Sohn zur Welt. Während seine Frau schwanger war, erlebte er mit, wie ein SS-Mann an der Rampe einen Säugling, den seine Mutter im Koffer versteckt hatte, an einem Müllwagen zerschmetterte. „Da blieb mir das Herz stehen", sagt Gröning.

„Was haben Sie an der Rampe beobachtet?", fragt der Vorsitzende. „Es gab keine Exzesse", antwortet Gröning. Die Juden hätten nicht mal ihr Gepäck selbst tragen müssen. „Es hieß: Das Personal kümmert sich." Dafür gab es sogar Trinkgeld.

„Sie wurden gebraucht", stellt der Vorsitzende in der Urteilsbegründung fest. „Man kann den Vernichtungsapparat nicht nur mit Menschen betreiben, die ihren Sadismus ausleben wollen."

Die Staatsanwaltschaft hielt Gröning seine „untergeordnete Rolle" zugute. Wie wichtig die Grönings aber waren, zeigt ein Vorkommnis in Treblinka. Dort wurde 1942 der erste Lagerkommandant Irmfried Eberl wenige Wochen nach dem Beginn des Mordens abgelöst, weil er der Aufgabe nicht gewachsen war, die Männer wie Gröning in Auschwitz so effizient erledigten.

In Treblinka herrschten unbeschreibliche Zustände. Die Leichen jener Menschen, die in den Viehwaggons umgekommen waren – manche schon aufgedunsen und in Verwesung übergegangen – lagen noch da, als die folgenden Züge bereits einfuhren. Die Ankommenden konnten daher nur unter größten Schwierigkeiten in die Gaskammern getrieben werden.

Gröning bekennt inzwischen, dass er nicht hätte mitmachen dürfen. Die Gespenster der Vergangenheit setzen ihm zu. Welche Strafe ist für ihn gerecht?

Für das Bemühen um Gerechtigkeit gibt es ein großes Vorbild: Der damalige hessische Generalstaatsanwalt Fritz Bauer wollte im ersten Auschwitz-Prozess 1963 in Frankfurt die Morde rechtlich als arbeitsteilig organisiertes Massenverbrechen, also eine Tat, bewertet wissen. Dann wäre jeder vom Lagerpersonal schon allein wegen seiner Zugehörigkeit zu verurteilen gewesen. Auch der Bundesgerichtshof formulierte 1964 in einem Verfahren gegen Angehörige der Wachmannschaft des Vernichtungslagers Chelmno: „… haben die Angeklagten allein durch ihre Zugehörigkeit zu dem Sonderkommando … bei der Tötung der Opfer Hilfe geleistet."

Bauer konnte sich nicht durchsetzen. Das Gericht mit dem Vorsitzenden Hans Hofmeyer – 1944 Oberstabsrichter in der NS-Militärgerichtsbarkeit – zerlegte den industriell organisierten Massenmord in Einzelteile. Werner Renz, wissenschaftlicher Mitarbeiter am Fritz-Bauer-Institut in Frankfurt, beschreibt in seinem Buch über die „Tragödie" der NS-Prozesse* detailreich, wie dessen Unrechtsgehalt auf diese Weise oftmals wegdefiniert wurde. Wem keine konkrete Tat, etwa die Tötung einer bestimmten Person, nachzuweisen war, verschwand aus dem Blickfeld. Das war Absicht.

Frankfurt, für Auschwitz zuständig, stellte damals die Weichen. Die Rechtslage war immer dieselbe, aber die Rechtspraxis änderte sich. Der Massenmord an den Juden wurde nicht mehr ernsthaft verfolgt.

1977 wird in Frankfurt gegen 62 SS-Leute ermittelt, darunter Gröning. Als Beschuldigter sagt er, was er immer sagt. 1985 wird das Verfahren gegen alle Mann eingestellt. Wegen „Geschäftsandrangs" liefert die Staatsanwaltschaft nicht einmal eine Begründung, bis heute nicht. Es ist die Zeit, als in Hessen die Sozialdemokraten regieren. Dann kam die CDU. Es änderte sich nichts.

6500 mutmaßliche Täter aus Auschwitz sind namentlich bekannt. 49 davon wurden verurteilt, rechnet Richter Kompisch vor. Er vergleicht diese Zahl mit den 30 000 Verfahren, die bei der Staatsanwaltschaft Lüneburg pro Jahr anfallen. Wenn man will, geht es.

Justitia zittert weiter.

Gröning starb am 9. März 2018 im Alter von 96 Jahren noch vor Antritt der Haft. Ein erstes Gnadengesuch war abgelehnt worden, die Entscheidung über ein weiteres war zu dem Zeitpunkt noch nicht gefallen. Das Gröning-Urteil und damit die neue Rechtsanwendung wurde als einziges rechtskräftig.

* *Werner Renz: Fritz Bauer und das Versagen der Justiz, CEP Europäische Verlagsanstalt, Hamburg 2015.*

Schlimmer als Dantes Höllenkreis

Der Prozess gegen Reinhold Hanning in Detmold

Spiegel 9/2016, 27. Februar 2016

Der größte Gerichtssaal des Detmolder Landgerichts hätte nicht ausgereicht für all die Anwälte, 14 allein für die Opfer, die Medien und die Zuschauer, die Stunden anstehen für einen Sitzplatz. Also tagt das Gericht in der Industrie- und Handelskammer am Detmolder Stadtrand, in einem modernen Zweckbau mit viel Platz auch für das Wachpersonal und dessen Sicherheitsmaßnahmen.

Der Aufwand ist beeindruckend. Polizeipferde werden entlang menschenleerer Seitenstraßen geritten. Absperrungen, Krankenwagen, Polizeiautos in Fülle. Kalter Wind wirbelt Schneeflocken über die Felder. Kaum ein Mensch weit und breit.

Die Auffahrt zum Gebäude für den Bus, der die greisen Nebenkläger, ihre Betreuer und Familien bringt, ist streng gesichert. Eine dunkle Limousine bringt den Angeklagten: Reinhold Hanning, 94, vormals als Angehöriger des SS-Totenkopfsturmbanns Wachmann in Auschwitz. Er soll von Januar 1943 bis Juni 1944 „in mindestens 170 000 tateinheitlich zusammentreffenden Fällen", wie es in der Anklage der Staatsanwaltschaft Dortmund heißt, vorsätzlich Beihilfe zum Mord geleistet haben.

Es wird ihm aus dem Wagen geholfen. Stets ist ein Arzt in der Nähe. Vorsorglich steht ein Rollstuhl bereit. Ein Justizbeamter führt den alten Mann, der tief gesenkten Hauptes vorsichtig einen Schritt vor den anderen setzt, zu seinem Platz. Dort verharrt Hanning reglos, bis die zwei Stunden vorbei sind, in denen er als verhandlungsfähig gilt.

Selbst als Leon Schwarzbaum, einer der Überlebenden der Hölle von Auschwitz, ihn persönlich anspricht, rührt er sich nicht: „Herr Hanning, wir sind fast gleich alt. Bald stehen wir vor unserem höchsten Richter. Sprechen Sie darüber, was Sie erlebt haben! Wie ich es tue auf der anderen Seite!" Der Angeklagte schweigt. Die Frage nach dem „Warum" verbietet sich. Es ist sein Recht zu schweigen.

Hanning ist einer der Letzten, die in den Jahren 1943, 1944 mit eigenen Augen gesehen haben, wie es wirklich zuging in Auschwitz bei der Ankunft der Viehwaggons, aus denen Tausende eingepferchter, halb bewusstloser Menschen heraustaumelten, um sogleich von

SS-Männern aufgrund eines flüchtigen Eindrucks mit einer Handbewegung sortiert zu werden.

Frauen und Kinder nach links, wo es unmittelbar zu den Gaskammern ging, oder nach rechts, wo den noch arbeitsfähig Aussehenden ein paar Tage oder Wochen mehr gewährt wurden, in denen sie zu arbeiten hatten, bis der Tod durch Hunger oder Krankheit auch nach ihnen griff. Oder bis sie von Hunden zerfleischt, totgeprügelt oder hingerichtet wurden.

Hanning hat all dies miterlebt, genau wie Irene Weiss, 85, die ehemalige Lehrerin aus Virginia, nur auf der anderen Seite. Wie Leon Schwarzbaum, 95, der nach dem Krieg Antiquitätenhändler in Berlin wurde. Wie Erna de Vries, 92, die als junges Mädchen hatte Medizin studieren wollen. Wie Justin Sonder, 91, ehemaliger Polizist, oder Tibor Eisen aus Toronto, 86, oder Bill Glied, 85, der nur 20 Tage in Auschwitz war, die ihm aber wie 20 Jahre vorkamen. Nun begegnen sie sich im Gerichtssaal. Mehr als 70 Jahre sind vergangen. Bilder sind noch in Erinnerung, Gerüche, Geräusche, Gefühle. Vor allem die Angst ist jedem gegenwärtig.

Was Auschwitz war, konnte Hanning vielleicht verdrängen. Für die anderen verging kein Tag, an dem sie nicht Albträume plagten. „Bis zum heutigen Tag muss ich mit diesen entsetzlichen Dingen leben!", ruft der Zeuge Tibor Eisen und deutet auf den Angeklagten: „Ich erinnere mich nicht an den Namen Hanning. Aber er war Teil der Maschinerie von Auschwitz!"

Bedeutsam an der Anklage gegen Hanning ist vor allem jene Passage, in der es um Tötungen geht, die ihm zuzurechnen seien: etwa die sogenannte Ungarn-Aktion, als die Nazis 1944 die Vernichtung der Juden in Ungarn beschlossen hatten. Wörtlich heißt es dazu in der Anklage: „Wegen der Vielzahl der Transporte mussten die Menschen vor den Gaskammern und entlang der Straßen zwischen den Lagerbereichen warten. Sie standen oder saßen oftmals über viele Stunden in dem kleinen Wäldchen auf dem Gelände vor dem Krematorium IV und V. Die seltenen Fluchtversuche wurden sofort von den Bewachungskommandos mit brutaler Gewalt beendet. Ein großer Teil der Toten wurde in den riesigen offenen Leichengruben auf brennstoffgetränkten Holzstapeln verbrannt. Die Feuer waren weithin sichtbar. Die Menschen, darunter Kinder, wurden auch lebendig in die Gruben gestoßen ..."

Zum anderen wird erstmals in einer Anklageschrift gegen einen mutmaßlichen NS-Täter auch die „Vernichtung durch die Lebensverhältnisse“ aufgeführt. Von chronischer Unterernährung ist die Rede, die sich damals im Lauf der Zeit zu einer „Hungerkrankheit“ entwickelte und „die die weitgehende Zerstörung des Organismus und der Psyche“ zur Folge hatte, bis der Tod eintrat. Denn die Fettdepots eines normalgewichtigen Menschen reichten bei einem für leichte Arbeiten eingesetzten Häftling vielleicht sechs Monate lang, bei mittelschwerer Arbeit für vier Monate und bei schwerer Arbeit für drei Monate. Von „Entmenschlichung durch Aushungern“ spricht der greise Tibor Eisen, der von 200 Kilokalorien am Tag hatte leben müssen.

Fritz Bauer, der legendäre hessische Generalstaatsanwalt, hatte im ersten Auschwitz-Prozess 1963 in Frankfurt am Main die Morde in den Vernichtungslagern rechtlich als arbeitsteilig organisiertes Massenverbrechen, also als eine Tat bewertet wissen wollen. Bewiesen Urkunden die Anwesenheit eines SS-Mannes in Auschwitz, hätte es demnach eines weiteren Tatnachweises nicht mehr bedurft. Auch die Vernichtung durch Lebensumstände wäre darin eingeschlossen gewesen.

Doch das Frankfurter Gericht mit dem Vorsitzenden Hans Hofmeyer stellte die Weichen damals anders. Es „atomisierte“ den industriell organisierten Massenmord in Einzelteile, wie Bauer es nannte, mit der Folge, dass der individuelle Tatnachweis oft nicht geführt werden konnte. Die Adjutanten der Lagerkommandanten Rudolf Höß und Richard Baer, Robert Mulka und Karl Höcker, konnten verurteilt werden, weil sie Fernschreiben weitergegeben und die Lageradministration über die Ankunft eines Transports unterrichtet oder die Abholung von Zyklon B angeordnet hatten. Das war konkret nachweisbar.

Es wurde auch später noch teilweise geradezu absurd argumentiert. Zum Beispiel: Zu jeder ihrer Handlungen hätten sich die SS-Angehörigen jeweils neu entschließen müssen. An jedem Tag? Zu jeder Stunde und Minute? Wie muss man sich das vorstellen? Die Frankfurter Staatsanwaltschaft fragte auch nach dem Sinn der Postenkette aus SS-Wachleuten in Auschwitz und was sie bewirkt habe. Ihre Antwort: Gegen die jungen, starken Häftlinge nichts – und gegen die Schwachen erst recht nichts, da diese ohnehin keinen Widerstand geleistet hätten. Man brauchte gar keine Postenkette. Also liege auch nicht Beihilfe vor.

Die Frage, ob der herkömmliche Mordparagraf überhaupt geeignet sei, die Gräuel von Auschwitz zu fassen, irritierte seinerzeit die Richter nicht. Hofmeyer und seine Kollegen verurteilten 1965 von den 22, später 20 Angeklagten nur zehn wegen Beihilfe, nicht wegen Mittäterschaft, zum Massenmord. Obwohl diese Gehilfen erhängt, erschlagen, ertränkt, vergast und selektiert hatten.

Auf dem 46. Juristentag in Essen 1966 warf Hofmeyer Bauer vor, sich für ein „summarisches Verfahren" ausgesprochen zu haben, das den „rechtsstaatlichen Grundsätzen und Erfordernissen unserer Strafprozessordnung gewiss nicht gerecht" werde. In der Beweisaufnahme müsse geprüft werden, ob das „Tätigwerden des Einzelnen überhaupt kausal für den Enderfolg des Todes der Opfer gewesen" sei.

Voller Bitterkeit und Resignation schrieb Bauer im selben Jahr an seinen Freund Thomas Harlan von der „Tragödie" der bundesdeutschen Verfahren gegen nationalsozialistische Gewaltverbrecher. Der sogenannte Euthanasie-Prozess 1964 vor dem Landgericht Limburg platzte, weil zwei Angeklagte Selbstmord begangen hatten, einer geflohen und ein weiterer als verhandlungsunfähig ausgeschieden war. Drei weitere Ärzte wurden 1967 freigesprochen. Hermann Krumeys Tätigkeit als Stellvertreter Eichmanns in Ungarn war in Frankfurt zunächst mit gerade einmal fünf Jahren Zuchthaus geahndet worden, die durch vorangegangene U-Haft praktisch verbüßt waren. Die Aufhebung dieses Urteils und Krumeys Verurteilung zu Lebenslang 1969 erlebte Bauer nicht mehr.

Bauer musste feststellen, dass die deutsche Justiz das Ende des NS-Regimes fast bruchlos überstanden hatte. Ihre Funktionsträger waren rasch wieder in Amt und Würden. Hitler, Himmler, Heydrich und Co. galten als „Haupttäter" und waren tot. In den Übrigen sah man damals allenfalls Helfer, die aber keinen vorwerfbaren subjektiven Vorsatz gehabt hätten. Sie müssten daher nicht mehr verfolgt werden, hieß es. Gelangten dennoch Angehörige von Vernichtungslagern vor Gericht, so war dies meist Zufall. Die Strafrichter waren der Überzeugung, das Personal in den Vernichtungslagern, die Mitglieder von Erschießungskommandos und der Gestapo hätten die befohlene Judenvernichtung nur als fremde Tat fördern und unterstützen, nicht aber als eigene begehen wollen.

Bauer hingegen wollte nachweisen, dass sie Nazis waren, die sich Hitlers Überzeugungen zu eigen gemacht hatten und auch den Mord an den europäischen Juden als eigene Tat wollten. Sowohl in strafrechtlicher wie in tatsächlicher Hinsicht waren die Deutschen seiner Auffassung nach keineswegs nur ein Volk von Gehilfen oder Verführten und Irregeleiteten. Er hielt den Nazismus für eine Bewegung, die nur möglich wurde durch Obrigkeitsdenken, Untertanengesinnung und Kasernenhofmentalität. Denn, so Bauers Argumentation, für die Endlösung bedurfte es einer durchorganisierten Mordmaschinerie, an der sich beteiligte, wer von der Richtigkeit seines Tuns überzeugt war. In welcher Rolle auch immer, er war Mittäter.

Bauer wurde angefeindet, galt unter den Frankfurter Kollegen als Außenseiter, als unbequemer Störenfried. Aber war er gescheitert? Hatten die Verfahren nicht geleistet, worum es ihm ging? Schon 1945 erkannte er, dass mit den geltenden Beweisregeln des Strafgesetzbuches von 1871 die Höllenmaschinerie Auschwitz nicht zu fassen sein würde. Er wollte den Weg eines „revolutionären Rechts" gehen, das rückwirkend zu schaffen sei, um NS-Verbrechen angemessen zu ahnden.

Außerdem schwebte ihm vor, in NS-Strafprozessen der deutschen Öffentlichkeit Lehrstunden in Sachen Demokratie und der Verteidigung universell gültiger Menschenrechte zu erteilen. Er hoffte auf Einkehr und Umkehr, musste sich aber Mitte der Sechzigerjahre eingestehen, dass „die Scheu des deutschen Bürgers" vor der Konfrontation mit den Gräueln des Holocausts stärker war als alle Bereitschaft, die unselige Vergangenheit zu „bewältigen".

Erst das Verfahren gegen John Demjanjuk, den NS-Befehlsempfänger im Vernichtungslager Sobibór, gilt heute als Türöffner zu einer neuen Rechtspraxis. Demjanjuk wurde 2011 in München verurteilt, ohne dass ihm eine konkrete Einzeltat nachzuweisen gewesen wäre. Erst seitdem wird wieder ermittelt und angeklagt, sofern es noch möglich ist. Durchgesetzt hat dies ein ehemaliger Amtsrichter vom Bodensee, Thomas Walther, wissenschaftlich unterstützt von dem Kölner Universitätsprofessor Cornelius Nestler. Bis jenes „revolutionäre Recht" Geltung erlangte, das Bauer vorschwebte, verging ein halbes Jahrhundert. Posthum wird Bauer gefeiert.

Nun eröffnet die Vorsitzende Richterin Anke Grudda in Detmold den Prozess gegen Hanning mit den Worten: „Wir haben die Schuld des Angeklagten festzustellen – ob er in Auschwitz war, und wenn ja, wann und welche Tätigkeit er ausgeübt hat." Als Erstes lässt sie die

Überlebenden zu Wort kommen und scheint an deren Schilderungen nicht zu zweifeln, auch wenn sich die greisen Zeugen an einzelne Gesichter, etwa an das eines jungen SS-Mannes namens Hanning, nicht erinnern.

Der Vorsitzende Franz Kompisch, der 2015 mit seiner Kammer in Lüneburg den ehemaligen SS-Mann Oskar Gröning wegen Beihilfe zum Mord in 300 000 Fällen zu einer Freiheitsstrafe von vier Jahren verurteilte, sagte in drei Sätzen, was Fritz Bauer gemeint hatte: „Auschwitz war schlicht und ergreifend eine auf die Tötung von Menschen ausgerichtete Maschinerie. Und jeder, der daran mitgewirkt hat, hat sich der Beihilfe zum Mord strafbar gemacht. Das, was dort geschehen ist, war damals wie heute verbrecherisch."

Folgen inzwischen die meisten deutschen Staatsanwaltschaften dieser Linie, fällt ausgerechnet die Frankfurter Anklagebehörde aus der Reihe. Warum nur immer wieder Frankfurt, die Stadt, auf die der Glanz Fritz Bauers bis heute abstrahlt?

Offenbar ermattet von den Auschwitz-Prozessen der Sechzigerjahre wurden dort 1977 Ermittlungen gegen 62 SS-Leute aufgenommen, darunter Gröning, und 1985 eingestellt, weil es angeblich an hinreichendem Tatverdacht fehlte und „die Kausalität seiner Tätigkeit für den Erfolg der Vernichtungsaktion nicht gegeben" war. Bauer wäre an solchen Worten verzweifelt.

Einem 93 Jahre alten ehemaligen Mitglied des SS-Totenkopfsturmbanns in Auschwitz werfen die Frankfurter Staatsanwälte gegenwärtig nach traditioneller Art vor, als Wachmann an der organisatorischen Abwicklung von gerade mal drei Transporten Deportierter aus Berlin, Frankreich und den Niederlanden beteiligt gewesen zu sein. Die Gerichte sind da schon weiter. Die Frankfurter mussten sich von der Jugendkammer des Landgerichts Hanau, die wohl noch nie mit solchen Dingen zu tun hatte, belehren lassen, dass diese als drei rechtlich selbstständige Straftaten angeklagten Handlungen „als Teilakte einer einzigen, tateinheitlich begangenen Tat zu bewerten" seien. Es wäre Fritz Bauer eine Genugtuung gewesen.

Auch die Staatsanwaltschaft Schwerin folgt ihm in ihrer Anklage gegen den 95 Jahre alten Hubert Zafke, einst Angehöriger der SS-Sanitätsstaffel in Auschwitz-Birkenau. Dem Angeklagten sei die Rechtswidrigkeit seines Tuns bewusst gewesen, heißt es darin. Er habe das Lager- und Tötungsgeschehen als einheitlichen Vorgang bewertet, den er vom 15. August 1944 bis 14. September 1944 unterstützte. Denn er habe vom Hauptzweck des Lagers gewusst: der massenhaften Tötung von Menschen in Gaskammern.

Zafkes Verhandlungsfähigkeit ist strittig. Die Staatsanwaltschaft lehnte das Gericht ob seiner zögerlichen Haltung, den Prozess ernsthaft führen zu wollen, wegen Besorgnis der Befangenheit ab – ein äußerst ungewöhnliches Vorgehen auf beiden Seiten. Es schien, als warteten die Richter nur auf den Zeitpunkt, von dem an Zafke nicht mehr verhandlungsfähig sein würde und sie sich mit der Sache nicht mehr befassen müssten. So kam es denn auch. 2017 wurde das Verfahren eingestellt.

„Jeden Tag sehe ich dieses Stück gottverlassener Erde – diese Rampe – vor mir als das schlimmste Stück Boden auf Erden. Schlimmer als Dantes siebter Höllenkreis. So schlimm die Bombardements von Hiroshima, Dresden oder London auch waren: Diese Rampe, nicht größer als ein Fußballplatz, diese Hölle auf Erden, übertrifft alles“, sagte in Detmold ein Überlebender.

Hanning starb am 30. Mai 2017. Das Urteil gegen ihn wurde nicht mehr rechtskräftig. Hubert Zafke starb am 5. Juli 2018 im Alter von 98 Jahren.

Gisela Friedrichsen bei 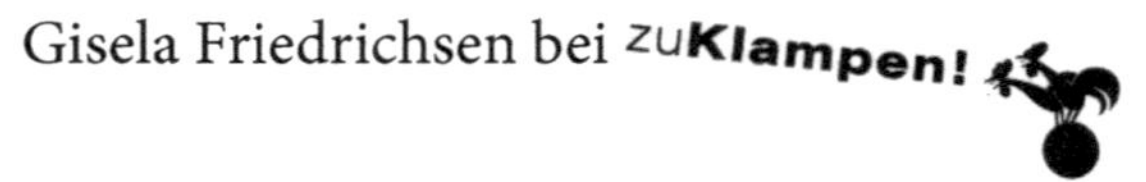

„Ich bin doch kein Mörder"

Gerichtsreportagen 1989–2004

320 Seiten, 14,5 x 21,5 cm
Paperback
ISBN 978-3-86674-589-6

Gerichtsverfahren sind nicht nur aufwühlend, sondern vor allem für Außenstehende häufig verwirrend. Die ehemalige und langjährige „Spiegel"-Gerichtsreporterin Gisela Friedrichsen beleuchtet mit Sensibilität und analytischer Schärfe die Möglichkeiten und Grenzen der Justiz. In ihren Reportagen geht es jedoch nie nur um den einzelnen Fall, sondern immer auch um den Zustand der Gesellschaft, in der er sich ereignet hat. Es geht um die Psychologie der Menschen auf der Anklagebank. Und es geht nicht zuletzt um das Urteilen von Menschen über Menschen in einer Zeit, in der die Medien oft genauso viel Schaden anrichten können wie die Straftäter selbst. Gisela Friedrichsen schlüsselt die Strafprozesse für die Öffentlichkeit auf und macht ihre Bedeutung erkennbar. Ihre eindringlichen Gesellschaftsskizzen sind aber auch ein Stück Zeitgeschichte: von der Aufarbeitung der DDR-Vergangenheit über rechtsradikale Verbrechen bis hin zu Sexualdelikten und Straftaten im familiären Umfeld sowie der Problematik von Justiz und Strafvollzug.

„Ein spannendes Buch vor allem für Nicht-Juristen!"
Stadtmagazin Schädelspalter

„Spannend wie ein Krimi. Eine faszinierende Lektüre."
radio aktiv